Thomas Kunze

Zentralasien

Porträt einer Region

AF640269

Thomas Kunze

Zentralasien

Kasachstan • Kirgistan • Tadschikistan
Turkmenistan • Usbekistan

Porträt einer Region

Ch. Links Verlag, Berlin

Auch als ebook erhältlich

Die Deutsche Nationalbibliothek verzeichnet
diese Publikation in der Deutschen Nationalbibliografie;
detaillierte bibliografische Daten sind im Internet über
www.dnb.de abrufbar.

1. Auflage, Mai 2018
© Christoph Links Verlag GmbH
Schönhauser Allee 36, 10435 Berlin, Tel.: (030) 44 02 32-0
www.christoph-links-verlag.de; mail@christoph-links-verlag.de
Reihengestaltung: Stephanie Raubach, Berlin
Karte: Peter Palm, Berlin
Satz: Eugen Bohnstedt, Ch. Links Verlag
Druck und Bindung: Druckerei F. Pustet, Regensburg

ISBN 978-3-86153-995-7

Inhalt

Vorwort

Zentralasien hat viele Wahrheiten und viele Gesichter. Realität und Fantasie, Aberglaube und Religion, Archaisches und Modernes vermischen sich in dieser Region zu einem einzigartigen Mosaik, das in seinem Zauber und Glanz an einen turkmenischen Teppich erinnert, dessen bunte Fäden horizontal und vertikal miteinander verwoben sind.

Seit zwei Jahrtausenden verbinden sich in Zentralasien Welt- und Religionsgeschichte mit großen Namen. Perser, Griechen, Parther, Araber, Mongolen, Turkvölker und Russen hatten hier ihre Herrschaftsgebiete. Feueranbeter, Buddhisten, Juden, Christen und Muslime formten die Kultur der Region. Alexander der Große überschritt den legendären Strom Oxus. Dschingis Khan eroberte in einem blutigen Feldzug die zentralasiatischen Steppen und Oasen. Tamerlan errichtete von hier aus ein Weltreich. Der russische Zar Alexander II. expandierte bis an die Grenze Afghanistans und schuf so die Basis dafür, dass später, nach der Oktoberrevolution, die Sowjets die fünf Republiken Kasachstan, Kirgistan, Tadschikistan, Turkmenistan und Usbekistan gründeten. Sogenannte Great Games zwischen Großbritannien und Russland und zwischen der Sowjetunion und den USA prägten Zentralasien im 19. und 20. Jahrhundert.

Seit 1991 sind die zentralasiatischen Länder selbstständig. Orient und Sowjetvergangenheit, Demokratieprojekte und autoritäre Staatsstrukturen, Islamismus und Säkularismus stehen hier im einzigartigen Kontrast.

Dass es sich bei den fünf zentralasiatischen Staaten um verhältnismäßig sichere Reiseländer mit geringer Kriminalität handelt, hat sich noch nicht sehr weit herumgesprochen. Für viele Europäer sind sie Terra incognita geblieben. Ihre Nachbarschaft zu Afghanistan und Pakistan trägt dazu bei, dass man sie eher mit Terror und unruhigem Leben als mit ihrem antiken Erbe, der Seidenstraße und atemberaubenden Landschaften in Verbindung bringt. Einige der höchsten Berge der Welt liegen in Zentralasien. Die Sowjets tauften sie auf Namen wie Pik Pobeda (Gipfel des Sieges), Pik Kommunismus und Pik Lenin.

Aus Zentralasien dringen nur spärlich Informationen nach Europa. Oft herrscht Unkenntnis über die geografische Lage der zentralasiatischen Staaten. Und wer kann schon deren Hauptstädte zuordnen? Die Wahrnehmung Zentralasiens bewegt sich zwischen Vorstellungen über orientalische Romantik, den Glauben, dass die Region bis heute zu Russland gehört, bis hin zur Annahme eines fanatischen, kriegsbereiten Islams. Aber auch in Russland, das im 19. Jahrhundert nach Zentralasien vorgedrungen war, kann die nachwachsende Generation nur wenig mit der Region anfangen. Die Vorstellungen vieler junger Russen gleichen denen der weiter westwärts lebenden Europäer.

Da die Namen der fünf Länder mit derselben Silbe enden, werden sie oft abschätzig als »Stan-Länder« zusammengefasst. Das Wort »stan« ist persischer Herkunft und bedeutet im weitesten Sinne »Ort«. In diesem Fall ist mit Ort die Ansiedlung einer ethnischen Gruppe oder ethnisch verwandter Gruppen gemeint. Im heutigen Sprachgebrauch ist »stan« am ehesten mit dem Wort »Land« zu übersetzen: Land der Kasachen, Land der Usbeken usw.

Hinsichtlich der Komplexität ethnischer, religiöser und politischer Strukturen ist Zentralasien mit benachbarten Regionen zu vergleichen. Der Nahe und der Mittlere Osten sowie Zentralasien waren seit alters her ein Kulturraum – Epizentren der politischen und militärischen Rivalität zwischen Großmächten.

Russland, und später die Sowjetunion, spielte in der neueren Geschichte Zentralasiens eine bestimmende Rolle. Einst wurde die Region als »Russlands Orient« bezeichnet. Die Russen kolonialisierten »ihren Orient« und schlossen ihn in vielerlei Hinsicht an Europa an. Die erste Eisenbahn baute das Zarenreich in Zentralasien 1880.

Nach der Oktoberrevolution von 1917 gingen Modernisierung und Repression Hand in Hand. Anfang des 20. Jahrhunderts hatten auf den Gebieten des heutigen Kasachstans und Kirgistans noch Nomaden gelebt. In Chiwa (Usbekistan) fanden bis 1913 Sklavenmärkte statt. Nun peitschten die Sowjets die Region in die bolschewistische Moderne. »Kommunismus ist Sowjetmacht plus Elektrifizierung des ganzen Landes«, schrieb Lenin 1920. Der Fortschritt zog in Zentralasien mit Gewalt ein. Die Macht der Sowjets führte vor allem in der Stalin-Ära zu unvorstellbaren Repressionen. Doch Zentralasien wurde nach und nach nicht nur elektrifiziert, auch riesige Infrastrukturprojekte, von denen die Länder heute noch zehren, wurden aus dem Boden gestampft. Die Alphabetisierung der Bevölkerung nahm zu. Koranschulen mussten ihre Pforten schließen. In der Sowjetunion herrschte allgemeine Schulpflicht. Die Gesundheitsversorgung erreichte in der UdSSR zwar kein westliches Niveau, aber sie war flächendeckend und gelangte nach und nach auch in den letzten Winkel Zentralasiens. Die Sowjets verankerten ihre Weltanschauung in den über Jahrhunderte hinweg muslimisch geprägten sogenannten Mittelasiatischen Sozialistischen Sowjetrepubliken, die zu »Brudervölkern« wurden.

Nach dem Zerfall der Sowjetunion wurden die fünf zentralasiatischen Staaten, deren Grenzziehung auf die Stalin-Ära zurückgeht, unabhängig. Die neuen Führungseliten, die sich aus der alten sowjetischen Nomenklatura rekrutiert hatten, taten zunächst das, was sie gelernt hatten. Ihr Politikstil erinnerte an den »demokratischen Zentralismus« der Sowjetunion und anderer Ostblockländer. Beschlüsse wurden von oben nach unten weitergereicht. Diskussionen waren nur in kleinen Dosen, in Form eines demokratischen Feigenblattes, erwünscht. Es entstanden Fassadendemokratien mit deklaratorischer Politik, die Pluralismus verhinderten und Personenkult förderten. Einen ausufernden Kult um den jeweiligen Präsidenten gibt es in Turkmenistan, Kasachstan und Tadschikistan bis heute.

Doch nach und nach gingen die neuen Republiken unterschiedliche Wege. Kasachstan und Turkmenistan verfügen über enorme natürliche Ressourcen. Sie wurden zu umworbenen Partnern Russlands, des Westens und Chinas im Wettbewerb um Öl, Gas und den Verlauf der entsprechenden Pipelines. Während Kasachstan daraus Nutzen ziehen konnte, steht Turkmenistan 2018 kurz vor dem Staatsbankrott. Es hat sich weitgehend an China verkauft. Das kleine Kirgistan genießt im Westen großes Wohlwollen, es gilt als »demokratische Insel« Zentralasiens. Allerdings ist das Land instabil, ethnische Konflikte und eine zunehmende Islamisierung machen heute der Regierung zu schaffen. Tadschikistan galt schon zu Sowjetzeiten als Armenhaus Zentralasiens. In den 1990er Jahren tobte hier ein blutiger Bürgerkrieg zwischen islamistischen Kräften und der neuen Staatsmacht, der – weitgehend vergessen von der Weltgemeinschaft – mehr als 50 000 Todesopfer forderte. Auch heute ist die Abwehr des Islamismus eine der wesentlichen Herausforderungen für die tadschikische Führung. Usbekistan galt lange Zeit als besonders autoritär, vor allem, wenn es um den Umgang mit Islamisten ging. Die Wirtschaftspolitik war streng autark, die usbekische Währung nicht konvertierbar. Doch seit 2017 öffnet und reformiert sich das Land unter einem neuen Präsidenten in atemberaubender Geschwindigkeit. Usbekistan ist das bevölkerungsreichste Land und der Stabilitätsanker der Region. Hier wird sich das Schicksal Zentralasiens entscheiden.

Das Verhältnis der zentralasiatischen Staaten zum einstigen »großen Bruder« Russland ist heute ambivalent. Kasachstan und Kirgistan pflegen gute Beziehungen, Usbekistan legt sich (noch) nicht fest, Turkmenistan bezeichnet sich als »ewig neutral«, und

Tadschikistan ist darauf angewiesen, dass Russland den Weg für die vielen tadschikischen Gastarbeiter nicht versperrt.

Wie sind Geschichte und Religion in Zentralasien miteinander verwoben? Welchen Einfluss haben Russland, China und der Westen auf die Region? Welche Herausforderungen und Chancen liegen vor den zentralasiatischen Staaten, und welche Gefahren lauern?

In dem Buch »Das Ende des Imperiums. Was aus den Staaten der ehemaligen Sowjetunion wurde« habe ich 2015 gemeinsam mit Thomas Vogel die Entwicklung aller 15 früheren Sowjetrepubliken nach 1991 beschrieben. Das vorliegende Buch setzt das fort und konzentriert sich dabei ausschließlich auf Zentralasien, das im Verbund der Sowjetunion durch die muslimische Mehrheitsbevölkerung eine Sonderrolle spielte. Es soll die Leser mitnehmen auf eine hoffentlich interessante Reise in eine Region, die Aufmerksamkeit nötig hat und verdient.

Thomas Kunze — Taschkent, 2018

Landschaft

Fünf Länder auf vier Millionen Quadratkilometern

Im Jahr 1829 reiste Alexander von Humboldt im Auftrag der Kaiserlich-Russischen Geographischen Gesellschaft nach Zentralasien. Gemeinsam mit dem russischen Geografen Nikolai Przewalski prägte er den Terminus »Zentralasien« und beschrieb damit einen sehr großen geografischen und politischen Raum, der sich vom südlichen Altai bis zum nördlichen Himalaja ausdehnte. Neben den Territorien der heutigen fünf Staaten umfasste die damalige Definition zusätzlich Tibet, Xinjiang, die Innere Mongolei, Südsibirien, Nordafghanistan, Punjab, Kaschmir sowie die Bergregionen zwischen Indien, Afghanistan, Pakistan und China. Dieser weitergehende Zentralasien-Begriff berücksichtigte historisch gewachsene Verflechtungen. Er hilft uns, die kulturellen Zusammenhänge der Gesamtregion zu verstehen.

Die Region, wie wir sie heute kennen und wie sie in diesem Buch beschrieben wird, erstreckt sich über eine Fläche von knapp vier Millionen Quadratkilometern. Zum Vergleich: Die Europäische Union umfasst mit Großbritannien 4,48 Millionen Quadratkilometer. Zentralasien grenzt im Norden an Russland, im Süden an Afghanistan und den Iran, im Westen an das Kaspische Meer und im Osten an China. Die Region umfasst die fünf Länder, für die bis ins 20. Jahrhundert hinein auch die Bezeichnung »Turkestan« gebräuchlich war. Sie ist nicht ganz korrekt, weil in Zentralasien nicht nur Turkvölker leben, sondern mit den Tadschiken auch ein persischstämmiges Volk ansässig ist.

Das flächenmäßig größte und bevölkerungsmäßig zweitgrößte Land der Region ist Kasachstan, das eine Landmasse von fast 2,8 Millionen Quadratkilometern umspannt und 17,5 Millionen

Menschen beheimatet. Turkmenistan ist mit 491 200 Quadratkilometern und 5,4 Millionen Einwohnern das flächenmäßig zweitgrößte und bevölkerungsmäßig fünftgrößte Land. Von der Fläche her folgt Usbekistan mit 447 400 Quadratkilometern, das jedoch mit seinen 31 Millionen Einwohnern das bevölkerungsreichste Land der Region ist – fast die Hälfte der Bevölkerung Zentralasiens lebt hier. Sowohl flächen- als auch bevölkerungsmäßig an vierter Stelle liegt Kirgistan mit 6 Millionen Menschen auf 198 000 Quadratkilometern. Der kleinste Staat der Region ist Tadschikistan. Es besitzt mit 142 000 Quadratkilometern die kleinste Landfläche und zählt 8,4 Millionen Einwohner.

Steppen und Wüsten, Flüsse und Binnenmeere sowie atemberaubende Hochgebirge

Die Naturlandschaft Zentralasiens ist mit Wüsten, Steppengebieten und Hochgebirgen überaus kontrastreich. Kasachstan und Turkmenistan besitzen Zugang zum Kaspischen Meer, dem größten See der Erde. Seine Wasserfläche beträgt 371 000 Quadratkilometer. Das entspricht ungefähr der Fläche der Ostsee. Das Kaspi, wie es in der Region genannt wird, ist ein Wasserkorridor gen Westen. Über die Wolga, den Wolga-Don-Kanal und den Don bestehen schiffbare Verbindungen zum Asowschen Meer und somit zum Schwarzen Meer und zum Mittelmeer; über die Wolga und den Wolga-Ostsee-Kanal gelangen Schiffe bis in die Nordsee. Einst war das Kaspische Meer die wichtigste Ressource für schwarzen Kaviar, denn hier befinden sich die weltgrößten Störbestände. Heute ist die Bedeutung des ohnehin überfischten Störs eher gering. Unter dem Kaspischen Meer befinden sich riesige Erdöl- und Erdgaslagerstätten, die Milliardengeschäfte verheißen. Doch die ökologischen Folgen der Rohstoffförderung sind katastrophal. Die Wasserverschmutzung des Kaspischen Meeres liegt ein Vielfaches über internationalen Grenzwerten.

In Kasachstan befindet sich der 17 Quadratkilometer große Balchaschsee, ein einzigartiges Gewässer: Sein westlicher Teil besteht aus Süßwasser, der östliche aus Salzwasser. Kirgistan verfügt mit dem Issyk-Kul-See über den zweitgrößten Gebirgssee der Erde nach dem Titicacasee in Südamerika; er ist zudem einer der tiefsten. Mehr als 1607 Meter über dem Meeresspiegel gelegen, beträgt seine Fläche fast 7000 Quadratkilometer, seine Maximaltiefe 702 Meter. Auch wenn die Temperaturen im Winter in den tiefen Frostbereich fallen, vereist der See nicht. Die Gründe dafür liegen im Salzgehalt des Wassers und in seiner Tiefe. Während der Sowjetzeit war der Issyk-Kul-See ein beliebter Urlaubsort, auch heute zieht er noch jedes Jahr Tausende Touristen an.

In Zentralasien liegen aber auch drei riesige Wüsten, die Karakum-Wüste (»Schwarzer Sand«) und die Kisilkum-Wüste (»Roter Sand«) sowie die Aralkum-Wüste. Letztere hat sich auf dem Grund des austrocknenden Aralsees gebildet, der eingeschlossen zwischen den Steppenlandschaften Kasachstans und Usbekistans liegt. Noch in den 1960er Jahren war der Aralsee mit einer Fläche von 68 000 Quadratkilometern der viertgrößte See der Welt. Menschlicher Raubbau an der Natur hat ihn über die Jahrzehnte hinweg zu einer Salzwüste verkommen lassen und dadurch eine Umweltkatastrophe in der ganzen Region ausgelöst.

Die zwei größten Steppengebiete der Region sind die Kasachische Steppe und die Hungersteppe, eine Halbwüste in Usbekistan und Kasachstan. Sie sind Teil des eurasischen Steppensystems, das auch den westlichen Teil der pontokaspischen und den östlichen Teil der mongolisch-mandschurischen Steppe umfasst. Die Hungersteppe wird auch »Betpak-Dala«, die böse Ebene, genannt. Große Hitze im Sommer, eisige Kälte im Winter sowie immer wiederkehrende Moskito- und Zeckenplagen machen sie zu einem unwirtlichen Ort. Verstärkt wurde dieses finstere Bild durch ein rätselhaftes Antilopensterben 2015, dem innerhalb weniger Wochen über die Hälfte der Population der berühmten Saiga-Antilopen zum Opfer fiel. Einheimische geben giftigem

Raketentreibstoff die Schuld, der bei Fehlstarts vom Kosmodrom Baikonur, dem von Russland in Kasachstan betriebenen größten Raketenstartplatz der Welt, in die Umwelt gelangt sein soll.

Die beiden größten Ströme Zentralasiens sind der Amudarja und der Syrdarja. In der Antike trugen sie die Namen Oxus und Jaxartes. Ihre Flussläufe begrenzten das historische und geografische Transoxanien (Land jenseits des Oxus). Die Bezeichnung Transoxanien wird in historischen Schriften für Zentralasien verwendet. Auf alten deutschen Karten hießen sie Amu und Sir. Bis in die Gegenwart hinein bilden der Amudarja und der Syrdarja mit ihren Tälern ein eng verbundenes, komplexes System, das der Lebensraum für den Großteil der Bevölkerung Zentralasiens ist. Wegen der intensiven landwirtschaftlichen Nutzung erreicht das Wasser beider Flüsse heute kaum noch den Aralsee, was zu dessen Austrocknung geführt hat. Baumwollanbau – einst von den russischen Zaren befohlen und bis heute landwirtschaftliche Haupteinnahmequelle – stellt dabei das größte Problem dar. Baumwolle gehört zu den bewässerungsbedürftigsten Pflanzen, die es gibt.

Der gewaltige Amudarja-Strom entspringt den Gletschern des tadschikischen Hochgebirges und versorgt auf einer Gesamtlänge von 1415 Kilometern die Städte und landwirtschaftlichen Gebiete Tadschikistans, Turkmenistans, Usbekistans sowie die nördliche Region Afghanistans. Im Mittelalter wurde er auf Persisch und Arabisch »Jeyhun« genannt, was mit »rasend« übersetzt werden kann. Als das Wasser des Amudarja noch in den usbekischen Teil des Aralsees floss, bildete es dort ein malerisches Delta, um das herum alte Zivilisationen wie Baktrien und Choresmien blühten.

Der Syrdarja nimmt seinen Ursprung in den Gletschern des kirgisischen Teils des Fergana-Tals. Das Tal ist die fruchtbarste und heute am dichtesten besiedelte Region Zentralasiens. Dort entspringen die Flüsse Naryn und Karadarja und fließen zum Syrdarja zusammen. Mit 2212 Kilometern ist er länger als der Amudarja, kann ihm aber im Hinblick auf das Volumen nicht das Wasser reichen. Der Syrdarja windet sich durch die Steppen Tadschikistans, Usbekistans und Kasachstans und mündet dort in den nördlichen Teil des Aralsees. Da der Syrdarja noch Wasser in den geschundenen See bringt, haben die Kasachen eine Staumauer im Aralsee errichtet. Sie verhindert, dass Wasser aus ihrem Teil, den sie nun als »kleinen Aralsee« bezeichnen, in den austrocknenden übrigen Aralsee fließt.

Von Bedeutung sind ferner die zentralasiatischen Flüsse Zarafshan und Murgab. Ihre Ufer waren schon in der Frühzeit besiedelt. Der Zarafshan entspringt den gleichnamigen Gletschern und fließt fast 900 Kilometer durch Tadschikistan und Usbekistan. In seinen fruchtbaren Tälern erblühte einst die Kultur Sogdiens. Samarkand, das frühere Marakanda, liegt am Ufer des Zarafshan.

Der Murgab ist knapp 1000 Kilometer lang und nimmt seinen Ursprung in den Bergen Afghanistans. Er fließt durch trockene Gebiete Turkmenistans und versorgt ein ganzes Netzwerk von städtischen Siedlungen mit Wasser. An seinem Ufer liegen die Ruinen der Stadt Merw.

Einige der höchsten Berge der Welt befinden sich in Zentralasien. Sie gehören zu den Gebirgsketten Tian Shan und Pamir. Der mit 7495 Metern höchste Gipfel Zentralasiens, der Pik (Spitze) Ismail Samani, gehört zu Tadschikistan. Früher trug er die Namen Pik Stalin (1932 – 1962) und Pik Kommunismus (1962 – 1998). Die jetzige Namensgebung Ismail Samani verweist auf den Begründer eines Reiches im 9. Jahrhundert, das für die Tadschiken als erstes staatliches Gebilde gilt. Der zweithöchste Gipfel Zentralasiens ist der Pik Pobeda (Gipfel des Sieges), der sich mit einer Höhe von 7439 Metern auf kirgisischem Territorium befindet. In Kirgistan und Tadschikistan liegt der 7134 Meter hohe Pik Lenin. In Tadschikistan wurde er 2006 in Pik Avicenna umbenannt. Für die Kirgisen ist er nach wie vor Pik Lenin. Hundert Meter vom Lenin-Gipfel entfernt ragt auf tadschikischem Territorium der Pik Revolution mit einer Höhe von 6940 Metern empor. Heute nennen ihn die Tadschiken Pik Istiqlal (Gipfel der Unabhängigkeit). Der legendenumwobenste und wohl auch schönste Berg der Region ist der pyramidenartige, knapp 7000 Meter hohe Khan Tengri (Himmelsherrscher), auf dessen Gipfel die Grenze zwischen Kasachstan, Kirgistan und China verläuft. Der »Himmelsherrscher« hatte bereits einen legendären Ruf, bevor seine genaue geografische Lage von europäischen Forschern vermessen wurde. Der deutsche Bergsteiger Gottfried Merzbacher (1843–1926) entdeckte den Berg im Jahre 1902. Er tauchte wie eine Fata Morgana auf, so Merzberger. Den Khan Tengri umlagern hohe, völlig in Eis gepanzerte und nur an wenigen Stellen überschreitbare Bergketten.

Malerische Bergketten durchziehen auch Usbekistan, allerdings sind sie nicht so hoch wie in den Nachbarländern. Mit 4688 Metern ist der Babatang der höchste Berg des Landes. Der höchste Berg Turkmenistans ist der 3139 Meter hohe Ayrybaba.

Die Hochgebirgserforschung Zentralasiens begann mit dem Deutschen Adolf Schlagintweit (1829–1857), der im Auftrag des preußischen Königs Friedrich Wilhelm IV. und der Britischen Ostindien-Kompanie im Jahre 1854 gemeinsam mit seinem Bruder eine Zentralasienexpedition unternahm. In der zweiten Hälfte des 19. Jahrhunderts wurden überall auf der Welt die Hochgebirge erforscht. Die Geologen und Geografen der Kolonialmächte beschäftigten sich zur Wende zum 20. Jahrhundert mit der Frage, welche Gebiete der Erde bis dahin noch unbekannt geblieben seien. Der 1873 gegründete Deutsche und Österreichische Alpenverein war dabei einer der aktivsten Verbände. Die erhabene, noch nie vorher betretene Gletscherwelt der zentralasiatischen Hochgebirge lockte mehrere Expeditionen in die bis dato unbekannte Gegend. Manchmal wurden die Bergsteiger auch von Prominenten begleitet, so zum Beispiel 1907 von Prinz Arnulf von Bayern (1852–1907), dem Sohn des bayerischen Prinzregenten, der auf der Heimreise von der Zentralasienexpedition starb.

Geschichte

Älteste Siedlungen

Ungefähr 30 Kilometer von der turkmenischen Hauptstadt Aschgabat entfernt gelegen, in der Wüste Karakum, liegt Dscheitun. In den 1940er Jahren fanden sowjetische Archäologen hier eine Siedlung, die als ältester bewohnter Ort Zentralasiens gilt. Sie wird auf 6000 v. Chr., d. h. in die Periode der Jungsteinzeit datiert. Die archäologischen Funde belegen nomadische Jägerkulturen und für die spätere Periode Dschaituns auch Ackerbau und Haustierhaltung. Im 4. und 3. vorchristlichen Jahrtausend sind in Zentralasien frühe Siedlungen belegt, in denen Stämme unbekannter Herkunft, wahrscheinlich Draviden, lebten. Im 2. und 1. vorchristlichen Jahrtausend siedelten in Zentralasien frühiranische Stämme. Sie wurden zu Vorfahren verschiedener ostiranischer Völker: Sogdier, Baktrier, Choresmier und Saken. Zur gleichen Zeit entstanden in Ägypten und Mesopotamien erste Hochkulturen. Auf dem Gebiet des heutigen Tadschikistans wurde in der Provinz Sughd, in der Nähe von Pandschakent, eine Siedlung aus der Frühbronzezeit entdeckt, die unter Archäologen weltweit für Furore sorgte. Es handelte sich dabei um das alte Sarazm (Wo das Land beginnt), was um 3500 v. Chr. von Kolonisten aus Oasen im Süden des heutigen Turkmenistans besiedelt wurde. Sarazm dehnte sich auf einer Fläche von 100 Hektar aus, auf der Ackerbau betrieben wurde. Bronzefunde belegen eine hochstehende Kultur, die bereits Fernhandel trieb. Seit 2010 zählt die Stätte zum UNESCO-Weltkulturerbe.

Das Gebiet der Sogdier, Sogdien, ist die historische Bezeichnung für einen Teil Zentralasiens. Sogdien war kein Reich, es handelte sich um ein Netz von Siedlungen, das über Jahrtausende hinweg verschiedenste Reiche überlebte. Eine der Siedlungen war Marakanda, das später Samarkand hieß. Großreiche entstanden, deren Einfluss bis hinein in chinesische, indische, iranische und europäische Kulturen reichte. Oft gingen sie in blutigen Kriegen unter. Die letzten sogdischen Städte verschwanden im zweiten vorchristlichen Jahrhundert durch den Einfall von Nomadenstämmen.

Erste Großreiche

Das Persische Reich (Achämidenreich) (6.– 4. Jahrhundert v. Chr.)

Um 530 v. Chr. eroberte die persische Dynastie der Achämeniden Teile der Oasen Zentralasiens, die von Sogdiern und Baktriern besiedelt waren. Es entstand das Achämenidenreich, auch Erstes Persisches Reich genannt.

Alexander der Große und sein Reich in Zentralasien (4.–3. Jahrhundert v. Chr.)

323 v. Chr. überquerte Alexander der Große den Oxus während seines Feldzuges gegen die Perser. Wenige Kilometer von der heutigen usbekisch-afghanischen Grenzstadt Termez entfernt – manchen Deutschen ist ihr Name bekannt, weil die Bundeswehr während des Afghanistankrieges hier einen Stützpunkt unterhielt – liegt am Ufer des Amudarja die Ruinenstadt Kampyr Tepa. Dabei handelt es sich um eine hellenistische Stadtgründung, die nach Alexander dem Großen benannt worden war. In den Schlachten bei Granicus (334 v. Chr.), Issos (333 v. Chr.) und Gaugamela (331 v. Chr.) bezwang der Griechenherrscher die Perser unter Dareios III. Ein neues Großreich entstand, das bis ins zentralasiatische Fergana-Tal reichte. Sein äußerster Vorposten war Alexandria Eschate (heutiges Kokand). Damit begann die hellenistische Periode Zentralasiens, die über 100 Jahre andauerte. Eine Noma-

deninvasion bereitete ihr ein Ende. Das Erbe der hellenistischen Periode findet sich dennoch bis heute in Kunst und Architektur Zentralasiens wieder.

Seleukidenreich, Griechisch-Baktrien, Parther und Saken (3.–1. Jahrhundert v. Chr.)

Das Seleukidenreich gehörte zu den sogenannten Diadochenstaaten, die nach dem Tod Alexander des Großen gegründet worden waren. Es existierte zwischen dem 3. und 1. Jahrhundert v. Chr. Ein Stadthalter der Seleukiden, Diodotos I. (285–235 v. Chr.), gründete das Griechisch-Baktrische Reich, das auch die Territorien des heutigen Tadschikistans, Turkmenistans, Usbekistans und Nordafghanistans umfasste. Baktrier, ein frühes iranisches Volk, lebten im 2. Jahrhundert v. Chr. in einem Gebiet zwischen dem Oxus und dem Hindukusch-Gebirge. Sie verschmolzen später mit den Sogdiern und den Persern. Die Nachfolgestaaten Alexanders des Großen gerieten durch Reiternomaden immer mehr unter Druck. Seit dem 2. Jahrhundert v. Chr. verdrängten nomadisierende Saken die restlichen griechischen Einflüsse. Die Saken waren mit den Skythen verwandt: Reiternomadenvölker, die schon seit dem 8. Jahrhundert v. Chr. die eurasischen Steppen weiter nördlich bevölkert hatten. Vom ersten vorchristlichen bis zum zweiten nachchristlichen Jahrhundert waren die Parther im westlichen Teil Zentralasiens, bis weit hinein auf das heutige Territorium Turkmenistans und bis an das westliche Ufer des Oxus, die bestimmende Macht. Nisa, westlich von Aschgabat gelegen, war eine ihrer Residenzen. Es handelte sich bei den Parthern wahrscheinlich um einen Stamm der Skythen, der bereits im 3. Jahrhundert v. Chr. das Seleukidenreich erobert hatte. Später wurde das Reich der Parther zum Rivalen von Rom beim Kampf um dessen östliche Gebiete. Das Heer der Parther besiegte 53 v. Chr. in der Schlacht von Carrae (heutiges Harran, Türkei) die Römer und verhinderte damit die Ausbreitung des Römischen Reiches in Richtung des heutigen Irans und Zentralasiens.

Kuschanenreich (100–250 n. Chr.)

Ab dem 2. Jahrhundert v. Chr. breiteten sich die indoeuropäischer Stämme der Yuezhi aus, deren ursprüngliches Siedlungsgebiet auf dem Territorium des heutigen Chinas lag. Mit ihrem Vordringen verlieren sich die Spuren der letzten griechisch-baktrischen Herrscher endgültig. Die Yuezhi wurden zu Gründern des Kuschanenreiches. In dieser Zeit dringt auch das chinesische Reich unter Kaiser Wudi (141 – 87 v. Chr.) aus der Han-Dynastie nach Zentralasien vor. In der Blütezeit des Kuschanenreiches, zwischen 100 und 250 n. Chr., reichte es von Nordindien bis zum Aralsee. Die Expansion der Kuschanen legte den Grundstein für die Entwicklung der Seidenstraße, ein Netz von Karawanenstraßen, dessen Haupttrasse Ostasien über Zentralasien mit dem Mittelmeer verband. Ein junger Chinese namens Zhang Qian erkundete im Auftrag von Kaiser Wudi erstmals die Gebiete westlich von China. In Zentralasien begann der Austausch zwischen östlichen und westlichen Kulturen. Der Begriff »Seidenstraße« wurde aber erst im 19. Jahrhundert im allgemeinen Sprachgebrauch verankert. Der deutsche Geograf Ferdinand von Richthofen, der zwischen 1868 und 1872 mehrere Expeditionsreisen nach Zentralasien und China unternahm, hat ihn geprägt.

Zweites Persisches Reich (Sassanidenreich) (3.–7. Jahrhundert)

Im 3. Jahrhundert beendeten sassanidische Perser die Vorherrschaft der Parther und Kuschanen in Zentralasien. Es entstand das Sassanidenreich, auch Zweites Persisches Reich genannt. Das Imperium geriet 150 Jahre später unter Druck. Im 5. Jahrhundert drangen Hephthaliten, auch Weiße oder Iranische Hunnen genannt, vor und errichteten in Transoxanien eine eigene Herrschaft, die bis Mitte des 6. Jahrhunderts Bestand hatte. 561 besiegten die sassanidischen Perser in einem Bündnis mit dem Nomadenstamm der Kök-Türken (auch: Blaue Türken) in der Schlacht von Buchara die Weiße-Hunnen-Herrschaft. Nun konzentrierten die Perser ihre Kraft auf den Kampf gegen das Oströmische Reich. 614 eroberten sie Jerusalem und 619 Ägypten, die »Kornkammer Ostroms«. 626 standen sie schließlich vor den Toren der oströmischen Hauptstadt Konstantinopel (heute Istanbul). Da wurde ihr eigenes Reich von den Kök-Türken angegriffen, die Perser befanden sich unter Schah Chosrau II. Parwez (570 – 628) plötzlich in einem Zweifrontenkrieg, dem sie nicht gewachsen waren. Sie zogen sich auf ihr Territorium zurück. In der Region tauchten die Araber als neue Macht auf. Sie zerschlugen das Zweite Persische Reich endgültig. Dessen letzter Herrscher, Yazdegard III., wurde 651 in Merw ermordet.

Das Reich der Kök-Türken (7. Jahrhundert)

Zentralasien gehörte nun zum Reich der Kök-Türken, das sich im Abwehrkampf gegen die vordringenden Araber befand. 673 überquerten sie zum ersten Mal den Oxus. Die führende Dynastie der arabischen Welt waren damals die Umayyaden. Sie herrschten als Kalifen von Damaskus aus über das noch junge islamische Imperium und begründeten die erste Herrscherfolge der islamischen Geschichte.

Die arabische Umayyaden- und Abbasiden-Herrschaft (8. – 11. Jahrhundert)

In der ersten Phase der arabischen Epoche Zentralasiens beschränkten sich die künftigen Herrscher zunächst auf Beutezüge. Sie drangen dabei bis nach Buchara vor. Erst im 8. Jahrhundert begannen sie mit Eroberungs- und Islamisierungsfeldzügen. Dabei stießen sie auf den Widerstand von sogdischen Kleinstaaten und der Kök-Türken. 740 wurde die Umayyaden-Dynastie durch die Abbasiden abgelöst. 751 besiegten die arabischen Eroberer in der Schlacht in der Nähe der Stadt Taraz am See Talas (heutiges Südkasachstan) eine chinesisch-türkische Armee. Im Westen unterwarfen sich große Teile von Transoxanien und Choresmien, der Region am Unterlauf des Amudarja und dessen Mündung in den Aralsee. Damit herrschte das arabische Kalifat, unter der Dynastie der Abbasiden, über den Westen Zentralasiens mit seinen Zentren Samarkand, Buchara und Merw. Im Osten Zentralasiens konnten sich Turkstämme und Uiguren, eine turksprachige Ethnie, die heute mehrheitlich in der chinesischen Provinz Xinjiang lebt, behaupten. Dort, wo die Abbasiden herrschten, konnten sich auch regionale Fürsten an der Macht halten, sie regierten aber im Auftrage des Bagdader Kalifen und waren von ihm anhängig. Die Araber verloren erst im 11. Jahrhundert wieder ihren Einfluss in Zentralasien.

Die persische Samanidenherrschaft (9. – 10. Jahrhundert)

Im 9. Jahrhundert begann in Buchara und Samarkand der Aufstieg der Dynastie der Samaniden. Hier liegen die Wurzeln des heutigen Volkes der Tadschiken. Auch sie unterstanden dem arabischen Kalifat, konnten jedoch weitgehend unabhängig agieren. Unter der Samanidenherrschaft entwickelte sich Buchara zum Zentrum persischer Kultur und Architektur. Die Samaniden integrierten heidnische Turkvölker in ihre Armee. Das sollte sich bald rächen. Es kam zu Aufständen und Rebellionen innerhalb des Heeres, die sich gegen den Samaniden-Emir richteten. Auch von außen war die Samanidenherrschaft bedroht.

Die türkische Seldschukenherrschaft (11. – 12. Jahrhundert)

Im 10. Jahrhundert betraten die Ogusen, schlagkräftige islamisierte turkstämmige Nomaden unter ihrem Anführer Seldschuk die Bühne der Weltgeschichte. In persischen und arabischen Quellen werden die Ogusen auch als Turkmenen bezeichnet. Die Samanidendynastie zerfiel in zermürbenden Kriegen gegen die Ogusen und nomadische Karluken unter der Dynastie der Karachaniden, und es entstand das Seldschukenreich. Anfang des 12. Jahrhunderts kam es infolge von Thronkämpfen zu dessen Teilung. 1041 erlitten die Seldschuken bei Samarkand eine vernichtende Niederlage gegen die Reiterarmee der Schwarzen Kitai, einem Nomadenstamm aus dem westlichen China und der Mongolei. Der letzte Sultan der Seldschuken, Sanjar (1118 – 1157), regierte von Merw aus.

Das Reich der Schwarzen Kitai (1140–1218)

Ein halbes Jahrhundert lang schafften es die Schwarzen Kitai (Kara Kitai), in Zentralasien die Oberherrschaft zu halten. Ihre Hauptstadt war Balasagun (heutiges Kirgistan). Choresmien befreite sich als Erstes aus der Oberhoheit der Schwarzen Kitai, deren Herrschaft bald auch von den Mongolen bedroht wurde.

Die Mongolenherrschaft, das Timuridenreich und der Schaibanidenstaat (13.–16. Jahrhundert)

Der im 13. Jahrhundert beginnende »Mongolensturm« bezeichnet den Einfall der Mongolen in zahlreiche Staaten Asiens und Europas. Die Kara Kitai wurden 1218 vom Mongolenreich unterworfen. Dschingis Khan (vermutl. 1155 – 1227) hatte mehrere mongolische Stämme vereint und eroberte mit einer effektiven und brutalen Militärmaschinerie weite Teile Zentralasiens und Nordchinas. Nach dem Tod von Dschingis Khan zerfiel zwar dessen Großreich, die expansive Politik setzte sich aber in den Nachfolgestaaten fort. Es existierten vier verschiedene mongolische Khanate (Staatsgebilde, vergleichbar mit den europäischen Fürstentümern): das Khanat der Goldenen Horde, das Tschagatai-Khanat, den Staat Il-Khane und das Reich der Yuan-Dynastie. Der Begriff »Khan« war ursprünglich für Herrscher gebräuchlich, die in der Nachfolge von Dschingis Khan standen. Andere Führer nannten sich Emir.

Im Jahre 1260 boten die ägyptischen Mamelucken und 1262 die Ungarn den Mongolen in zwei wichtigen Schlachten Einhalt und stoppten deren Siegeszug in den Nahen Osten und nach Europa.

Im Khanat der Goldenen Horde regierte zwischen 1312 und 1342 Mohammed Usbek Khan (1283 – 1341). Zu seiner Zeit wurde das Khanat der Goldenen Horde auch schon als »Land Usbeks« bezeichnet, worauf der spätere Name Usbekistan zurückgeht. In einem anderen Nachfolgestaat des Reiches von Dschingis Khan, dem Tschagatei-Khanat, wuchs der spätere Emir Amir Timur (1336 – 1405, auch Tamerlan genannt) auf. Er entstammte einem mongolischen Nomadenstamm, der die Turksprache angenommen hatte, und gilt als Begründer der Timuriden-Dynastie. Tamerlan ist einer der größten und gewaltsamsten Eroberer der Weltgeschichte. Zwischen 1380 und 1405 brachte er ein Gebiet unter seine Kontrolle, das sich über Zentralasien, Teile des heutigen Indiens, des Iraks, Afghanistans, Irans, Aserbaidschans, Georgiens, Syriens und der Türkei erstreckte. In der Schlacht von Angora (heutiges Ankara) im Jahr 1402 besiegte er, selbst fast schon blind, das osmanische Heer unter Sultan Beyazid I. Der Sultan starb in Gefangenschaft. Seine Söhne akzeptierten Tamerlans Überlegenheit, so dass es im folgenden Jahrzehnt keinen türkischen Sultan geben sollte. Hauptstadt des neuen Riesenreiches wurde Samarkand. In den Thronfolgekämpfen nach Tamerlans Tod setzte sich dessen Sohn Schah Ruch (1377 – 1447) durch. Er verlegte die Hauptstadt des Reiches nach Herat (heutiges Afghanistan) und machte Persisch zur Staatssprache. Seine Nachfolge trat Sohn Ulugbek (1394 – 1449) an, der bereits Statthalter in Samarkand war. Ulugbeks Name ist bis heute mit seinen astronomischen Aufzeichnungen und dem berühmten Observatorium in Samarkand verbunden. Das Timuridenreich konnte er nicht zusammenhalten. Nach seinem Tod kam zu Thronstreitigkeiten, und es zerfiel Ende des 15./Anfang des 16. Jahrhunderts. Die Dynastie der Timuriden indes lebte außerhalb Zentralasiens fort. Zahir ad-Din Muhammad Babur (1483 – 1530), aus dem Fergana-Tal stammend, machte Kabul zu seiner neuen Hauptstadt. 1526 eroberte er Teile des heutigen Indiens. Seine Nachfahren regierten bis 1858 in Dehli. Dann wurden sie von den Briten vertrieben. Die Timuriden-Ära war eine der wichtigsten Perioden für die Entwicklung einer muslimischen Kultur in Zentralasien.

In Zentralasien wurden die Timuriden von Schaibaniden, einer Dynastie nomadisierender Usbeken, in mehreren Schlachten geschlagen. Die usbekischen Nomadenstämme türkischer und mongolischer Herkunft eroberten schließlich ganz Transoxanien und gelten als Vorfahren der heutigen Usbeken. Der Staat der Schaibaniden existierte ungefähr 100 Jahre und verschwand Ende des 16. Jahrhunderts. Unter schaibanidischer Führung hatte vor allem die regionale Wirtschaft gelitten, nicht zuletzt, weil sie durch den weltweit aufblühenden Seehandel Einnahmequellen verloren hatte. Es folgte die Zeit der Feudalstaaten mit einer Mehrzahl von Khanaten in Zentralasien.

Die Feudalstaaten

Usbeken-Khanat (16.–18. Jahrhundert)

Bekanntester Usbeken-Khan ist Abdulla II. (1533–1598), der sich mit den osmanischen Türken im Bündnis befand. Unter ihm blühten Kultur und Kunst auf. Teppiche aus Buchara fanden erstmals den Weg nach Europa und wurden in Italien gehandelt.

Kasachen-Khanat (16. Jahrhundert)

Als Vorfahren der Kasachen gelten Steppennomaden, die im frühen 16. Jahrhundert ein erstes vorstaatliches Gebilde errichteten, allerdings mit einer relativ schwachen Staatsgewalt. Die Kasachen wurden dennoch zu einer Gefahr für die aufstrebenden Usbeken. Sie drangen kurzzeitig bis nach Taschkent, Buchara und Samarkand vor.

Die Khanate von Chiwa (1512–1920) und von Kokand (1710–1876) und das Emirat von Buchara (1785–1920)

Eine Zäsur für die islamische Welt bildete das Aufkommen der türkischen Dynastie der Safawiden, die von 1501 bis 1722 in Persien regierte und den schiitischen Islam als Staatsreligion etablierte. Ihr Reich in seiner größten Ausdehnung reichte zu Beginn des 16. Jahrhunderts bis in das Gebiet des heutigen Turkmenistans hinein.

Die Feudalzeit wird in Zentralasien aber vor allem durch drei Staatengebilde geprägt, von denen das Emirat von Buchara das bedeutendste war. Die Macht im Emirat lag nun in den Händen der Usbeken-Dynastie von Mangiten. 1740 eroberten und zerstörten die Mangiten die Stadt Merw, führten die Einwohner in die Gefangenschaft oder siedelten sie um.

Das Khanat von Chiwa war wirtschaftlich und politisch schwächer als sein Nachbar. Es litt unter Auseinandersetzungen der usbekischen, karakalpakischen und turkmenischen Bevölkerungsgruppen. Turkmenen waren vor allem als Sklavenjäger gefürchtet.

Im Fergana-Tal gründete ein Nachfolger der Scheibaniden, Schah Rukh, 1710 das Khanat von Kokand, das weite Gebiete des heutigen Kirgistan umfasste. Er widersetzte sich permanenten Einfällen kasachischer Stämme in das Gebiet. Auch das Emirat von Buchara führte im 19. Jahrhundert Eroberungsfeldzüge nach Kokand. Das Khanat war bis ins 18. Jahrhundert hinein ein Vasallenstaat Chinas.

Die Periode der russischen Herrschaft

Russische Expansion nach Zentralasien

Mitte des 19. Jahrhunderts drangen erstmals russische Truppen nach Zentralasien vor. Nachdem russische Armeen Gebiete des heutigen Usbekistans und Kasachstans unter Kontrolle gebracht hatten, errichtete General Konstantin von Kaufmann 1867 das Generalgouvernement Turkestan, dem zwischen 1881 und 1885 auch Aschgabat und Merw angegliedert wurden. Das Emirat von Buchara verlor sein östliches Territorium, das heutige Tadschikistan, an das russische Generalgouvernement. Das verbliebene

Emirat und das Khanat Chiwa erhielten den Status von Vasallenstaaten. Unter russischer Herrschaft wurde Steppenland für die Landwirtschaft nutzbar gemacht, wodurch bald der Baumwollanbau in der Region expandierte. Die erste Eisenbahnlinie führte 1880 vom Kaspischen Meer nach Gyzylarbat (heutiges Serdar in Turkmenistan), dann ab 1885 nach Aschgabat (heutige Hauptstadt Turkmenistans) und 1886 weiter bis nach Neu-Buchara (heutiges Kogon in Usbekistan). 1888 wurde die Brücke über den Amudarja eingeweiht, und die Eisenbahn gelangte bis nach Samarkand. Zehn Jahre später, im Jahr 1898, wurde das Fergana-Tal und 1899 Taschkent an das Eisenbahnnetz angeschlossen.

Britische und russische Ambitionen

Mitte des 18. Jahrhunderts hatte Großbritannien begonnen, den Einfluss der europäischen Kolonialmächte Portugal, Niederlande und Frankreich in Indien zurückzudrängen und seine Macht auf den indischen Subkontinent auszuweiten. Im 19. Jahrhundert hielt Großbritannien Indien, die »Perle der Krone«, fest im Griff. Von 1876 bis 1948 trugen die britischen Monarchen auch den Titel »Kaiser von Indien«. Das Kaiserreich Indien umfasste das heutige Indien, Pakistan, Bangladesch und Burma (heutiges Myanmar). Doch auch Russland versuchte, sich strategisch aufzustellen und über Zentralasien zum Indischen Ozean vorzustoßen. Seit Peter dem Großen (1672–1725) gehörte es zu den Zielen russischer Außenpolitik, dort einen eisfreien Hafen zu besitzen. Nach den siegreichen Feldzügen gegen das napoleonische Frankreich in den Jahren 1812 bis 1815 trat der Expansionsgedanke der russischen Zaren verstärkt auf den Plan. Die bis dahin noch unabhängigen Feudalstaaten Zentralasiens, an der Südgrenze des Zarenreiches gelegen, rückten ins russische Interesse. Die Briten unternahmen alles, um eine Ausweitung russischen Einflusses gen Süden zu verhindern. Einen Zugang zum Indischen Ozean und damit zu den wichtigen Handelsrouten mit Südostasien sollten die Russen nicht bekommen, im Gegenteil: Großbritannien strebte seinerseits eine Erweiterung seines Einflussgebietes auf das östlich seiner indischen Kronkolonie liegende Afghanistan sowie die nördlicheren Gebiete Zentralasiens an. Russland und Großbritannien suchten neue Rohstoffquellen, neue Absatzmärkte, neue Handelsrouten sowie militärischen Ruhm. Es war nur eine Frage der Zeit, bis ihre Interessen miteinander kollidieren sollten. In Afghanistan und Zentralasien begann sich seit Mitte des 19. Jahrhunderts ein Machtkampf der beiden Großmächte abzuzeichnen, den Historiker als »Great Game« bezeichneten.

Das »Great Game« um die Region

Hinsichtlich der Komplexität ethnischer und religiöser Strukturen ist Zentralasien mit den Nachbarregionen eng verwoben. Der Nahe und der Mittlere Osten sowie Zentralasien sind seit alters her Epizentren der Rivalität zwischen Großmächten. Religion war hier immer schon eine Machtfrage. In der Großregion befinden sich die wichtigen Heiligtümer des Judentums, des Christentums und des Islams. Als das Osmanische Reich noch eine Weltmacht war, entluden sich ethnische und religiöse Spannungen zwischen muslimischen Türken und christlich geprägten Völkern bis hin zum Völkermord an den Armeniern. Die Osmanen standen aber auch den schiitischen Persern feindlich gegenüber; ein Konflikt, der bis in die heutige Zeit hineinreicht.

Afghanistan wurde im 19. Jahrhundert zum Spielball der Großmächte. Die Briten waren bemüht, in Kabul einen Herrscher zu etablieren, der ihren Interessen entsprach. Seit Mitte des 19. Jahrhunderts stand Afghanistan unter britischer Vorherrschaft. Grund für das steigende britische Interesse an der Region war die Angst, dass die russischen Expansionsbestrebungen nach Zentralasien zur Gefahr für die britischen Gebiete in Indien werden könnten. So nahm das erste »große Spiel« um Zentralasien seinen Lauf.

Der Begriff hat eine lang zurückreichende Geschichte. Er wird zur Einordnung und Beschreibung dreier historischer Perioden verwendet. Die erste begann nach dem Rückzug der napoleonischen Truppen aus Russland und endete mit der Oktoberrevolution. Great Game bezeichnet den historischen Machtkampf zwischen Großbritannien und Russland um die Vorherrschaft in Zentralasien und Afghanistan in dieser Ära. Ein zweites Mal sprach man vom Great Game, um die Auseinandersetzungen zwischen den USA und der Sowjetunion in Afghanistan in den Jahren des Kalten Krieges zu beschreiben. Sie kulminierten schließlich im sowjetischen Afghanistan-Krieg 1979–1989. Die Great Games der Vergangenheit leiteten jeweils den Untergang von Weltreichen ein, des Britischen Empires und der Sowjetunion. Heute steht das Great Game in Zentralasien für den Kampf um Einflusssphären zwischen Russland, China und den USA, an dem sich außerdem auch die Türkei, der Iran, Indien und Saudi-Arabien beteiligen. Wer aus diesem Machtkampf als Sieger und wer als Verlierer hervorgehen wird, steht noch nicht fest.

Arthur Connolly, ein 1842 in Buchara enthaupteter britischer Reisender, prägte erstmals den Begriff »Great Game«. Eingang in den politischen Sprachgebrauch fand er aber durch den britischen Schriftsteller und glühenden Imperialisten Rudyard Kipling. In dem 1901 erschienenen Roman »Kim«, der die Geschichte eines irischen Waisenjungen in den Jahren der britischen Vorherrschaft in Indien erzählt, bildet das Great Game zwischen Großbritannien und Russland den Abenteuern des jugendlichen Romanhelden den politisch-historischen Hintergrund.

In drei anglo-afghanischen Kriegen bemühte sich das britische Imperium, in Afghanistan Fuß zu fassen und Russland außen vor zu halten. Als sich der afghanische Emir Dost Mohammed (1793–1863) Russland annäherte, kam es zum Krieg. Der erste anglo-afghanische Krieg dauerte von 1839 bis 1842 an. Eine britisch-indische Armee drang nach Afghanistan vor und marschierte 1839 in Kabul ein. Dost Mohammed flüchtete in den Hindukusch, ergab sich schließlich den Briten und ging ins Exil. Doch die Afghanen wehrten sich weiter. 1841 begann ein Aufstand gegen die britische Besatzungsmacht, die sich 1842 nach einem vereinbarten Waffenstillstand zurückzog. Entgegen vorhergegangener Zusagen griffen afghanische Stammeskrieger die britisch-indischen Truppen während des Rückzugs am Chaiber-Pass an und vernichteten sie fast vollständig. Als Reaktion auf diese Niederlage wurde daraufhin eine britische Strafexpedition entsandt, die im September 1842 erneut Kabul einnahm. Einen Monat später, im Oktober 1842, zogen sich die britischen Truppen wieder zurück. Sie hielten die fortgesetzte Besatzung für zu riskant. Dost Mohammend kehrte auf den Thron zurück. Der deutsche Schriftsteller Theodor Fontane nahm 1859 in seiner Ballade »Das Trauerspiel von Afghanistan« vorweg, welches Schicksal am Hindukusch noch mehrere Weltmächte erleiden sollten. Er schrieb über den Krieg von 1839 – 1841: »Die hören sollen, sie hören nicht mehr, Vernichtet ist das ganze Heer, Mit dreizehntausend der Zug begann, Einer kam heim aus Afghanistan.«

Das russische Zarenreich konnte die Schwäche der Briten in Afghanistan zunächst ausnutzen: Es stabilisierte seine Herrschaft in Zentralasien und eroberte Teile des Uigurengebietes von China. Die chinesische Qing-Dynastie befand sich damals im Zangengriff zwischen Briten und Franzosen auf der einen und Russen auf der anderen Seite.

Als es dem russischen Zaren 1878 gelang, in Kabul eine Gesandtschaft zu errichten, wurden die Briten unruhig. Sie ahnten, dass Russland im Begriff war, über die Gesandtschaft Einfluss auf den afghanischen Hof zu nehmen und ihre Interessenssphäre auf Afghanistan auszudehnen. Als das britisch-indische Verlangen, ebenfalls mit einem Gesandten in Kabul vertreten zu sein, vom afghanischen Herrscher Emir Schir Ali, einem Sohn von Dost Mohammed, brüsk abgelehnt wurde, marschierte 1878 erneut eine britisch-indische Armee in Afghanistan ein. Es kam zum zweiten anglo-afghanischen Krieg, der bis 1880 dauerte. Schir Ali wollte nach Russland ins Exil flüchten und kam auf dem Weg dorthin, noch in Afghanistan, ums Leben. Die Briten besetzten das Land. Afghanistan wurde zu einem halbautonomen Protektorat, das immer wieder von Aufständen und Auseinandersetzungen zwischen den verschiedenen afghanischen Stämmen und Völkerschaften heimgesucht wurde.

Der Nachfolger von Schir Ali, Emir Abdur Rachman, auch Eiserner Emir genannt, befand sich im Exil in Taschkent. 1880 kehrte er nach Kabul zurück. Er willigte in einen Grenzvertrag ein, den Großbritannien mit Russland ausgehandelt hatte und der bis heute die Grundlage für den Grenzverlauf zwischen Pakistan, was damals unter britisch-indischer Verwaltung stand, und Afghanistan bildet – die sogenannte Durand-Linie, benannt nach dem Außenminister von Britisch-Indien, Sir Henry Mortimer Durand. Die Grenze wurde bewusst durch das Siedlungsgebiet paschtunischer Stämme gezogen, um diese unter doppelte Kontrolle nehmen zu können. Südliche Gebiete Afghanistans wurden Britisch-Indien einverleibt.

Die Beziehungen zwischen Großbritannien und Russland entspannten sich seit den 1880er Jahren. 1881 fiel das Gebiet der Uiguren wieder an China zurück. China grenzt seitdem an das Russische Reich, die Sowjetunion bzw. das postsowjetische Kirgistan. Russland und Großbritannien einigten sich auf die Festlegung weiterer Grenzen Afghanistans, unter anderen zu den Staaten des heutigen Zentralasiens im Norden. Diese Grenzen haben bis heute Bestand. Der Wachan-Korridor, ein Landstrich im Nordosten Afghanistans, der das Pamir-Gebirge vom Hindukusch trennt, wurde zur neutralen Zone erklärt. Die nördlichen Gebiete des Korridors, Berg-Badachschan, fielen an das Emirat von Buchara. Heute gehören sie zu Tadschikistan. Die südlichen Gebiete des Korridors kamen zu Afghanistan. Das Land wurde zu einer Pufferzone zwischen Russland und Großbritannien. Sie hinderte beide daran, nach Süden bzw. nach Norden auszugreifen. Russland blieb in Zentralasien die bestimmende Macht. Großbritannien behielt Indien unter seiner Kontrolle. Damit waren die beiden Großmächte auch die Geburtshelfer der Unabhängigkeit Afghanistans, zu der es aber erst nach Ende des Ersten Weltkrieges kam. Im dritten anglo-afghanischen Krieg im Jahre 1919 kämpften die Afghanen unter Emir Amanullah gegen britische Truppen. Im Friedensvertrag von Rawalpindi (Pakistan) erkannten die Briten schließlich die Unabhängigkeit Afghanistans an.

Die Periode der sowjetischen Herrschaft

Die Revolutionszeit (1917–1924)

Nach der Oktoberrevolution im Jahre 1917 gründeten die Sowjets 1918 die Autonome Sozialistische Sowjetrepublik Turkestan mit der Hauptstadt Taschkent. Außerdem entstanden die Volksrepublik Choresmien mit der Hauptstadt Chiwa (1920–1924) und die Volksrepublik Buchara (1920–1924). Die Revolution und die beginnende Sowjetherrschaft wurden von den Eliten in den zerfallenden Feudalstaaten Zentralasiens zunächst als Chance zur nationalen Emanzipation und zur Autonomie verstanden. Die Volksrepubliken Choresmien und Buchara verstanden sich als selbstständige Staaten und als Verbündete der Sowjets. Aber die Sowjets beendeten diese Zwitterposition bald und gliederten die Gebiete in die russisch dominierte Union der Sozialistischen Sowjetrepubliken (UdSSR) ein. Außerdem existierten in den Jahren zwischen der Oktoberrevolution und der Stabilisierung der Sowjetherrschaft – in Gegnerschaft zu den Bolschewisten – die kasachisch-kirgisische Autonomie Alasch Orda (1917–1920) sowie das Kokander Autonomiegebiet (1917–1918).

Die Sowjetherrschaft (1924–1991)

Nach Gründung der Sowjetunion kam es zu verstärkten Repressionen, woraufhin vor allem oppositionelle Usbeken, Tadschiken und Turkmenen nach Afghanistan flohen. Um nationale Bestrebungen einzudämmen, wurde 1924 die sechs Jahre zuvor gegründete Autonome Sowjetrepublik Turkestan aufgelöst. In den Folgejahren entstanden die Usbekische, die Turkmenische, die Tadschikische, die Kasachische sowie die Kirgisische Sozialistische Sowjetrepublik. Zentralasien wurde in die bolschewistische Moderne einbezogen, alphabetisiert, industrialisiert und mehr und mehr elektrifiziert. Die fünf mittelasiatischen Sowjetrepubliken hatten im Rahmen des zentralistischen Planwirtschaftsmodells ihre Rollen zu erfüllen: als Baumwoll- und Weizenlieferanten, Erzeuger von Wasserkraft, Testgebiete für Atomraketen und biologische Waffen bis hin zum Stützpunkt für das Kosmos-Programm der UdSSR. Traditionelle, religiöse und kulturelle Werte mussten zurücktreten. Profitieren konnten die Menschen indes von den ordentlichen Bildungs- und Gesundheitseinrichtungen.

Das zweite Great Game

Mit Afghanistan, das im ersten Great Game seine Unabhängigkeit teuer erkauft hatte, besaßen die mittelasiatischen Sowjetrepubliken im Süden einen Nachbarn, der über Jahrzehnte ein Unruheherd bleiben sollte. In der zweiten Hälfte des 20. Jahrhunderts entbrannte ein neues Great Game als Wettstreit zweier Weltreiche auf afghanischem Boden. Diesmal standen sich die USA und die Sowjetunion in der Ära des Kalten Krieges indirekt gegenüber. Viele Konflikte der Gegenwart, im Nahen und Mittleren Osten, in Zentralasien und in Afghanistan, gehen auf diese Systemauseinandersetzung der beiden Weltmächte des 20. Jahrhunderts zurück. Immer dann, wenn die USA und ihre Verbündeten seit den 1950er Jahren im Nahen und Mittleren Osten geopolitisch Weichen stellen wollten, befand sich die Sowjetunion als Rivale im Raum. Das war 1953 beim von den USA und Großbritannien unterstützten Sturz des iranischen Premierministers Mohammed Mossadegh nicht anders als bei der späteren Unterstützung der afghanischen Mudschaheddin durch die USA.

Afghanistan wurde Ende der 1970er Jahre zum Schauplatz sowjetisch-amerikanischer Feindschaft. Wie schon im 19. Jahrhundert ging es um die Vorherrschaft in einer Scharnierregion. Ideologische Kompromisse ließen die nach dem Zweiten Weltkrieg entfachte Konfrontation zwischen Washington und Moskau nicht zu. Eine direkte Konfrontation galt es in Zeiten gegenseitiger atomarer Bedrohung aber zu vermeiden. So entwickelte sich ein Stellvertreterkrieg. Die Sowjetarmee marschierte 1979 in Afghanistan ein, um die dort im Jahre 1978 durch einen Putsch an die Macht gelangte Demokratische Volkspartei zu unterstützen. Die USA unterstützten ihrerseits die islamische Mudschaheddin-Bewegung im Kampf gegen die von ihnen gesehene »rote Gefahr«. Die Mudschaheddin – die späteren Taliban – wurden von den USA aufgebaut, finanziert und trainiert. Sie organisierten den Guerilla-Krieg gegen die sowjetischen Besatzungstruppen. Der sowjetischen Expansion sollte um jeden Preis Einhalt geboten werden. Die amerikanische Politik dieser Jahre ist eng mit dem Namen des Außenpolitikers Zbigniew Brzeziński verbunden. Bilder, auf denen der Berater von US-Präsident Jimmy Carter mit einem Maschinengewehr bewaffnet gemeinsam mit den Islamisten in Afghanistan posierte, gingen um die Welt.

Der Konflikt hatte unmittelbare Auswirkungen auf das sowjetische Zentralasien. In Afghanistan kämpften bald Brüder gegen Brüder. Die UdSSR gründete ab 1979 für den Einsatz in Afghanistan sogenannte muslimische Bataillone, in denen Kasachen, Kirgisen, Usbeken, Tadschiken und Turkmenen gegen die Mudschaheddin eingesetzt wurden. Es existierten drei solcher Einheiten. In zwei Bataillonen dienten Wehrpflichtige mit zentralasiatischen Nationalitäten, für das dritte Bataillon rekrutiere die Armee junge Männer aus dem Kaukasus. Insgesamt kämpften über 100 000 Soldaten aus Sowjetisch-Mittelasien in Afghanistan.

Die Sowjetrepublik Usbekistan musste dabei mit 65 000 Personen das größte Kontingent stellen. Von den 15 000 sowjetischen Soldaten, die im Afghanistan-Krieg fielen, stammten nach offiziellen Angaben 2255 aus Zentralasien und die meisten von ihnen – über 1100 – aus Usbekistan. Doch es gab auch Kämpfer aus den mittelasiatischen Sowjetrepubliken, die sich auf die Seite der Mudschaheddin geschlagen hatten und nun gegen ihre eigenen Landsleute kämpften.

Überschattet von den Erosionserscheinungen in den nordwestlichen Sowjetrepubliken mussten die Sowjets ihre Truppen aus Afghanistan im Jahr 1989 abziehen. Die Mudschaheddin hatten gesiegt.

Der erfolglose und blutige Feldzug prägt bis heute das kollektive Gedächtnis einer ganzen Generation. Auf dem Städtischen Taschkenter Friedhof Nr. 2 sieht man auf vielen Grabsteinen die Porträts der Bestatteten. Auf Hunderten von ihnen schaut man in die Gesichter blutjunger Männer. Manche von ihnen hatten mit 18 Jahren ihr Leben geben müssen. Der Sieg im zweiten Great Game war an die USA gegangen.

Unabhängigkeit

Als die Sowjetunion dann 1991 zerbrach, gingen aus den fünf zentralasiatischen Sowjetrepubliken die heute souveränen Staaten Kasachstan, Kirgistan, Tadschikistan, Turkmenistan und Usbekistan hervor. Offiziell haben sich alle Staaten zu einer säkularen und demokratischen Entwicklung bekannt. Alle Länder sind zentralstaatlich verfasst. Kasachstan, Tadschikistan, Turkmenistan und Usbekistan sind Präsidialrepubliken, deren Präsidenten über weitreichende Vollmachten verfügen. Kirgistan ist seit 2010 eine parlamentarische Republik. In den ersten Jahren nach der Unabhängigkeit standen Fragen der nationalen Selbstfindung im Mittelpunkt. Die zentralasiatischen Republiken waren zwar aufeinander angewiesen, aber sie versuchten, die alte sowjetische Zwangsverbindung so schnell wie möglich abzuschütteln. Sie agierten zunehmend in Konkurrenz zueinander. Grenzen, die vorher nur auf der Landkarte bestanden, trennten nun Familien. Visa-Regime wurden eingeführt, Grenzposten errichtet und Minen gelegt. Jeder nahm sich seinen Teil der einst gemeinsamen sowjetischen Infrastruktur, unabhängig davon, ob diese ohne die fehlenden weiteren Bestandteile überhaupt noch funktionstüchtig war. Landstraßen führten ins Nichts und verfielen. Eisenbahnstrecken, einst Lebensadern in Zentralasien, wurden demontiert und die Schienen als Altmetall verkauft. Hochspannungsleitungen standen nicht mehr unter Strom, da die Nachbarrepubliken keine Elektrizität mehr lieferten. Es fehlte die harte Hand aus Moskau, die bis 1991 Befehle gab und »Harmonie« erzwungen hatte. Erst nach und nach fanden die zentralasiatischen Staaten wieder zu einer Kooperation zurück, die aber bis heute nicht den Grad der Verflechtung erreicht, den es bis 1991 gab. Erst seit 2016, nach einem Präsidentenwechsel in Usbekistan, dem bevölkerungsreichsten Land der Region, zeichnet sich ein Wandel ab. Grenzen werden erneut durchlässiger, Visaschranken fallen, der Warenaustausch nimmt zu, und die Staaten der Region üben sich wieder in Kooperation.

Glaube, Religion und Macht

Zoroastrismus

Wüstenfestungen, russische Avantgarde, Feuertürme und Frühlingsfeste

Ein Festival der Superlative lockte 2012 mehrere Tausend Menschen in die Wüste. Dazu eingeladen hatte Gulnara Karimowa (geb. 1972), die zwei Jahre später in Ungnade gefallene Tochter des ersten Staatspräsidenten des unabhängigen Usbekistans, Islam Karimow (1938 – 2016). Musiker, Schauspieler, Gaukler und Akrobaten boten vor der Kulisse von Toprak Kala, einer Lehmfestung aus dem dritten nachchristlichen Jahrhundert, eine atemberaubende Show aus Schauspiel, Folklore, Musik, Zirkus und Tanz. Toprak Kala liegt 1000 Kilometer von Taschkent entfernt und war die Residenz der Herrscher von Choresmien, deren Reich unter dem Druck der Sassaniden Ende des 4. Jahrhunderts verschwand.

Das Festival »Asrlar Sadosi« (Echo der Jahrhunderte) findet jedes Jahr an mystischen, weitgehend unbekannten Orten Usbekistans statt und soll ihnen zu internationaler Bekanntheit verhelfen. Zentralasien ist die Wiege vieler Zivilisationen. Die Weltreligionen Buddhismus, Judentum, Christentum und Islam konnten hier Fuß fassen. Gulnara Karimowas grandioses Spektakel lenkte diesmal den Blick auf eine in Vergessenheit geratene Wüstengegend, in der sich einst der Zoroastrismus ausgebreitet hatte. Manchmal wird die Religion nach dem Namen ihres Stifters Zarathustra auch Zarathustrismus genannt. Zarathustra war ein altiranischer Zaotar (ranghoher Priester) und soll im ausgehenden zweiten oder im ersten Jahrtausend v. Chr. gewirkt haben; er inspirierte später den deutschen Philosophen Friedrich Nietzsche.

Im Ersten Persischen Reich, unter den Achämeniden, war der Zoroastrismus als Staatsreligion anerkannt. Im Zweiten Persischen Reich erlebte er unter den Sassaniden die höchste Blüte, bevor seine Anhänger durch die Expansion des Islams zunehmend unterdrückt wurden. Sie wanderten auf das Gebiet des heutigen Indiens und Pakistans aus. Gegenwärtig hat der Zoroastrismus Schätzungen zufolge 120 000 bis 150 000 Anhänger weltweit. Sie leben vor allem im Iran, in den USA, Kanada, Indien und Pakistan. In Indien und Pakistan werden sie als Parsen bezeichnet. In Syrien und dem Irak erlebt der Zoroastrismus derzeit durch Konversionen von Muslimen eine Renaissance als »Anti-IS«-Religion. In der zum Irak gehörenden Autonomen Region Kurdistan fordern Zoroastristen die offizielle Anerkennung des Zoroastrismus als Religionsgemeinschaft.

Karakalpakstan, Nukus und das Sawitzki-Museum

Nach Toprak Kala reisten die internationalen Festivalgäste 2012 meist über Nukus, die Hauptstadt der Autonomen Republik Karakalpakstan. Zwischen 1956 und 1991 existierten innerhalb der Sowjetunion über 20 Gebietskörperschaften, die als sogenannte Autonome Sozialistische Sowjetrepubliken (ASSR) bezeichnet wurden. Sie sollten den namengebenden Nationalitäten das Gefühl einer gewissen Autonomie vermitteln. Die Autonomen Republiken waren jeweils Bestandteil einer der 15 Sozialistischen Sowjetrepubliken. Die Karakalpakische ASSR gehörte zur Usbekischen Sozialistischen Sowjetrepublik, nach 1991 blieb sie als Autonome Republik Karakalpakstan Teil der Republik Usbekistan. Karakalpakstan ist eine vom Verschwinden des Aralsees geplagte Region. Die Erde ist unfruchtbar, und das Trinkwasser verdient seinen Namen nicht. In der Hauptstadt Nukus wurde zwar in den vergangenen Jahren viel investiert, die neu gebauten Häuser vermitteln aber eher den Eindruck einer potemkinschen Kulisse. Hinter ihr verbirgt sich bittere Armut.

Dennoch zog die Stadt in den letzten Jahren immer mehr internationales Publikum an. Der Grund ist ein einzigartiges Museum, dessen Gründung auf die Zeit nach der Oktoberrevolution zurückgeht. Russische Maler wie Wladimir Lyssenko (1903 – 1970er Jahre), Alexander Wolkow (1886 – 1957), Michael Kursin (1888 – 1951), Elena Korowai (1901 – 1974) oder der Malewitsch-Schüler Alexander Nikolajew (1897 – 1957) fanden in den Anfangsjahren der Sowjetherrschaft Zugang zu orientalischen Motiven, die in ihr künstlerisches Werk eingingen. Die Russen zeigten sich überwältigt von der exotischen Umgebung und den Sonnenlichtverhältnissen in Zentralasien. Zunächst ließen sie sich auch von der sozialistischen Aufbruchsstimmung anstecken, die in den 1920er Jahren viele Intellektuelle erfasst hatte. Doch davon blieb in den 1930er Jahren nur noch wenig übrig. Wer sich als Künstler nicht dem Diktat des sozialistischen Realismus unterordnete, hatte mit Repressionen zu rechnen. Die Bilder der russisch-usbekischen Avantgarde verschwanden in Kellern und auf Dachböden.

Es war ein junger Mann namens Igor Sawitzki (1915 – 1984), selbst Maler von Beruf, der nach Stalins Tod in den 1950er Jahren aus Kiew nach Usbekistan übersiedelte und sich auf die Suche nach den verschollenen oder versteckten Gemälden machte. Im Staatlichen Museum Karakalpakstans, dessen Direktor er später wurde, stellte er sie aus. Das provinzielle Nukus war dafür bestens geeignet. Kaum einer der Kulturfunktionäre in Moskau interessierte sich für ein Museum in der Einöde Karakalpakstans. Sawitzki trug mehr und mehr Bilder zusammen, er war wie besessen. In den 1960er und 1970er Jahren kamen Werke von Künstlern hinzu, die sonst in der Sowjetunion kaum ausgestellt worden wären, wie Wladimir Komarow (1889 – 1937), Alexej Rybnikow (1887 – 1949) und Nikolai Tarasow. Viele von ihnen hatten unter Verfolgungen während der Stalinzeit gelitten oder waren dabei umgekommen. Bezeichnend für die Art und Weise, mit der Sawitzki das heute nach ihm benannte Museum verteidigte, war sein Umgang mit Bildern von Nadeschda Borowaja (1909 – 1987). Sie waren heimlich während der Lagerhaft der Künstlerin entstanden und hielten das brutale Leben im Gulag fest. Wann immer eine Kontrollkommission Rundgänge im Museum machte, erzählte Sawitzki, es handele sich bei den Motiven um Eindrücke aus einem faschistischen Konzentrationslager.

Heute beherbergt das Sawitzki-Museum eine der umfangreichsten und bedeutendsten Gemäldesammlungen der russischen Avantgarde. Nach 1991 war der Umgang mit dem Museum und seinen Schätzen ambivalent – zu viel russische Kunst passte nicht zum Selbstverständnis eines nach Identität suchenden Staates, der gerade von der Sowjetunion unabhängig geworden war. Doch Pragmatismus und Wertschätzung gegenüber den Kunstwerken der russischen Avantgarde setzten sich durch. Unter Präsident Karimow erhielt das Museum zwei neue, repräsentative Gebäude im Zentrum von Nukus. Als der neue usbekische Präsident Schawkat Mirsijojew (geb. 1957) 2017 zum ersten Mal zu einem Staatsbesuch nach Russland reiste, hatten vorab die wichtigsten Bilder aus dem Sawitzki-Museum Usbekistan als Leihgabe in Richtung Moskau verlassen. Ein begeistertes Publikum bestaunte sie im Puschkin-Museum.

Ein Maler aus Nukus, Uzakbergen Saparow (1943 – 2008), hatte es mit seinen Werken immer nur in die unterste Etage des Museums geschafft. Er verkaufte sie im Museumsladen. Meist hatte er kein Geld für die Leinwand und malte deshalb auf einfachem Sackleinen. Doch zunehmend verliebten sich Besucher in seine Werke, sie fanden immer mehr Abnehmer. Es handelt sich um naive Malerei mit Motiven aus Saparows Heimat, darunter Fabelwesen und niedrige runde Türme auf Hügeln und Felsen.

Türme des Schweigens und die Religion Zarathustras

Wer von Nukus aus zum Wüstenfestival »Asrlar Sadosi« fuhr, konnte seltsame Türme sehen. In Karakalpakstan und Choresmien ragen sie regellos, wie aus dem Nichts, aus der Landschaft hervor. Es sind Grabmäler, die der im Zoroastrismus vorgeschriebenen Sonnen- bzw. Himmelsbestattung dienten. Diese hängt mit der Verehrung der vier Elemente Feuer, Wasser, Luft und Erde zusammen: Der menschliche Körper galt nach dem Tod als unrein und durfte daher weder in der Erde bestattet noch im Feuer verbrannt werden. Deshalb wurden sogenannte Dachmas (Türme des Schweigens) errichtet, auf denen man die Leichname ablegte. Dort »reinigten« Wildvögel die Knochen von den fleischlichen Überresten der Menschen. Die Ummauerungen sollten verhindern, dass Landraubtiere sie fraßen. Die Knochen wurden dann in Ossuarien (Beinhäuser) aufbewahrt, die wie Grabstätten besucht werden konnten. Diese Beinhäuser oder Grabstätten werden von Archäologen in Zentralasien häufig gefunden.

Die religiöse Schrift der Zoroastristen ist die Avesta, die ursprünglich aus 21 Büchern bestand, die auf Zarathustra selbst oder seine Jünger zurückgehen. Der Zoroastrismus teilt die Welt starr in zwei Reiche: das Reich des Guten, dessen Schöpfer der gute Gott Ahura Mazda (der weise Herr) ist, und das Reich des Bösen, das vom bösen Gott Angra Mainyu, einer Art Teufel, beherrscht wird. Eine Relativierung oder gar Versöhnung von Gut und Böse gibt es nicht. Auf diesem Dualismus beruhen Moral, Ethik und Ästhetik. Die Datierung der ältesten Teile der Avesta ist umstritten. Schätzungen besagen, dass sie im 2. Jahrtausend v. Chr. entstanden seien. Heute ist die Avesta nur noch in Abschriften erhalten. Die älteste dieser Abschriften stammt aus dem 9. Jahrhundert und befindet sich in der British Library.

Für die historische Entwicklung Persiens und Zentralasiens war von entscheidender Bedeutung, dass der Zoroastrismus den freien Willen des Menschen anerkannte, der durch Taten, Gedanken oder Worte umgesetzt wird. Die Willenskraft des Menschen entscheidet, ob das Gute oder das Böse siegt. Im Gegensatz zur Überzeugung anderer indoeuropäischer Stämme, die sich später zum Hinduismus entwickelten, entfernte sich die Lehre Zarathustras von dem Glauben, das Leben sei eine endlose Kette von Wiedergeburten. Stattdessen begründete sie die Eschatologie (Philosophie über das Ende der Welt) sowie die Vorstellung, dass der Mensch nur einmal lebt und keine zweite Chance für die Verbesserung seiner Fehler bekommt.

Im ersten vorchristlichen Jahrtausend setzte diese Philosophie eine enorme psychische und physische Energie frei, die letztlich in der Entstehung des ersten in der Geschichte bekannten Weltreiches – des Achämenidenreiches (Erstes Persisches Reich) – mündete. Es schloss Perser aus dem iranischen Hochland, Ägypter, Babylonier, Lyder, griechische Karier, Phönizier sowie sesshafte und nomadische Völker Zentralasiens, Afghanistans und Indiens in einem einzigen Staat zusammen. Ein komplexes System für Wirtschaft und Verwaltung wurde entwickelt, großartige Bauwerke entstanden. Die Vertreter verschiedenster Nationen stiegen in die Führungselite auf. Zum ersten Mal in der Menschheitsgeschichte wurde religiöse Toleranz verkündet. Bekanntestes Beispiel dafür war die Entlassung der Juden aus der babylonischen Gefangenschaft durch Perserkönig Kyros II. Die Juden durften in ihre Heimat zurückkehren und den Tempel Salomons in Jerusalem wiederaufbauen.

Doch wie so oft in der Geschichte sollte die dynamische und leidenschaftliche Entwicklung eines Reiches eine ähnliche Eruption in einem anderen Reich auslösen. Die achämenidischen Perser stießen mit den Griechen zusammen, was zum Untergang des Ersten Persischen Reiches und zu einer langen Reihe von Kriegen führte. Eine wichtige Achse der Weltgeschichte war entstanden, die Teilung in Ost und West nahm ihren Ausgang.

In Zentralasien finden sich Überlieferungen der zoroastrischen Lehre nach wie vor im Alltag der Menschen. In ländlichen Gebieten ist es noch Sitte, dass Hochzeitspaare um ein Feuer tanzen, bevor sie ihr neues gemeinsames Haus betreten. Das bekannteste Fest, das heute in allen zentralasiatischen Staaten sowie im iranischen Kulturraum gefeiert wird, ist das Frühlingsfest Nawrus. Das Wort »Nawrus« stammt aus dem Persischen und bedeutet »neuer Tag«. Die Ursprünge des Festes liegen in Legenden, die sich um König Dschamdschid ranken, eine Figur aus der iranischen Mythologie, die in zoroastrischen Schriften und späteren Werken der persischen Literatur auftaucht. Heute wird Nawrus alljährlich am Tag des Frühlingsbeginns, dem 21. März, gefeiert. Die Menschen besuchen Freunde und Verwandte, spenden an Arme und vergnügen sich auf Volksfesten. Selbst die eher abgehobenen Präsidenten der zentralasiatischen Republiken zeigen sich zu diesem Anlass dem Volk.

Zarathustras Erbe

In Usbekistan und Tadschikistan wird zu Nawrus von den Frauen ein besonderes Gericht gekocht: Sumalak. Es besteht aus einfachen Zutaten: gekeimte Weizenkörner, Baumwollsamenöl und Mehl. Die Zubereitung ist eine Kunst für sich. Ungefähr eine Woche vor dem Fest werden die Weizenkörner in Wasser eingeweicht, damit sich die Keimlinge entwickeln. Danach werden sie in einem speziellen Eisenmörser gemahlen. Zur gleichen Zeit wird ein großer Kessel auf das Feuer gestellt, der von den Turksprachlern »Kasan« und von den Tadschiken »Deg« genannt wird. Darin bringt man das Baumwollsamenöl zum Sieden, lässt es auskühlen und gießt dann Mehl und Wasser hinzu. Die entstandene Masse wird verrührt und mit den gekeimten Weizenkörnern vermischt. Auf dem Kesselboden liegen meist Walnüsse oder Kieselsteine, damit das Sumalak nicht anbrennt. Für gewöhnlich nimmt das Kochen des Sumalak zehn bis zwölf Stunden in Anspruch. Währenddessen singen die Frauen Lieder oder rezitieren Gedichte. Gäste werden aufgefordert, die Masse mit einer Kelle umzurühren. Der Aberglaube sagt, dass Wünsche, die man beim Umrühren äußert, in Erfüllung gehen. Das fertige Sumalak hat einen süßlichen Geschmack. Die Leute glauben, es sei sehr reich an Nährstoffen, was vor allem im Frühjahr für den vom Winter geschwächten Körper wichtig ist.

Das Erbe des Zoroastrismus findet sich auch in der weit verbreiteten Verwendung von Feuer in Zeremonien und bei Ritualen wieder. Junge Menschen springen bei Feierlichkeiten über das

Feuer, was sie von allem Bösen des vergangenen Jahres reinigen soll. Aus dem Zoroastrismus stammt wohl auch der Brauch, in heiligen Stätten Kerzen anzuzünden. Feuer wurde neben Erde, Wasser und Luft als eines der vier Schöpfungselemente angesehen. Es war daher verboten, diese Elemente zu verunreinigen. Das ging so weit, dass es untersagt war, ins Wasser bzw. ins Feuer zu spucken. Solche Traditionen haben sich bis heute erhalten. Auch in der Namensgebung lebt der Zoroastrismus des ersten vorchristlichen Jahrtausends fort. Beliebte Namen wie Siyawasch, Rostam, Chosrau, Tahmina oder Farangiz waren Namen von Gottheiten und gehen auf Überlieferungen des persischen Dichters Firdauzi (940 – 1020) zurück.

Nicht zuletzt wird der alte Glauben in der Folklore greifbar, wo mythologische Kreaturen wie Daevas, Pari oder der Drache Ajdarcho zu finden sind. Daevas waren nach Auffassung Zarathustras böse Geister. Sie tauchen mit derselben Bedeutung in der Folklore Tadschikistans, Usbekistans, Afghanistans, des Irans und im Kaukasus auf und werden in der Regel als hässliche, abstoßende Geschöpfe sowie als groß, heimtückisch und dumm beschrieben. Ihre Darstellung ähnelt der von Zyklopen in der altgriechischen Mythologie, jedoch mit zwei Augen und kleinen Hörnern. In verschiedenen Sprachen Zentralasiens bedeutet das aus »dev« abgeleitete Wort »devona« verrückt, besessen oder sehr dumm.

Pari sind mythische weibliche Wesen von großer Schönheit, aber mit rachsüchtigem Charakter. Sie sind in der Lage, sich in verschiedene Tiere zu verwandeln, zu fliegen und Männer dazu zu bringen, sich in sie zu verlieben. Bereits in der Avesta wurden mit »Pairika« weibliche Dämonen beschrieben. Der Drache Ajdarcho (usbekisch) oder Ajdacho (tadschikisch) wiederum war der Legende nach ein Mensch namens Zahhak, der seine Seele an den Teufel verkauft und dafür Macht über den Iran erhalten hatte. Ihm wuchsen zwei Schlangen aus den Schultern, die sich jeden Tag von dem Gehirn zweier Jungen ernährten. Nach tausend

Jahren tyrannischer Herrschaft habe ein Schmied namens Kawa einen Aufstand angezettelt, den er mit einer aus einer ledernen Schmiedeschürze gefertigten Fahne anführte, und den Drachen besiegt. Im Zweiten Persischen Reich, während der Dynastie der persischen Sassaniden (3.–7. Jahrhundert n. Chr.), ließen diese ihre Nationalflagge aus einem Lederbanner anfertigen, das an die Schürze des Schmiedes Kawa erinnern sollte.

Buddhismus

Die Buddhas von Duschanbe und Bischkek

Zentralasien ist für viele Überraschungen gut. Doch die wenigsten Besucher erwarten in Duschanbe, der Hauptstadt des muslimischen Tadschikistans, eine der weltweit größten Buddhafiguren zu finden. Bei Ausgrabungen in den 1960er Jahren entdeckten sowjetische Archäologen auf dem Hügel Ajina Teppa in Südtadschikistan unweit der Grenze zu Afghanistan ein buddhistisches Kloster mit einer einzigartigen 13 Meter langen tönernen Statue eines schlafenden Buddhas. Sie stammt vermutlich aus dem 4. Jahrhundert. Heute ist die restaurierte Figur im tadschikischen Nationalmuseum zu sehen. Nachdem die Taliban im Jahre 2001 zwei 55 und 37 Meter hohe Buddhastatuen, die unter den Sassaniden in die Felsen des Bamiyantals im heutigen Afghanistan gemeißelt wurden, gesprengt hatten, ist dieser Buddha in Tadschikistan die größte Buddhadarstellung Zentralasiens. In Bischkek wird 2018 für die Neueröffnung des renovierten Nationalmuseums gerade die Statue eines sitzenden Buddhas restauriert, die bislang ihr Dasein im Lager fristete. Auch in der Nähe der Stadt Termez, in Usbekistan, wurden bei Ausgrabungsarbeiten buddhistische Höhlen- und Tempelkomplexe (Karatepa, Fayaztepa und Surmala) entdeckt. Durch ihre außergewöhnliche Schönheit hat es eine Kalksteinskulptur aus Fayaztepa zu besonderer Berühmtheit gebracht. Sie zeigt einen von zwei Mönchen umgebenen Buddha, der unter einem heiligen Baum sitzt. Im usbekischen Teil des Fergana-Tals, dem Dreiländereck mit Tadschikistan und Kirgistan, fanden Archäologen bei Kuwa einen buddhistischen Tempel mit Resten einer Buddhastatue sowie Abbildungen hinduistischer Gottheiten. In Kirgistan wurden in Ak-Beschime und in Krasnorechenskoje buddhistische Anlagen mit Überresten von Statuen und Wandmalereien, darunter eine fünf Meter hohe Buddhastatue, entdeckt. In Kasachstan befinden sich in Tamgaly, 120 Kilometer nordwestlich von Almaty entfernt, Felszeichnungen mit Buddha-Abbildungen. In Turkmenistan trifft man bei Merw auf Überreste eines buddhistischen Klosters und einer Stupa, eines Bauwerks, das die buddhistische Lehre symbolisiert. Beide stammen aus dem dritten nachchristlichen Jahrhundert.

Im Jahr 2017 fand in Taschkent und Samarkand ein internationaler Kongress statt, wie ihn Usbekistan zuvor noch nicht erlebt hatte. Wissenschaftler und Museumsdirektoren aus mehr als 20 Staaten präsentierten, was sich in den großen Museen der Welt an Objekten befindet, die aus Usbekistan stammen. Die Tagung war dahingehend bemerkenswert, dass sich die Veranstalter, zu denen auch das usbekische Kulturministerium gehörte, relativ frei von Geschichtsideologie mit allen Epochen der Geschichte Zentralasiens befassten. Der Buddhismus gehörte dazu.

Nach der Unabhängigkeit mussten sich Historiker in allen zentralasiatischen Staaten von Staats wegen prioritär mit einigen wenigen Nationalhelden beschäftigen, die zur Staatenbildung und für die nationale Legitimation der neuen zentralasiatischen Republiken für wichtig angesehen wurden. Buddha zählte nicht zu diesen Helden. Ein Vierteljahrhundert später zeichnet sich nun ein etwas entspannterer Umgang mit der eigenen Geschichte ab. Der Museumskongress von 2017 war dafür eine Initialzündung. Zur Geschichte der zentralasiatischen Länder gehört eben mehr als die Geschichte eines Tamerlan, sie reicht in Zeiten zurück, als die Völker, die heute in Zentralasien leben, ihre Ethnogenese noch vor sich hatten. Und so fügt sich auch der Buddhismus als Religion und historische Etappe in diese Geschichte ein.

Das Erbe aus Indien

Der Buddhismus entstand Mitte des ersten Jahrtausends v. Chr. auf dem indischen Subkontinent. Ein indischer Fürst namens Gautama Buddha, der auf dem heutigen Territorium Nepals lebte, gilt als Begründer der Lehre. Nach Buddha haben alle Geschehnisse ihre Ursachen in früheren Leben. Deshalb seien die Lebensumstände der Menschen unterschiedlich. Die Religion geht jedoch davon aus, dass jeder Mensch durch Eigenverantwortung und Selbstständigkeit zur »Erleuchtung« gelangen kann. Alle »nicht erleuchteten Wesen« aber seien einem endlosen Kreislauf von Geburten und Wiedergeburten unterworfen. Diejenigen hingegen, die die Leere aller Dinge begriffen haben, werden zu Wesen mit erwachtem Bewusstsein und fahren ins »Nirwana«.

Der Buddhismus revolutionierte Philosophie und Gesellschaftspolitik seiner Zeit durch seine Annahme eines »Gesetzes über das Entstehen in Abhängigkeit« (Sanskrit: Pratītyasamutpāda). Nichts im Universum, so behaupteten Buddha und die nachfolgenden buddhistischen Meister, sei selbstexistierend oder Ursache seiner selbst. Alles Neue beruhe auf der Grundlage von Vorherigem, sowohl aufgrund linearer als auch komplexer Kausalität. Der in Zentralasien bekannte russische Buddhismus-Forscher Jewgeni Torchinow beschreibt diesen Zusammenhang durch einen Vergleich zu geliehenem Geld: »Das geliehene Sein ist kein wirkliches, genauso wie geliehenes Geld kein wirklicher Reichtum ist: Natürlich könne sich ein armer Mann so viel Gold wie er will leihen und sich so verhalten, als wäre er reich, jedoch bleibe dies nur der Schein.«

Heute hat die Religion und Lehrtradition des Buddhismus weltweit circa eine halbe Milliarde Anhänger und ist damit neben dem Christentum, dem Islam und dem Hinduismus die viertgrößte Religion der Welt.

Wie gelangte der Buddhismus nun nach Zentralasien? Die Lehre des Buddha Gautama und seiner Anhänger führte zunächst zu Konflikten im alten Indien. Buddhas Religion erklärte alle Menschen für gleich, was dem Kastensystem einen bitteren Schlag versetzte. Im Mauryareich (320 – 185 v. Chr.), hier vor allem unter Kaiser Ashoka (273 – 232 v. Chr.), fand der Buddhismus schließlich staatliche Anerkennung und Respekt. Dadurch erfolgte seine allmähliche Expansion in Richtung Griechisch-Baktrien, dessen Kerngebiet das heutige Nordafghanistan, Südusbekistan und Tadschikistan umfasste. Während es später in Indien zu religiösen Auseinandersetzungen kam, die 185 v. Chr. in einem Militärputsch, der Ermordung des letzten Herrschers der Maurya-Dynastie, Brihadratha, der Ermordung vieler buddhistischer Mönche, der Errichtung der Schunga-Dynastie sowie in der Zerstörung von buddhistischen Tempeln mündeten, verteidigten die griechisch-baktrischen Herrscher den Buddhismus. Er blühte im südlichen Zentralasien und in Nordafghanistan auf. Auch nachdem die Saken das griechisch-baktrisch beherrschte Sogdien eingenommen hatten, konnte sich die Religion behaupten. Die Blütezeit des Buddhismus in Zentralasien waren die Regierungsjahre von König Kanischka (100 – 144 n. Chr.) während des Kuschanenreiches. Doch auch im darauf folgenden Zweiten Persischen Reich unter den Sassaniden, als der Zoroastrismus Staatsreligion war, standen die Herrscher dem Buddhismus tolerant gegenüber. Erst im Laufe der folgenden Jahrhunderte, mit der Expansion des Islams, verlöschte nach und nach die Erinnerung an den Buddhismus in Zentralasien.

An den einst mächtigen Einfluss der Lehre Buddhas erinnern in zentralasiatischen Sprachen noch die Wörter »but« (Idol, höchstwahrscheinlich aus dem Wort »Buddha« abgeleitet), »butparasti« (Abgötterei), »buthana«(heidnischer Tempel).

Ab und zu besuchen heute Touristen aus asiatischen Ländern,

in denen der Buddhismus noch praktiziert wird, die zerstörten Siedlungen des antiken Termez, in denen einst buddhistische Mönche lebten. Manchmal, vor allem bei Sonnenuntergang, scheint es, als würden dann die alten Stimmen erwachen und Zeilen aus dem »Herz-Sutra«, dem bekanntesten Lehrtext buddhistischer Schriften, flüstern.

Plow, Stahl und Schach

Der Buddhismus lebt in Zentralasien nur noch in Sprachrudimenten und archäologischen Funden fort, die Verbundenheit zu Indien jedoch ist anderweitig präsent. Über die Bergpässe des Hindukuschgebirges gelangten Feldherren aus dem Norden immer wieder in das heiße und reiche Indien. Allein Machmud von Gazni (971 – 1030) unternahm 17 Feldzüge nach Nordindien und kehrte jeweils mit reicher Beute zurück. Über Jahrhunderte hinweg etablierten sich aber auch florierende Handelsbeziehungen. Indische Händler brachten Gewürze und Stoffe nach Zentralasien, aber auch Reis und damit den Plow, der heute das beliebteste Gericht in allen zentralasiatischen Staaten ist. Er wird je nach Region unterschiedlich zubereitet. Grundlagen sind immer reichlich Öl, Reis, Gemüse, Fleisch und verschiedene Gewürze.

In der Metallverarbeitung bemühten sich Schmiede aus Zentralasien, dem Kaukasus, dem Nahen Osten und dem Iran lange Zeit, den indischen »Wootz« (Stahl) nachzuahmen. So entstand u. a. der Bulat-Stahl, der eine ähnliche Qualität aufweist. Die Region Namangan (Usbekistan) war im Mittelalter ein führendes Zentrum für die Produktion von Blankwaffen.

Indischen Ursprungs ist auch das in Zentralasien beliebte Schachspiel. Es gelangte während des Sassanidenreiches nach Zentralasien und steht bis heute in Konkurrenz zu Backgammon (oder Schesch i Besch), das persischer oder zentralasiatischer Herkunft ist.

Aus Regionen, die einst Teil des historischen Indiens waren und sich heute auf dem Gebiet Pakistans befinden, gelangten sogenannte Zigeuner (»Ljuli«) nach Zentralasien, die bis heute hier leben. Sie werden auch als »Dschugi« oder »Multani« bezeichnet. Letzteres bedeutet wahrscheinlich »Auswanderer aus Multan« (eine Stadt in der pakistanischen Provinz Punjab). Der Begriff »Dschugi« kann in zentralasiatischen Sprachen mit dem Sanskrit-Wort »Yogin« verglichen werden. Er beschreibt einen Yoga praktizierenden Menschen. Sie sprechen einen Dialekt der tadschikischen Sprache und besitzen zudem ihre eigene Sprache.

Eine Legende aus Samarkand besagt, dass ein indischer Fürst dem Schah Zigeuner, die Musiker, Akrobaten und Jongleure waren, zum Geschenk machte. Der Schah war von ihnen begeistert und beschenkte sie seinerseits reich. Dann aber soll er erfahren haben, dass die Zigeuner nicht in seinem Sinne mit den Gaben umgegangen seien. Daraufhin bestrafte er sie, indem er ihnen Esel und Karren gab und ihnen befahl, ein Nomadenleben zu führen. Seitdem, so die Geschichte aus Samarkand, ziehen sie durch die ganze Welt und mischen sich kaum unter die anderen Bevölkerungsgruppen. In Zentralasien leben sie von Niedriglohnarbeiten und vom Betteln. Zigeunerinnen verdienen mit schwarzer Magie und Handlesen ihr Brot. In Taschkent, Samarkand, Buchara oder Duschanbe trifft man auf den Märkten oder einfach auch nur an Straßenkreuzungen die bunt bekleideten Frauen, die um Geld bitten. Oft ziehen sie auch von Haus zu Haus und klopfen an die Türen. Sie sind ziemlich erfolgreich, denn der Aberglaube, dass sie böse Flüche über einen bringen können, ist in Zentralasien weit verbreitet. Da gibt man ihnen lieber etwas Geld.

Judentum

Zwei Glaubensrichtungen

Lange vor Ankunft des Islams in Zentralasien lernten die zentralasiatischen Völker den klassischen Monotheismus kennen, der aus dem Nahen Osten kam. Die Ersten, die den Glauben an den einen Gott in Zentralasien praktizierten, waren die Juden. Über 2000 Jahre lebten sie dort abgeschlossen vom Rest der jüdischen Welt. Sie erlebten die Herrschaft der Perser, die Ankunft Alexander des Großen, die Herrschaft der Araber und Mongolen und das Leben unter den Turkvölkern sowie unter russischer und sowjetischer Herrschaft. Oft wurden sie verfolgt, zeitweise auch profitierten die Machthaber in den jeweiligen Reichen von ihnen und protegierten sie. Die jüdischen Gemeinden entwickelten eine Kultur und einen Lebensstil, die sich von der jüdischen Lebensweise im »Heiligen Land« unterscheiden. Die älteste Synagoge, die bei Ausgrabungsarbeiten in Turkmenistan entdeckt wurde, stammt aus dem 3. Jahrhundert n. Chr., doch die Existenz jüdischer Gemeinden in Zentralasien geht bis ins sechste vorchristliche Jahrhundert zurück.

In Zentralasien gibt es zwei jüdische Glaubensrichtungen. Die meisten Juden Zentralasiens sind Buchara-Juden mit sephardischen Bräuchen. Sepharden sind Juden, deren Vorfahren seit dem 1. Jahrhundert n. Chr. auf der Iberischen Halbinsel ansässig waren und die im Mittelalter aus Spanien vertrieben wurden. Die Buchara-Juden, die schon seit 1500 Jahren, also lange bevor es auf der Iberischen Halbinsel jüdisches Leben gab, in Zentralasien ansässig waren, nahmen sephardische Bräuche im 18. Jahrhundert an. Bei der zweiten Gruppe handelt es sich um aschkenasische Juden. Das sind Nachfahren mittel-, nord- und osteuropäischer Juden, die heute weltweit die Mehrheit des Judentums bilden. In Zentralasien stellten sie die Minderheit. Sie wanderten entweder aus Deutschland ein oder wurden unter Stalin aus dem europäischen Teil der Sowjetunion zwangsumgesiedelt.

Die sephardischen Juden in Zentralasien werden Buchara-Juden genannt, eine Bezeichnung, die missverständlich ist, da sie nahelegt, dass die Juden aus der usbekischen Stadt Buchara stammten. Wahrscheinlich geht der Begriff aber auf die Existenz des Emirats von Buchara im 18. Jahrhundert zurück. Der Feudalstaat erstreckte sich damals über weite Teile Zentralasiens und umfasste Territorien des heutigen Usbekistans und Tadschikistans. Die meisten Juden, die in Zentralasien lebten, waren dort ansässig. Europäische Reisende bezeichneten sie der Einfachheit halber als »bucharisch«, später behielten die aus Zentralasien emigrierten Juden diese Bezeichnung selbst bei. Die sogenannten Buchara-Juden sind eine der ältesten ethnischen Gruppen in Zentralasien. Ihre Sprache ist Buchari, ein persischer Dialekt mit Einfluss des Hebräischen. Heute stirbt Buchari nach und nach aus. Die in Zentralasien und vor allem in Usbekistan verbliebenen Juden sprechen tadschikisch, usbekisch oder russisch.

Befreit aus babylonischer Gefangenschaft

Die Ankunft der Juden in der Region fällt mit der Herrschaft der Achämeniden (Erstes Persisches Reich) zusammen. Im 6. Jahrhundert v. Chr. wanderte ein Teil der aus babylonischer Gefangenschaft entlassenen Juden nach Osten, in die aufstrebenden Zentren Buchara und Samarkand, in denen eine blühende jüdische Kultur entstand. Heute gibt es dort nur noch kleine verbliebene jüdische Gemeinschaften. In Buchara waren einst mehr als 30 Synagogen zu finden, übrig geblieben sind gerade einmal zwei. In Samarkand, einst ein Zentrum jüdischen Lebens, lebten vor 100 Jahren noch mehr als 20 000 Juden. Ihr Stadtviertel, die »Machalla Wostok«, lag nur ein paar Steinwürfe vom bekanntesten Platz der Stadt, dem Registan, entfernt. Jetzt leben hier überwiegend Tadschiken. Nur noch ein Gebetshaus, die Gumbas-Synagoge, ist erhalten geblieben. In Duschanbe musste die letzte verbliebene Synagoge 2006 Platz machen für den Bau des neuen Präsidentenpalasts und die Anlage eines Parks. Die jüdische Bevölkerung Duschanbes umfasst heute nur noch einen Bruchteil der einst sehr großen Gemeinde.

Einen Eindruck von der früheren Bedeutung des Judentums in Zentralasien gewinnt man beim Besuch eines jüdischen Friedhofes. Der älteste und größte jüdische Begräbnisplatz ist der jüdische Friedhof in Buchara. Gräber sephardischer Buchara-Juden haben flach liegende Steine. Sie mischen sich mit Gräbern aschkenasischer Juden mit senkrecht stehenden Steinen.

Überleben in verschiedenen Reichen

Obwohl die Juden innerhalb der ansässigen Bevölkerung Zentralasiens nicht missionierten, beeinflussten ihre Religion und ihre Kultur das geistige Leben der Region. Der streng praktizierte Monotheismus der Juden war der lokalen Bevölkerung der Region bis dahin unbekannt. Im Zoroastrismus herrschte Dualismus, als Kampf zwischen Gut und Böse, vor. Auch im Buddhismus hatten Fragen des Monotheismus nicht im Mittelpunkt gestanden, sie wurden gar als eine Form des falschen metaphysischen Denkens stigmatisiert. Die Idee eines Messias, eines Retters der Menschheit, übte jedoch starke Anziehungskraft aus. Die Juden in Zentralasien, und später die verschiedenen Stränge des Christentums, legten den Grundstein für den strengen Monotheismus in der Region und somit auch für den späteren Erfolg des Islams.

Die Ansiedlung von Juden in Zentralasien setzte sich nach dem Ende des Ersten Persischen Reiches fort. Mit zunehmender Bedeutung der Seidenstraße siedelten sich entlang dieser Route mehr und mehr jüdische Händler und Gemeinden an. Sie gewannen zunehmend an Bedeutung und an Einfluss. Kein anderes Volk konnte unter den unvorteilhaften Bedingungen ständiger Kriege und sich ständig verändernder Grenzen seine Präsenz entlang der Seidenstraße so stabil wahren. Hinzu kamen fahrende jüdische Kaufleute, sogenannte Rahdoniten. Sie knüpften Bande zwischen Orient und Okzident und waren die wichtigsten Händler für chinesische Seide, indische Gewürze und wertvolle Pelze. Das Wort »rahdon« ist wahrscheinlich persischen Ursprungs und bedeutet so viel wie »der den Weg kennt«.

Die Invasion der Mongolen in Zentralasien, zu Beginn des 13. Jahrhunderts unter Dschingis Khan, markierte eine Zäsur. Von der Welle der Zerstörung, die von den mongolischen Invasoren ausging, blieben die jüdischen Gemeinden nicht verschont. In vielen städtischen Zentren kam das jüdische Leben für mehrere Jahrzehnte zum Erliegen. Das Verhältnis zwischen der jüdischen Bevölkerung und den siegreichen Mongolen verbesserte sich erst im Zuge der Assimilation der Mongolen mit der einheimischen Bevölkerung. Im 14. Jahrhundert ließ Tamerlan sogar weitere jüdische Familien aus dem Iran nach Samarkand umsiedeln, um die Seidenproduktion auszubauen. Die jüdische Kultur wurde nun vom islamischen Umfeld geprägt und war von religiösen Einschränkungen bestimmt. Den Status der Juden regelte islamisches Recht, die Scharia. Sie galten demnach als »Dhimma« (nichtmuslimische Schutzbefohlene), die von den Muslimen mit eingeschränktem Rechtsstatus geduldet wurden. Sie hatten eine Kopfsteuer (»Dschizya«) zu entrichten, durften weder mehrstöckige Häuser noch Synagogen, die höher als Moscheen waren, bauen und mussten in separaten Vierteln leben. Es war ihnen verboten, auf Pferden und Kamelen zu reiten, um sich nicht über Muslime zu erheben. Nur Esel waren erlaubt. Ebenso war es ihnen untersagt, muslimische Frauen zu heiraten. Beschränkungen galten auch im Staatsdienst.

Unter den bucharischen Juden waren überproportional viele Händler, Seidenhersteller, Juweliere, Ärzte, Handwerker und Künstler. Da es Muslimen verboten war, Wein und Wodka herzustellen, besetzten Juden auch diese Nische. Joseph Mamon Maghribi, ein Rabbi aus der im Norden des heutigen Staates Israel liegenden Stadt Safed, erreichte im Jahr 1793 Buchara, um Spenden für seine Heimatgemeinde zu sammeln. Nach überlieferten Berichten des Rabbi befand sich die jüdische Gemeinschaft in Buchara allerdings in einem bedauernswerten Zustand. Rabbi Mamon blieb und begann, Hebräisch und Theologie zu lehren, und er reformierte die persisch geprägten Riten und Rituale.

Es gab aber auch Juden, die zum Islam konvertierten. Sie bildeten die soziale Gruppe der »Tschala«. Das aus dem Tadschikischen stammende Wort bedeutet so viel wie »weder das eine noch das andere« und betont den Zweifel an der Aufrichtigkeit des neuen Glaubens. »Tschala« standen bei den Muslimen, wohl nicht zu Unrecht, im Verdacht, heimlich weiter ihren jüdischen Glauben zu praktizieren, obwohl sie öffentlich Moscheen besuchten und wie Muslime lebten. Oft erfolgte der Übertritt zum Islam unter Zwang oder aus Opportunismus. Für manche Juden war die Konversion zum Islam aber auch die einzige Möglichkeit, sich nach einer Verurteilung der Todesstrafe zu entziehen. Die Konvertiten lebten in eigenen Stadtvierteln. Ehen wurden überwiegend zwischen den Mitgliedern ihrer Gemeinschaft geschlossen.

Nach der Ausrufung des Generalgouvernements Turkestan durch das Russische Reich im Jahre 1867 erlaubte der russische Zar den »Tschala«, zum Judentum zurückzukehren. Zeitgleich setzte unter russischer Herrschaft die Auflösung der engen Bande der zentralasiatischen jüdischen Gemeinden mit den Gemeinden im heutigen Iran und Afghanistan ein. Nach der Eingliederung des Emirats Buchara in die Sowjetunion im Jahre 1920 beschleunigte sich dieser Prozess noch.

Unter russischer Herrschaft wurden jüdische Kaufleute im Fergana-Tal aktiv, wo riesige Ölvorkommen entdeckt worden waren und zeitgleich die industrielle Produktion von Baumwolle begann. Zu Beginn des 20. Jahrhunderts kontrollierten sie etwa die Hälfte der Baumwolllieferungen aus Zentralasien nach Russland. Sie besetzten außerdem führende Positionen in der Öl- und Tabakproduktion sowie im internationalen Handel mit indischem Tee. Dutzende bucharisch-jüdische Unternehmer wurden im Russischen Reich zu prominenten Persönlichkeiten in der Industrie, im Handel und im Banksektor. Allerdings waren nicht alle bucharischen Juden in der Lage, Fuß im Mittelstand zu fassen. Der aus Russland eindringende Zustrom billig hergestellter Ware, einschließlich Textilien, führte zu ihrer zunehmenden Verdrängung aus traditionellen Berufen. Viele begannen daraufhin sich umzuorientieren und gingen in den Kleinhandel, die Schuhmacherei und das Friseurgewerbe.

Die Machtübernahme der bolschewistischen Regierung nach der Revolution von 1917 in Turkestan und die Einnahme des Emirats von Buchara im Jahr 1920 veränderten das Leben der Juden einschneidend. Ihre Oberschicht, die Geistlichen, die Gemeindevorsteher und reiche Unternehmer, fiel Repressionen zum Opfer. Im Jahre 1920 wurde der letzte Rabbiner Bucharas, Pinhas Rabin, von den Bolschewisten ermordet. Darüber hinaus kam es zu Pogromen an der jüdischen Bevölkerung. Viele Juden fielen stalinistischen Säuberungswellen zum Opfer. Sie wurden in sibirische Lager verbannt oder umgebracht. Manche versuchten, die Grenze zum Iran oder nach Afghanistan zu überqueren. Gleichzeitig eröffnete die Sowjetunion der unteren gesellschaftlichen Schicht der bucharischen Juden den Zugang zum neuen sowjetischen Bildungssystem und damit zu sozialer Mobilität. Offiziell wurden die Buchara-Juden zu gleichberechtigten »Sowjetbürgern« innerhalb der UdSSR. Die jüdischen Gemeinden begannen, eine wichtige Rolle in Kultur, Kunst und Wissenschaft zu spielen. Suleiman (Soloman) Judakow (1916–1990), in Kokand (Fergana-Tal) geboren, schuf die Musik zur ersten Oper, die in der Usbekischen Sozialistischen Sowjetrepublik komponiert wurde – »Die Streiche des Majsara« – und war Komponist der Hymne der Tadschikischen Sowjetrepublik. Von Stalin wurde er 1951 mit dem Stalin-Preis, einer der höchsten Auszeichnungen der Sowjetunion, geehrt. Der in Samarkand geborene Regisseur Boris (Bension) Kimjagarow (1920–1979) schuf die Kino-Trilogie zum tadschikischen Nationalepos »Schachname«, die zu einem Klassiker der sowjetischen Filmindustrie wurde.

Der Exodus

Mit der Gründung des Staates Israel im Jahre 1948 setzte eine allmähliche Ausreisewelle von Juden aus der Sowjetunion ein. Sie schwoll an, als die sowjetischen Behörden in den 1970er Jahren die Ausreiseformalitäten für Juden nach Israel, aber auch nach Westeuropa und in die USA erleichterten. Für die in der Sowjetunion verbliebenen Juden markierte der Beginn der »Perestroika« unter Michail Gorbatschow, dem letzten Generalsekretär der Kommunistischen Partei der Sowjetunion, einen Markstein im jüdischen Leben. Juden konnten erstmals ihre Religion weitestgehend frei ausüben. Dies führte jedoch nicht zu einem Stopp der Auswanderungswelle. Sie schwoll ein weiteres Mal an, als sich die deutsche Bundesregierung 1991 dazu entschloss, Bürger aus der Sowjetunion und den späteren postsowjetischen Staaten, die jüdische Vorfahren haben, als »Kontingentflüchtlinge« nach Deutschland einreisen zu lassen. Auch infolge des blutigen Bürgerkriegs in Tadschikistan (1992–1997), der über 50000 Menschenleben kostete, flohen viele Buchara-Juden aus Zentralasien.

Die bucharischen Juden, die ein neues Zuhause im Ausland fanden, bemühen sich heute darum, ihre Sprache und Kultur zu erhalten. Zur Wahrung ihrer Identität gründeten sie weltweit eine Vielzahl von Vereinen. Präsident der Föderation Jüdischer Gemeinden innerhalb der postsowjetischen GUS-Staaten ist der Bucharaer Jude Lew Lewijew, ein 1956 in Samarkand geborener Geschäftsmann und Milliardär, der heute in Israel lebt.

Christentum

Eine Minderheitenreligion

Die Christen in Zentralasien gehören heute zu den religiösen Minderheiten, ihre Zahl bewegt sich in der Gesamtregion im einstelligen Prozentbereich. Ausnahmen sind Kasachstan und Kirgistan, hier sind schätzungsweise etwa 30 Prozent (Kasachstan) bzw. 20 Prozent (Kirgistan) der Einwohner Christen. Dazu gehören vor allem Russen, Ukrainer, Weißrussen, Armenier, Georgier, Koreaner und Deutsche. Die mit Abstand zahlenmäßig größte christliche Konfession ist die russisch-orthodoxe Kirche. Die Gesamtanzahl der Christen in Zentralasien ist im Sinkflug begriffen. Viele in Zentralasien geborene Christen sind in den vergangenen Jahren nach Russland, Europa oder in die USA ausgewandert. Meist war die Emigration nicht religiös motiviert. Den Vertretern aller traditionellen christlichen Konfessionen garantieren die Verfassungen der säkularen zentralasiatischen Staaten – nicht nur auf dem Papier – Religionsfreiheit. Doch immer weniger Christen fühlen sich in einem Umfeld, in dem islamische Traditionen zunehmend an Bedeutung gewinnen, anhaltend wohl. Sie verlassen eine Region, die über zwei Jahrtausende von verschiedensten Strömungen des Christentums beeinflusst worden war.

Obwohl Kasachstan, Kirgistan, Usbekistan, Tadschikistan und Turkmenistan 1991 unabhängig wurden, gehören die zentralasiatischen Kirchendistrikte der russisch-orthodoxen Kirche zum »Patriarchat von Moskau und der ganzen Rus«. Ihr Oberhaupt ist seit 2009 Patriarch Kyrill. In Zentralasien haben zwei Metropoliten ihren Sitz: in Taschkent (Usbekistan) und in Astana (Kasachstan). Als Metropoliten bezeichnet man in den Ost-Kirchen seit dem frühen Christentum Bischöfe, die mehreren Bistümern vorstehen. Von Taschkent aus werden die Eparchien (Kirchenprovinzen) Usbekistans, Kirgistans, Tadschikistans und Turkmenistans betreut. Der in Astana sitzende Metropolit ist für die Eparchien im großen Kasachstan zuständig.

Seit dem Beginn des Patriarchats von Kyrill fließen wieder verstärkt Gelder in die zentralasiatischen Kirchenprovinzen. In Astana wurde 2010 der Bau einer neuen orthodoxen Kirche, der Mariä-Entschlafen-Kathedrale, abgeschlossen. Die Maria-Himmelfahrt-Kathedrale in Taschkent, die in der zweiten Hälfte des 19. Jahrhunderts errichtet wurde und die wichtigste russisch-orthodoxe Kirche in Zentralasien ist, erstrahlt seit 2017 in neuem Glanz. Zu Ostern, speziell in der Heiligen Nacht zum Ostersonntag, bekommt man in diesen Kirchen einen Eindruck davon, dass die Orthodoxie in Zentralasien noch lebendig ist. Die Straßen sind weiträumig abgesperrt, Tausende Gläubige drängen sich im Kircheninneren und vor den Kirchen. Die Ankunft des Osterfeuers und der Gottesdienst werden auf Großbildleinwänden übertragen. Die meisten der Gottesdienstbesucher sind Russen, die nicht oder noch nicht dem Auswanderungssog gefolgt sind. Hier, bei Weihrauch, orthodoxen Gesängen und Kerzenschein feiern sie nicht nur Ostern, sondern auch die Verbundenheit zu ihrer historischen Heimat. Besuche der Moskauer Patriarchen in Zentralasien sind selten und Hochzeiten für die orthodoxen Christen. Kyrill besuchte Taschkent während seines Patriarchates zum ersten Mal 2017. Die neue usbekische Administration unter Präsident Schawkat Mirsijojew ist russlandfreundlich. Kyrill, der der russischen Führung unter Wladimir Putin als eng verbunden gilt, wurde als Staatsgast empfangen. Den Exodus der orthodoxen Christen aus Zentralasien aber wird auch sein Patriarchat kaum stoppen können.

Frühchristentum in Zentralasien

Das Entstehen des Christentums in Zentralasien wird mit dem Namen des Heiligen Thomas verbunden. Er gilt als einer der zwölf Jünger von Jesus Christus und als Einziger, der nicht an dessen Auferstehung glaubte. Erst nachdem Jesus ihm erschienen war und ihm die Male der Nägel an seinen Händen und Füßen gezeigt hatte, überwand Thomas seine Zweifel, für die er später den Beinamen »der Ungläubige« erhielt. Der Heilige Thomas wird in allen vier Evangelien erwähnt. Die Legende sagt, dass Thomas das Christentum nach Zentralasien und Indien brachte und als Erster den Parthern, Baktriern und Indern das Wort Gottes predigte. Mit seiner apostolischen Reise über Zentralasien und Indien wird im Christentum bis heute die Geschichte über den »Goldenen Palast des Himmels«, den Thomas für den indoparthischen König Gondophares (Regierungszeit vermutl. 21 – 50 n. Chr.) gebaut haben soll, verbunden. Sein Reich erstreckte sich im ersten nachchristlichen Jahrhundert über Gebiete des heutigen Pakistans, Afghanistans und Irans. Die Hauptstadt war Taxila (heutiges Pakistan). Gondophares beauftragte Thomas, der ihm als geschickter Architekt empfohlen worden war, mit dem Bau eines Palastes. Der Apostel erhielt für dieses Vorhaben große Schätze. Doch während einer längeren Abwesenheit des Königs verteilte er sie an Arme, missionierte und predigte das Evangelium. Der zurückgekehrte, empörte König ließ Thomas daraufhin in den Kerker werfen. Doch dann erschien ihm dessen verstorbener Bruder, der ihm erklärte, der Heilige habe für Gondophares im Himmel einen prächtigen, goldenen Palast errichtet. Der König bekehrte sich daraufhin zum Christentum und ließ Thomas zur Verkündigung des Evangeliums weiterreisen. Hinter dieser volkstümlichen Darstellung verbirgt sich die historische Tatsache, dass zwischen 40 und 100 n. Chr. auf Gebieten des heutigen Irans, des Iraks, Afghanistans, Zentralasiens und Nordindiens erste christliche Kirchen gegründet wurden.

Auch eine zweite Spur des Christentums in Zentralasien geht auf einen der zwölf Jünger Jesu, auf Matthäus, zurück. Hartnäckig hält sich das Gerücht, dass sich, irgendwo am Issyk-Kul-See in Kirgistan, die Märtyrerreliquien des Apostels befänden. Eigentlich werden dessen Reliquien seit dem 11. Jahrhundert in der San-Matteo-Kathedrale in Salerno (Italien) verehrt. Doch gibt es Zweifel an deren Echtheit. Den Ursprung dieser Debatte bilden Inschriften in einem katalanischen Atlas aus dem Jahr 1375. Der Kartograf Abraham Cresques (1325 – 1387) fertigte für seinen Auftraggeber, König Johann I. von Aragon (1350 – 1396), eine Karte an, die explizit Orte mit besonderem Bezug zum Christentum aufführte. Den Issyk-Kul-See bedachte der Kartograf mit der Bemerkung, dass sich dort, in einem Kloster, das von armenischen Mönchen betrieben wird, der Körper des Apostels Matthäus befände.

Der Evangelist Matthäus soll in Äthiopien verstorben sein. Es ist nicht auszuschließen, dass die Reliquien des Heiligen aufgeteilt wurden und später Teile davon auch nach Zentralasien gelangten. Wissenschaftliches Interesse an diesem Thema keimte auf, als sich der russische Geograf und Zentralasien-Forscher

Peter Semjonow-Tjan-Schanski (1827 – 1914) Mitte des 19. Jahrhunderts mit der Karte von Abraham Cresques beschäftigte. Von Semjonow-Tjan-Schanski stammte die erste Vermutung, wo Überreste des Klosters zu finden sein könnten: in der Kurmenty-Bucht am Nordufer des Issyk-Kul. Dies hat einen wahren Forschungsboom in Kirgistan hervorgerufen. Ziel aller Expeditionen und Forschungen verschiedenster Enthusiasten war es, die Spuren des Klosters der armenischen Mönche zu finden. Im Issyk-Kul-See entdeckten russische und kirgisische Forscher im Jahre 2006 Überreste einer über 2000 Jahre alten Zivilisation auf dem Seegrund. Im Laufe der Jahrhunderte hat sich die Küstenlinie des Sees verändert. Viele alte Siedlungen und Denkmäler befinden sich heute unter Wasser. Ein halber Kilometer Mauern unter Wasser, Schemen versunkener Siedlungen, Grabhügel, Scherben, Kacheln und Gegenstände aus Bronze lassen vermuten, dass es sich um keine Nomadensiedlungen handelte. Belastbare Nachweise für die Existenz des Klosters der armenischen Mönche und die Reliquien des Apostels Matthäus gibt es bis heute aber noch nicht.

Nach den beiden Apostelgeschichten um die Heiligen Thomas und Matthäus ist die dritte Spur des Christentums in Zentralasien historisch gesichert. Im 4. Jahrhundert drang das Christentum nach Osten in raschen Schüben vor, nachdem einzelne Missionare schon früher in Zentralasien eingetroffen waren. Seit Mitte des 4. Jahrhunderts saß in Merw (Turkmenistan) ein christlicher Bischof. Die Merwer Gemeinde war von christlichen Melkiten gegründet worden. Sie unterstand dem Patriarchen von Konstantinopel.

Die Kirche des Ostens (Nestorianer-Kirche)

Eine Schlüsselrolle sollte in Zentralasien aber ein anderer Zweig des Christentums spielen, der als Nestorianismus bekannt wurde. Die Geschichte dieser Kirche stellt eine erstaunliche Verwebung spiritueller Suche und großer Politik, des Kampfes zwischen Monotheismus und verschiedenen gnostischen Lehren, der Wandlung von Heiden der Steppe zum Glauben Christi sowie religiöser Verfolgung dar. Es ist die Geschichte der sogenannten Kirche des Ostens, die für die Christen östlich des Römischen Reiches zuständig war. Nach ihrem ursprünglichen Verbreitungsgebiet wird sie auch als »Persische Kirche«, »Mesopotamisch-Persische Kirche« oder »Ostsyrische Kirche« bezeichnet. Am gebräuchlichsten ist die Bezeichnung »Nestorianer-Kirche«, die auf den Patriarchen von Konstantinopel Nestorius (381 – 451) zurückgeht.

Die Ursprünge des Nestorianismus sind in den Wirren und verschiedenen Ansichten christlicher Glaubenssätze im Römischen Reich zu finden. Das Imperium befand sich Mitte des 4. Jahrhunderts kurz vor seiner Spaltung in Ost- und Westrom. Das Jahr 395 besiegelte das Ende des einheitlichen Reiches. Aus dem oströmischen Teil entstand das Byzantinische Reich mit der Hauptstadt Konstantinopel (heutiges Istanbul), das verbliebene westliche Römische Reich wurde weiterhin aus Rom verwaltet. Erbitterte Machtkämpfe führten bald auch zur Spaltung der christlichen Kirchen.

Der Patriarch von Alexandria, Kyrill I. (um 375 / 80 – 444), der von Rom unterstützt wurde, stritt gegen den Patriarchen von Konstantinopel, Nestorius, um die Rolle Alexandrias (heute in Ägypten gelegen) als bedeutendstes Patriarchat und theologischen Mittelpunkt des Ostens zu erhalten. Konstantinopel hingegen schickte sich an, diesen Platz einzunehmen. Während des Konzils von Ephesus im Jahre 431 wurde dieser Machtkampf, verpackt als theologische Auseinandersetzung um die Frage nach der Herkunft Christi und die Rolle der Jungfrau Maria, ausgetragen. Nestorius erkannte Maria lediglich als Mutter Christi, jedoch nicht als Mutter Gottes an. Nach seinem Verständnis war es nicht möglich, dass eine Frau Gott gebären könne. Er unterlag in diesem Streit seinen Gegnern, die den Standpunkt vertraten, dass die Jungfrau Maria gleichsam Gottesmutter sei. Noch während des Konzils in Ephesus wurde Nestorius des Verrats an der christlichen Lehre beschuldigt und nach Ägypten verbannt, wo er im Jahr 451 starb. Gleichzeitig begann die Verfolgung seiner Anhänger, die in Massen ins Sassanidenreich (Zweites Persisches Reich) flüchteten, das geografisch auch Zentralasien umfasste.

Die Perser waren erbitterte Gegner der Byzantiner. Ihre Schahs ließen sich die Gelegenheit, die Spaltung der Christen im Oströmischen Reich voranzutreiben, nicht entgehen. Die Anhänger des Nestorius wurden im Zweiten Perserreich nicht nur geduldet, ihr neuer Patriarch erhielt die Erlaubnis, hier eine Residenz zu errichten. Die Kirche der Nestorianer wurde hinter dem Zoroastrismus zur zweitwichtigsten Religion. Die Christen nannte man im Perserreich »Nasrani« (Plural: »Nasara«), abgeleitet vom Geburtsort Jesu Christi, der Stadt Nazareth. Bis heute bezeichnen Araber und Perser Christen mit diesem Begriff und das Christentum als »Nasranijat«. Die persischen Schahs erlaubten den nestorianischen Christen sogar zu missionieren. So gelangten sie, lange vor der Ankunft des Islams, auf das Gebiet des heutigen Zentralasiens. Merw wurde zu einem der Zentren des Christentums. Auch unter den Weißen Hunnen, die im 5. Jahrhundert auf dem Territorium Zentralasiens ein eigenes Herrschaftsgebiet etabliert hatten, missionierten die Nestorianer-Christen erfolgreich, und selbst nach dem Ende von deren Herrschaft (Schlacht von Buchara, 561), dem Ende der Herrschaft der sassanidischen Perser (651) und der Eingliederung Zentralasiens in das Reich der Kök-Türken erhielten die Nestorianer weiterhin Gelegenheit für geistliche Expansionen. In seiner Hochzeit erstreckte sich das Imperium der Kök-Türken vom Kaspischen Meer bis zur Mandschurei im heutigen China. Den Nestorianern öffnete es missionarischen Zugang zu den kriegerischen nomadischen Völkern der eurasischen Steppe. Die Zahl der Missionierungen in Zentralasien und in weiteren Gebieten des Kök-Türken-Reiches stieg mehr und mehr an. Während des Kampfes zeigte die Stirn der Krieger der Kök-Türken ein aufgemaltes Kreuz. Im 7. Jahrhundert hatte sich das Christentum in Zentralasien und auf dem

Gebiet des heutigen Irans und östlich angrenzender Territorien als wichtigste Religion etabliert. In Samarkand (Usbekistan) und Herat (Afghanistan) gab es jeweils einen Metropoliten.

Arabisch-muslimische Truppen eroberten dann im 8. Jahrhunderts große Teile Zentralasiens. Damit endete das erste Intervall des Christentums in Zentralasien und gleichsam die Geschichte des vorislamischen Persiens. Der Islam expandierte und wurde zur bestimmenden Religion. Die Nestorianer-Missionare wichen ins Siebenstromland (heutiges Kasachstan, Kirgistan und Uigurisches Autonomes Gebiet Xinjiang der VR China) sowie auf das Gebiet der heutigen Mongolei aus und christianisierten Nomadenvölker dieser Gebiete, die sich nicht unter arabischer Herrschaft befanden.

Aber selbst im unter arabischer Oberhoheit stehenden Teil Zentralasiens blieb das Christentum präsent. Unter dem Nestorianer-Patriarchen Timotheus (780 – 819) gelangten Missionare vom Gebiet um das Kaspische Meer über Zentralasien bis nach China. Auch im 9. und 10. Jahrhundert, unter der Herrschaft der persischen Samaniden, die dem arabischen Kalifat unterstanden, lebten Christen in Zentralasien. 1901 schrieb ein deutsche Forscher, Wilhelm Barthold, in einem heute fast vergessenen Werk »Zur Geschichte der Christen in Mittelasien«: »Über das Christentum in den Gebieten der Samaniden haben wir einige Nachrichten. In der Umgebung von Samarkand zeichnete sich besonders der Berg Sawdar im Süden der Stadt durch Fruchtbarkeit und gesunde Luft aus. Der Berg war mit Feldern und Fruchtgärten bedeckt. Hier lagen die Ansiedlungen der Christen, ihre Klosterzellen und der Versammlungsort ihrer Gemeinde.«

Auch die Herrschaft türkischer Seldschuken im 10. und 11. Jahrhundert beendete nicht deren Existenz. Im 12. Jahrhundert, nachdem Zentralasien von einer Reiterarmee der aus Westchina stammenden Schwarzen Kitai, einem Nomadenstamm, überrannt wurde, blühte das Christentum kurzzeitig sogar noch einmal auf. Die Schwarzen Kitai gewährten allen Religionen den gleichen Schutz. Im 13. und 14. Jahrhundert, unter mongolischer Herrschaft, verbreitete sich das nestorianische Christentum unter mongolischen Eliten und Kriegern. Es ist bekannt, dass Sartak (Geburtsdatum unbekannt – evtl. 1257), ein Enkel von Dschingis Khan, auch als »Sartak der Christ« bekannt, ein Nestorianer war. Die Mongolen brachten im 13. Jahrhundert Zentralasien und Russland unter Kontrolle und bedrohten den Nahen Osten und Europa. Die Nestorianer standen ihnen in Zentralasien zur Seite. Erst mit dem Ende der Mongolenherrschaft endete schließlich der nestorianische Traum von religiöser Vorherrschaft. Im Timuridenreich, das unter Tamerlan im 14. Jahrhundert zur Weltmacht aufstieg, fand die Geschichte der nestorianischen Christen in Zentralasien ihr Ende. Der Islam wurde zur bestimmenden Religion. Die letzten Spuren der »Kirche des Ostens« verlieren sich in Zentralasien im 15. Jahrhundert. In Teilen des Nahen Ostens konnte die Kirche überleben. Sie spaltete sich im 16. Jahrhundert in die mit dem Papst in Rom unierte chaldäisch-katholische sowie die unabhängige assyrische Kirche. Die Ostkirchen führen heute, im 21. Jahrhundert, nach dem sogenannten Arabischen Frühling und der darauf folgenden Islamisierung und dem Ende säkularer Staatsformen im Nahen Osten einen Überlebenskampf, dessen Ausgang ungewiss ist.

Das Christentum im russischen Zarenreich und während der Sowjetzeit

Im 19. Jahrhundert, vier Jahrhunderte nach dem Verschwinden der Nestorianer, begann in Zentralasien mit dem Vordringen des russischen Zarenreiches und der russischen Orthodoxie eine neue Etappe der Ausbreitung des Christentums. Unter sowjetischer Herrschaft waren die orthodoxen Kirchen wie auch andere Glaubensgemeinschaften allerdings Repressionen ausgesetzt. Nach 1923 wurden die meisten Kirchen geschlossen oder anderen Zwecken zugeführt, sei es als Lager- und Archivräume oder als Werk- und Sporthallen. Ab 1943 gab es eine Überwachung der Kirche durch den Rat für die Angelegenheiten der orthodoxen Kirche, der wiederum vom Geheimdienst KGB kontrolliert war. Die Randlage Zentralasiens bot aber für Christen manche Vorteile. Während der antireligiösen Kampagne der Ära von Sowjetführer Nikita Chruschtschow (1894 – 1971) in den Jahren 1958 bis 1964, in der alle Glaubensgemeinschaften in der Sowjetunion schwer zu leiden hatten, waren die Christen Zentralasiens weniger von Repressalien betroffen. In der Breschnew-Ära (1964 – 1982) wurden die antireligiösen Restriktionen später gelockert, was zu einem Anstieg der praktizierenden Gläubigen führte.

Christliche Koreaner und Deutsche

Heute können die verbliebenen orthodoxen Christen wie auch die Angehörigen anderer christlicher Konfessionen ihren Glauben in den zentralasiatischen Staaten weitestgehend frei praktizieren. Auch der Katholizismus lebt in Zentralasien fort. Die größte Anzahl an Missionen der römisch-katholischen Kirche befindet sich in Kasachstan. Armenische Kirchen findet man in Usbekistan und Kasachstan.

Seit den 1930er Jahren lebt in Zentralasien eine koreanische Minderheit, auch Russland- oder Sowjetkoreaner genannt. Die meisten Angehörigen dieser Volksgruppe sind presbyterianischen oder baptistischen Glaubens. Ihre Vorfahren waren seit Ende des 19. Jahrhunderts in den russischen Fernen Osten eingewandert, um vor Armut zu fliehen. Nachdem Korea im Jahre 1905 japanisches Protektorat geworden war, setzte sich diese Auswanderungswelle nach Russland fort. Die meisten Sowjetkoreaner lebten in Wladiwostok. 1937 verfügte Stalin ihre Deportation nach Zentralasien. Angeblich sollten sich unter den Koreanern Agenten befunden haben, die mit dem sowjetischen Erzfeind Japan kooperierten. Unter Chruschtschow wurde die koreanische Minderheit rehabilitiert, die meisten Koreaner entschlossen sich aber, im klimatisch vergleichsweise angenehmen Zentralasien zu bleiben. Noch heute trifft man in Taschkent oder Almaty auf die

Sowjetkoreaner. Selbst ihre Küche hat sich hier etabliert. In zentralasiatisch-koreanischen Restaurants wird sogar Hund serviert.

Die Geschichte des Christentums in Zentralasien wäre nicht vollständig ohne die Geschichte der deutschen Minderheit. Unweit der kirgisischen Hautstadt Bischkek liegen die Dörfer Luxemburg, Rot Front und Telman (Thälmann), Ortsnamen, die zunächst wenig christlich klingen. Doch in der Kirche in Rot Front kann man bis heute Orgelmusik hören. In Kirgistan lebten 1989 annähernd 100 000 Deutsche. Heute sind es weniger als 20 000. In Kasachstan beziffert die Statistikbehörde im Jahre 2012 die Zahl der Deutschen mit ca. 180 000. In Usbekistan leben heute noch 7000 Deutsche, in Tadschikistan dürften es weniger als 500 sein, für Turkmenistan gibt es keine verlässlichen Angaben.

Im 18. Jahrhundert, unter Katharina der Großen (1729 – 1796) wanderten zahlreiche Deutsche nach Russland aus. Später gelangten deren Nachfahren in verschiedenen Etappen nach Zentralasien. Die ersten von ihnen, Ärzte, Beamte, Ingenieure, Geschäftsleute, kamen in den 1860er Jahren auf die Territorien des heutigen Kasachstans und Kirgistans. In den 1880er Jahren folgten strenggläubige deutschstämmige Mennoniten aus dem Wolga-Gebiet. Sie wollten sich der Wehrpflicht in Russland entziehen. Zu dieser Zeit siedelten sich auch die ersten Deutschen auf dem Gebiet des heutigen Usbekistans an. Sie stammten überwiegend aus den baltischen Provinzen Russlands. Die Mehrzahl der Deutschen wurde jedoch erst unter Stalin, nach Auflösung der Wolgadeutschen Republik im Jahre 1941, nach Zentralasien deportiert.

Mit der Einwanderung und Deportation von Deutschen entstanden in Zentralasien evangelisch-lutherische Gemeinden sowie Baptisten- und Mennoniten-Gemeinden, zum kleineren Teil waren die angekommenen Russlanddeutschen auch Adventisten und Katholiken. Heute sterben ihre Gemeinden nach und nach aus. Die meisten Deutschen sind seit Mitte der 1970er Jahre und in einer weiteren Welle nach dem Zusammenbruch der Sowjetunion als Aussiedler bzw. Spätaussiedler nach Deutschland ausgewandert.

Als im Juni 2015 der Bischof der evangelisch-lutherischen Kirche Cornelius Wiebe (1955 – 2015) in Usbekistan in seiner Kirche erhängt aufgefunden wurde, schien es den wenigen verbliebenen Gemeindegliedern, als würde dessen tragischer Freitod nun das endgültige Schicksal ihrer Kirche und ihrer Volksgruppe in Zentralasien symbolisieren. Wiebe soll unter Depressionen gelitten haben.

Islam

Al-Buchari

Als 1954 der indonesische Präsident Achmed Sukarno auf Staatsbesuch in der Sowjetunion war, fragte er Nikita Chruschtschow nach der Möglichkeit eines Besuchs des Grabmals des bedeutenden Imam al-Buchari (810 – 870), dessen Werke im sunnitischen Islam bis heute höchste Anerkennung genießen. Das Grab des auch in Südostasien verehrten islamischen Rechtsgelehrten war zu diesem Zeitpunkt jedoch stark verfallen. Also setzte Chruschtschow den Staatsgast in den langsamsten Zug, der von Moskau nach Samarkand ganze drei Tage brauchte. In dieser Zeit, so die Geschichte, restaurierten lokale Handwerker das Mausoleum in Windeseile. Heute ist es zu einem nationalen Monument Usbekistans ausgebaut worden – mit einer neu gebauten Moschee und einer Medrese, einer Schule, in der Islam unterrichtet wird.

Unter sunnitischen Muslimen ist der aus Buchara stammende Imam die wohl populärste Persönlichkeit aus Zentralasien. Al-Buchari hatte es sich zur Aufgabe gemacht, Aussagen des Propheten, die sogenannten Hadithen, zu sammeln und sie auf ihre Rückverfolgbarkeit zu überprüfen. Einer Legende nach rührte diese Entschlossenheit aus einer Eingebung her, die er erhalten haben soll, nachdem er in Mekka die Kaaba geküsst hatte. Er überzeugte seine Eltern nach der islamischen Pilgerfahrt, weiter in Mekka bleiben zu können, um den Koran zu studieren und anschließend durch die muslimische Welt zu reisen. Auf diesen Reisen sammelte er 800 000 Hadithen und wählte aus ihnen über 7000 aus, die er für eindeutig vom Propheten Mohammed kommend ansah. Er veröffentlichte sie in seinem Buch »Al-Jami al-Sahih«. Es gehört zu einer der wichtigsten Schriften in der muslimischen Welt. Die letzten Tage seines Lebens verbrachte Imam al-Buchari in dem Dorf Hartang bei Samarkand. Dort wurde er auch beigesetzt.

Die Ankunft des Islams

Der Islam gelangte bereits mit der arabischen Eroberung im 7. Jahrhundert nach Zentralasien. Die bedeutenden Städte jenseits des Oxus, Buchara und Samarkand, wurden 709 und 712 von den Arabern erobert. Qutaiba ibn Muslim (670 – 715), ein Feldherr des arabischen Umayyaden-Kalifen, drang weiter bis ins Fergana-Tal und nach Choresmien vor. Da die Nichtmuslime unter einer hohen Steuerlast litten, konvertierten viele Einheimische zum Islam. Der Islam stellt heute die mit Abstand größte Religionsgemeinschaft in Zentralasien dar. Die Sunniten stellen dabei die Mehrheit. In den Bergregionen Tadschikistans und in Samarkand gibt es jedoch auch verschiedene schiitische und ismailitische Gruppen, daneben spielte der Sufismus in der Vergangenheit immer wieder eine Rolle.

Die nomadischen Gebiete Zentralasiens wurden nur oberflächlich islamisiert, der Name von Hodscha Ahmed Jassawi (1103 – 1166), dessen Mausoleum sich in der Stadt Turkestan im südlichen Kasachstan befindet, ist eng mit der Islamisierung der nomadischen Turkvölker verbunden.

In Taschkent findet man heute einen der ältesten Korane der Welt. Er wird in der Barak-Khan-Medrese, einem Bauwerk aus dem 16. Jahrhundert, aufbewahrt. Es handelt sich um den sogenannten Koran des Kalifen Osman (574–656), der bei den Sunniten als dritter rechtsgeleiteter Kalif gilt. Vermutlich ist der Koran aus dem Nahen Osten nach Zentralasien gekommen, nachdem Tamerlan die Region erobert hatte. Der Koran wurde in Samarkand gefunden. 1868 brachten ihn russische Truppen zunächst nach Taschkent und dann in die Hauptstadt des Russischen Reiches, nach St. Petersburg. 1917 gelangte er nach Ufa, und 1924 kehrte er zurück nach Samarkand, von wo er 17 Jahre später schließlich nach Taschkent gebracht wurde.

Zentralasien rückte im Mittelalter kulturell in den Mittelpunkt der islamischen Welt. Familien, die für die Geschichte der muslimischen Welt Bedeutung erlangten, stammten aus der Großregion. So kam die Familie der Barmakiden ursprünglich aus Balch im heutigen Afghanistan. Die Barmakiden hatten sich bereits als Berater der arabischen Umayyaden-Kalifen im 8. Jahrhundert einen Namen gemacht. Unter Harun ar-Raschid, dem berühmtesten Kalifen der Abbasiden-Dynastie, wurden die Barmakiden zu einer der reichsten und einflussreichsten Familien des Reiches. Ihr Reichtum soll selbst den des Kalifen übertroffen haben, was auch ihren Untergang besiegelte. Harun ar-Raschid ließ die Familie enteignen. Einer ihrer Söhne wurde hingerichtet. Dem Volk blieben die Barmakiden jedoch als gütige Menschen in Erinnerung und hielten Einzug in die Geschichten aus 1001 Nacht. In der »Geschichte über den Bohnenverkäufer« und der »Geschichte über die Herzensgüte von Yahya ibn Khalid« wurde ihnen ein Denkmal gesetzt.

Auch in der Philosophie und den Wissenschaften nahmen Gelehrte aus Zentralasien eine führende Rolle ein. Abu Nasr Muhammad ibn Muhammad al-Farabi (872–950), der in Otrar (heutiges Kasachstan) geboren wurde, bediente sich in seinen Schriften neben dem Koran auch der Ideen von Platon und Aristoteles und gilt bis heute als einer der wirkmächtigsten islamischen Philosophen. Im Westen ist er auch unter dem Namen Alpharabius bekannt. Berühmtheit erlangte ebenfalls der aus der

Gegend um Buchara stammende Universalgelehrte Avicenna (980 – 1037), der sich in der Medizin, aber auch in Physik und Philosophie einen Namen gemacht hat.

Mongolensturm und Sufismus

Einen Bruch in der islamischen Tradition Zentralasiens stellt die Eroberung des Gebietes durch die Mongolen im 13. Jahrhundert dar. Sie beendeten die kulturelle Blüte des Islams und setzten ihm schwer zu. Jedoch nahmen auch einige mongolische Steppenvölker den Islam an. So bemühte sich Mohammed Usbek Khan, der Namensgeber der Usbeken und Khan der Goldenen Horde im heutigen Südrussland, darum, seine Untertanen zum muslimischen Glauben zu bekehren.

Weit verbreitet war in Zentralasien der Sufismus. Sufismus ist eine Sammelbezeichnung für asketische und mystische Strömungen im Islam. Er hat sich im 9. Jahrhundert auf dem Territorium des heutigen Iraks entwickelt und gelangte im 13. Jahrhundert nach Zentralasien. Unter der Herrschaft Tamerlans erreichte er im 14. Jahrhundert besondere Bedeutung, da in diesen Jahren den islamischen Rechtsgelehrten der vormongolischen Zeit die Unterstützung entzogen wurde. In den Sufi-Orden, den sogenannten Tariqa, lebten Derwische, die nach persönlicher Erkenntnis des Glaubens im Herzen streben. Dabei bedienten sie sich häufig Ritualen, die Elemente von Musik und Tanz enthielten und die meist in Gemeinschaft praktiziert wurden. Die Derwische wohnten mit ihren spirituellen Meistern zusammen und beteten in Schreinen und Klöstern, den sogenannten Tekke. Auch heute noch findet man in Zentralasien solche Sufi-Schreine. Die Orden waren meist äußerst wohlhabend, kümmerten sich um karitative Aufgaben und erlangten teils großen politischen Einfluss an Herrscherhöfen. Der Sufi-Orden Kubrawiyya, der von Nadschm ad-Dīn al-Kubrā (1145 – 1221) aus Chiwa gegründet wurde, war für die Entwicklung des Sufismus maßgeblich. Teile der Bruderschaft fielen später von der sunnitischen Glaubensrichtung ab und wurden Zwölfer-Schiiten (Imamiten). Im 17. Jahrhundert ging der Orden unter.

Eine weitere bedeutende Strömung des Sufismus ist die Schule Naqschbandīya, die auf den aus Buchara stammenden Baha-ud-Din Naqschband (1318 – 1389) zurückgeht. Die Naqschbandīya-Bruderschaft verbreitete sich im Laufe der Geschichte über die ganze islamische Welt. Am bedeutendsten aber blieb sie in Zentralasien. Der Orden predigte die Prinzipien, die von seinem Gründer aufgestellt wurden: Aufmerksamkeit beim Atmen, seine Schritte überwachen, die innere mystische Reise, die Sammlung, die Kontrolle und Überwachung der eigenen Gedanken und die Konzentration auf Gott. Politischen Einfluss erlangten die Derwische des Ordens in Zentralasien und Indien.

Die verschiedenen Sufi-Orden waren auch missionierend unterwegs. Während sie in den Regionen mit sesshafter Bevölkerung mehr oder weniger feste Organisationsstrukturen bildeten, waren an der Islamisierung der nomadischen Völker wandernde Derwische beteiligt, die dem Sufi-Orden Yassawiyya angehörten. Ahmad Yassawi, der im 12. Jahrhundert auf dem Territorium des heutigen Kasachstans lebte, verband bei der Bekehrung der nomadischen Völker uralte schamanistische Traditionen der Kirgisen und Kasachen mit sufistischen Lehren. Obwohl die Sufi-Orden im 17. und 18. Jahrhundert ihren Einfluss in Zentralasien einbüßten, blieben sie für die Alltagskultur weiterhin wichtige spirituelle Quellen. Die Lehren des Sufismus trugen in Zentralasien zur Entwicklung eines vergleichsweise toleranten Islams bei.

Die Randstellung Zentralasiens in der islamischen Welt

Der Aufstieg der persischen Dynastie der Safawiden Anfang des 16. Jahrhunderts führte zur Trennung der muslimischen Welt in das schiitische Persien und die sunnitische arabische Halbinsel. In der Folge versiegte der kulturelle Austausch zwischen dem mehrheitlich sunnitischen Zentralasien und dem Nahen Osten, was dazu führte, dass Zentralasien in der muslimischen Welt eine Randstellung einnahm.

Dies war auch im russischen Zarenreich so, das Mitte des 19. Jahrhunderts nach Zentralasien vordrang. Im Russischen Reich war der Islam gegenüber der staatstragenden russisch-orthodoxen Kirche zwar benachteiligt, dennoch hatten seine Orden, Stiftungen, Organisationen und Koranschulen einen erheblichen Einfluss auf die muslimische Bevölkerung. Auch deshalb formierte sich im 19. Jahrhundert in Zentralasien eine muslimisch-nationalistische Reformbewegung, die Dschadiden, die neben der Unabhängigkeit von Russland vor allem eine Reform des islamischen Bildungswesens anstrebten. Die Dschadiden wollten die Alphabetisierung der muslimischen Bevölkerung vorantreiben und moderne Fächer wie Geografie und Mathematik in die Schulbildung einführen. Bislang hatte sich die Bildung der muslimischen Kinder, soweit überhaupt vorhanden, auf das Auswendiglernen des Korans beschränkt. Die Dschadiden waren aufgeklärte Intellektuelle, die vom europäischen Gedankengut durchdrungen waren. Sie waren der Meinung, dass zahlreiche Grundsätze der westlichen Zivilisationen, die sich auf Demokratie, Parlamentarismus oder parlamentarische Monarchie bezogen, dem Islam nicht widersprächen und deren Umsetzung daher auf muslimischem Boden durchaus möglich sei. Nach der Oktoberrevolution von 1917 wurden sie allerdings zu Gegnern der Bolschewisten.

Sowjetische Islampolitik

Während der Zeit der Sowjetunion sah sich der Islam im Zuge der atheistischen Staatsdoktrin weitgehenden Verfolgungen ausgesetzt. In dieser Zeit ging viel Wissen über den Islam in Zentralasien verloren. Die meisten Moscheen und Medresen wurden geschlossen. Religion wurde zur Privatsache.

Mit der Vormachtstellung der muslimischen Organisationen und Stiftungen in Zentralasien war es ebenfalls vorüber: Ihr

Eigentum wurde verstaatlicht. Das Ackerland ging zunächst an die Bauern, wurde in den 1930er Jahren dann aber kollektiviert. Große Teile der früheren Elite gingen in die Emigration oder wurden physisch vernichtet. Vertreter des Proletariats und der niederen Bauernschaft nahmen ihren Platz ein. Religion als Privatsache bedeutete in der Praxis nichts anderes als deren Bekämpfung. Die islamische Geistlichkeit galt den Sowjets als Feind des Kommunismus. Die arabische Schrift wurde abgeschafft und zunächst durch ein lateinisches, dann durch ein kyrillisches Alphabet ersetzt. Relativ rasch ernteten die kommunistischen Machthaber die Früchte ihrer Politik: Die nachwachsende Jugend in Zentralasien war nicht mehr in der Lage, muslimische Literatur zu lesen. Allerdings gab es während der gesamten sowjetischen Zeit in Zentralasien immer auch illegale Gebetshäuser. Die Zahl der offiziell zugelassenen Moscheen hingegen war gering.

In der Sowjetunion wurde der Islam mehr als Element ethnischer Identität und weniger als praktizierte Religion angesehen. Um Muslim zu sein, musste man sich nicht an religiöse Vorgaben halten, der Islam fungierte vielmehr als Möglichkeit zur nationalen Abgrenzung gegenüber anderen Völkern der Sowjetunion. Das Praktizieren des Glaubens beschränkte sich auf Lebensabschnittsfeste wie Beschneidung, Hochzeit und Begräbnis. Die Sowjetmacht griff allerdings auch, durchaus modernisierend, in einige dieser Bräuche ein, zum Beispiel durch das Verbot von Brautkäufen, das Verbot der Mitgift, ein gesetzliches Mindestalter für die Ehe und das Verbot der Polygamie. Da die Sowjets die muslimische Familie als »Bastion des Islams« erkannten, strebten sie danach, traditionelle patriarchale und archaische Strukturen aufzubrechen. Dennoch blieben Familien meist die einzigen Instanzen, in denen der Islam in der Sowjetzeit weitergegeben wurde, allerdings als eine Art »Islam light«, der sich nicht strikt an die Vorgaben des Korans hielt.

Die einzigen beiden Medresen in der UdSSR waren die Mir-

Arab-Medrese in Buchara, die nach dem Zweiten Weltkrieg wiedereröffnet worden war, und das 1971 gegründete und heute noch funktionierende Al-Buchari-Institut in Taschkent. Dort wurde die Geistlichkeit systemkonform ausgebildet.

Die sowjetische Islampolitik durchlief im Laufe der Jahrzehnte vielfältige Wandlungen, war aber immer von zwei maßgeblichen Faktoren geprägt: Sie sollte innenpolitisch Stabilität und Sicherheit gewährleisten und außenpolitisch genügend Spielraum lassen, um gute Beziehungen zu muslimischen Staaten pflegen zu können.

In den ersten Jahren ihrer Herrschaft versuchten die Sowjets Teile der religiösen Eliten zur Kooperation zu bewegen und gleichzeitig deren Einfluss auf die Gesellschaft zu beschneiden. Dazu sollte die Reformbewegung der Dschadiden für die Sowjetmacht instrumentalisiert werden. Doch die Dschadiden strebten nicht nur Reformen im Islam an, sie kämpften auch um nationale Unabhängigkeit. Die Sowjets erkannten in ihnen rasch Feinde und gaben ihre Integrationsbemühungen auf. Die führenden Köpfe der Dschadiden gehörten zu den ersten, die dem roten Terror zum Opfer fielen.

In den 1920er Jahren wurden Moscheen geschlossen und Scharia-Gerichte verboten. Der Islam stand im Widerspruch zum Modernisierungsanspruch der sozialistischen Gesellschaft. Mit dem Machtantritt Stalins im Jahre 1924 verstärkte sich der Druck weiter. Bis 1927 war Stalin zum unumstrittenen Alleinherrscher in der Sowjetunion aufgestiegen. Die Repressionen nahmen zu. Es kam zu öffentlichen Schleierverbrennungen. 1929 verboten die Sowjets per Gesetz islamische Wohltätigkeitsvereine, das Verteilen materieller Hilfen sowie Koranunterricht für Kinder und Jugendliche. In den Jahren des stalinistischen Terrors wurden Mitte der 1930er Jahre viele Imame und Mullahs, aber auch Parteifunktionäre, deren Umgang mit dem Islam Stalin zu lax erschien, deportiert oder ermordet. Die verbliebene Geistlichkeit unterlag Repressalien. Theologische Texte wurden nicht mehr publiziert.

In den 1940er Jahren kam es zu einer leichten Liberalisierung der Religionspolitik und speziell auch der Islampolitik. Über die sowjetischen Muslime sollte Einfluss auf andere muslimische Staaten genommen werden. Stalin war außerdem auf die Mobilisierung der Bevölkerung in den zentralasiatischen Sowjetrepubliken für den Kampf an den Fronten des Zweiten Weltkrieges angewiesen. Es setzte dabei auf die Zusammenarbeit mit muslimischen Geistlichen. 1941 wurden für die Muslime in Russland, im Kaukasus und in Zentralasien vier regionale »Geistliche Verwaltungen«, eine Art Aufsichts- und Kontrollgremien, eingerichtet. Es handelte sich um einen Versuch, sich mit den Religionsgemeinschaften zu versöhnen. Den Gläubigen wurde gestattet, wieder der Religion nachzugehen, allerdings unter Oberhoheit eines staatlichen Organs. So sollte Radikalisierungstendenzen unter den Muslimen vorgebeugt werden. Für Zentralasien war die »Geistliche Verwaltung der Muslime Zentralasiens und Kasachstans« zuständig.

Diese »Geistliche Verwaltung« repräsentierte den »offiziellen« und damit erlaubten Islam. Die durch die Organisation vom Staat betriebenen Moscheen und Medresen waren dazu angehalten, einen Islam nach Vorgabe der KPdSU zu lehren und zu verbreiten. Die Freitagspredigten wurden von oben vorgegeben. Diese Islampolitik überdauerte den Zweiten Weltkrieg und setzte sich zunächst auch nach Stalins Tod fort. Ende der 1950er Jahre erklärte dessen Nachfolger Nikita Chruschtschow sie für beendet. 1958 bis 1964 kam es zu einer neuen antireligiösen Kampagne. Lokales religiöses Brauchtum, so Chruschtschow, sollte durch »neue sowjetische Traditionen und alternative Lebenszyklusriten« abgelöst werden. Die Angriffe auf die Religion nahmen wieder zu. Moscheen wurden geschlossen, Wallfahrten verboten und Geistliche verfolgt.

Unter Leonid Breschnew (1906–1982), der seit 1964 an der Spitze der Sowjetunion stand, änderte sich die Islampolitik erneut: Nationale religiöse Traditionen wurden toleriert, das aktive

Praktizieren von Religion blieb aber eingeschränkt. Weitgehend unangetastet blieben lediglich die Bestattungsriten. Selbst Funktionäre der Kommunistischen Partei wurden in Zentralasien oft nach islamischem Ritus beigesetzt. In den 1970er Jahren war es Sowjetbürgern in Ausnahmefällen erlaubt, in einigen arabischen Ländern islamische Theologie zu studieren. Zugelassene islamische Geistliche durften Fatwas (Rechtsakte) erlassen, die jedoch keinen offiziellen Rechtsstatus in der Sowjetunion besaßen. Da Pilgerreisen nach Mekka verboten waren, erhielten Pilgerfahrten zu heiligen Orten in Zentralasien einen besonderen Stellenwert. Die wichtigsten Pilgerorte sind das Mausoleum von Baha-ud-Din Naqschband in Buchara (Usbekistan), das Mausoleum von Imam al-Buchari in Samarkand (Usbekistan), das Mausoleum von Abu Isa at-Tirmizi (824 – 892) in Termez (Usbekistan) sowie das Mausoleum von Hodscha Ahmed Jazawi (1103 – 1166) in Turkestan (Kasachstan). Sie galten nicht nur bei den Muslimen in der Sowjetunion als eine Art »Mekka-Ersatz«, sondern sind heute noch anerkannte und viel besuchte Pilgerstätten.

Der Sowjetführung war das jedoch suspekt, weshalb sie diese Praxis zu begrenzen versuchte. Einen durchschlagenden Erfolg hatte sie dabei aber nicht.

Das religiöse Tauwetter blieb nicht von Dauer. Breschnews Versuch einer friedlichen Koexistenz mit dem Islam hatte einflussreichen Führern des nichtoffiziellen Islams Mut gemacht. In den 1970er Jahren war eine Art religiöses Dissidententum entstanden. In Zentralasien war ein tadschikischer Mullah namens Mahammad Rustamow (1892 – 1989) dessen einflussreichster Repräsentant. Er predigte gegen einen Alltagsislam, der sich nicht an den Koran hält, sowie gegen die Regimetreue der Geistlichkeit. Viele seiner Schüler kämpften später, in den 1990er Jahren, in einem blutigen Bürgerkrieg an der Seite der Islamisten gegen die säkulare Regierung in Tadschikistan.

1979 ließ Breschnew die Zügel gegenüber dem Islam wieder straffer anziehen. Im Nachbarstaat, dem Iran, war eine islamische Revolution ausgebrochen und hatte ein Mullah-Regime an die Macht gebracht. In Afghanistan war die sowjetische Armee einmarschiert, um eine sowjetfreundliche Regierung zu stützen. Es gärte auch im islamischen Untergrund der zentralasiatischen Sowjetrepubliken. Während des sowjetischen Afghanistankrieges standen übergelaufene Kämpfer aus Zentralasien an der Seite der Mudschaheddin-Bewegung. Der von den USA und Pakistan unterstützte Kampf der Mudschaheddin, aus denen später die Taliban hervorgingen, verstärkte auch die Verbreitung radikaler islamistischer Lehren in Zentralasien.

Michail Gorbatschow (geb. 1931), seit 1985 neuer Generalsekretär der KPdSU, fuhr dem Islam gegenüber einen Zickzackkurs. Insgesamt wurde dessen Wiederbelebung durch die neue Perestroika-Politik aber begünstigt. In ländlichen Gebieten Zentralasiens scharten sich zunehmend Jugendliche um lokale muslimische Autoritäten und lasen religiöse Texte. Immer mehr junge Menschen bezeichneten sich als Muslime. Der Einfluss der atheistischen Ideologie der Sowjets nahm spürbar ab. Moscheen und Koranschulen wurden neu- oder wiedereröffnet. Es entstanden zahlreiche informelle, privat organisierte religiöse Zirkel, die unter der Bevölkerung agitierten und die nun nicht mehr von der Kommunistischen Partei und dem Sicherheitsapparat der Sowjetunion zu kontrollieren waren.

1986 kam es im kasachischen Alma-Ata (heutiges Almaty) und im tadschikischen Kurgan (heutiges Kurgonteppa) zu Unruhen. Islamisten stellten sich offen gegen die Sowjetmacht und spielten dabei die ethnische Karte. Im Fergana-Tal gründeten sich erste islamistische Untergrundorganisationen, die zur Keimzelle der bis heute aktiven terroristischen Islamischen Bewegung Usbekistans wurden. Auch Hizb ut-Tahrir (Islamische Partei der Befreiung) konnte hier Fuß fassen. Die 1953 in Ost-Jerusalem gegründete islamistische Organisation agierte zunächst als ein Ableger der Muslimbruderschaft im Nahen Osten. Später erweiterte sie ihren Aktionsradius und entwickelte sich zu einem transnational agierenden Netzwerk. Mitte der 1980er Jahre schleuste die islamistische Organisation Propagandaschriften in die Sowjetrepubliken Zentralasiens. Die ersten Zellen von Hizb ut-Tahrir wurden im Fergana-Tal aktiv. Von hier aus breiteten sie sich auf weitere Regionen Zentralasiens aus. Da die lokale Bevölkerung wenig mit der arabischen Sprache und dem Gedankengut anfangen konnte, passte sich Hizb ut-Tahrir rasch an die regionalen Gegebenheiten an und ließ programmatische Schriften und Propagandaflugblätter der Organisation ins Russische übersetzen.

Eine Bewegung namens Adolat (Gerechtigkeit) forderte, die islamische Gerichtsbarkeit einzuführen. Die Nomenklatura in den zentralasiatischen Sowjetrepubliken reagierte alarmiert. Sie spürte, dass der Islam auf fruchtbaren Boden fällt und von Teilen der Bevölkerung als Konkurrenzmodell zum Sowjetkommunismus betrachtet wird. Sie sollte mit ihren Befürchtungen Recht behalten. 1990 gründeten sowjetische Muslime verschiedener Nationalitäten in Astrachan eine politische Partei der Islamischen Wiedergeburt. Als die Sowjetunion 1991 zerfiel, kam es in Zentralasien zu wirklichen islamischen »Wiedergeburten«, die die Region grundlegend veränderten. Die gesamtsowjetische Wiedergeburts-Partei indes zerfiel in Filialen, von denen nur die tadschikische weiterhin eine bedeutende Rolle spielte.

Islamisierung nach 1991

Die Führer der neuen, unabhängigen zentralasiatischen Staaten mussten nach 1991 einen Drahtseilakt vollbringen. Einerseits galt es, dem Interesse der Bevölkerung an Religionsausübung Rechnung zu tragen. Andererseits sollten säkulare Staatsformen sicherstellen, dass es keinen Rückschritt in das Mittelalter gibt. Afghanische Verhältnisse wollte niemand der neuen Verantwortungsträger in den einstigen Sowjetrepubliken provozieren. Der Prozess einer »islamischen Wiedergeburt« sollte unter staatliche Kontrolle gestellt werden.

Nach dem Zusammenbruch der Sowjetunion schmolz der

ideologische Kitt, der die in der Stalin-Ära geschaffenen zentralasiatischen Sowjetrepubliken bis dahin zusammengehalten hatte. Die unabhängigen Staaten standen vor der Aufgabe, in kürzester Zeit aus administrativen Sowjetrepubliken Nationalstaaten mit einem eigenen Nationalcharakter und mit individueller Geschichte zu formen. Der Islam ließ sich dabei weder ausblenden noch verleugnen. Die neuen Regierungen begannen mit der schmalen Gratwanderung, einerseits die Bedeutung des Islams für die eigene Geschichte anzuerkennen und andererseits seinen Einfluss zu beschränken.

Nach dem Zusammenbruch der Sowjetunion engagierten sich missionsaktive Staaten und Organisationen der islamischen Welt für die »vergessenen Muslime«. Dazu gehören beispielsweise Saudi-Arabien, die türkische Gülen-Bewegung sowie pakistanische Organisationen. Sie stellten finanzielle und »ideelle« Hilfe zur Verfügung. Das persischsprachige Tadschikistan konnte auf iranische Unterstützung zählen. Die staatlichen Autoritäten in den neuen Republiken waren noch nicht gefestigt. Islamische Organisationen schossen wie Pilze aus dem Boden. Hatten sie in der Sowjetzeit entweder in der Illegalität oder einer gerade geduldeten Legalität gelebt, schien sich ihnen nun die Gelegenheit zu bieten, endlich wieder gesellschaftlichen und politischen Einfluss zu gewinnen, wenn nötig auch mit Gewalt.

Von 1991 bis heute ist die Zahl der Moscheen in Zentralasien um ein Vielfaches angewachsen. Am sichtbarsten ist diese Entwicklung im kleinen Kirgistan. 1987 waren dort weniger als 40 Moscheen registriert. Heute gibt es in Kirgistan mehr als 3000 muslimische Gotteshäuser. Die Kontrolle über das, was gepredigt wird, ist dort weitgehend verloren gegangen.

Säkulare Staatsmodelle

In Usbekistan, dem bevölkerungsreichsten Land Zentralasiens, versuchte dessen 2016 verstorbener erster Präsident, Islam Karimow, den Islam zunächst einzubinden. 1991 leistete er seinen

Amtseid als einziger der zentralasiatischen Präsidenten sowohl auf den Koran als auch auf die Verfassung. Doch schnell musste er erkennen, dass sein Kooperationsversuch scheiterte. Ein Mullah aus Namangan, Tahir Juldaschew, und ein selbsternannter Gotteskrieger namens Dschuma Chodschijew (alias Dschuma Namangani) hatten die Islamische Bewegung Usbekistans (IBU) gegründet. Sie wollten einen Gottesstaat mit Scharia-Gerichtsbarkeit errichten. Ende 1991 organisierten sie einen Massenaufstand im Fergana-Tal, den Karimow gewaltsam niederschlagen ließ. 1999 erschütterten mehrere Bombenanschläge Taschkent. Daraufhin zog die usbekische Führung die Zügel gegenüber dem politischen Islam endgültig an. Es kam zu einer Verhaftungswelle. Einige Moscheen wurden geschlossen. Landesweit verbot die Regierung den Gebrauch von Lautsprechern an Minaretten.

Ähnliches gilt für die zentralasiatischen Nachbarländer. In Tadschikistan entbrannte der Kampf zwischen Säkularen und Islamisten am erbittertsten. Im ärmsten Land der Region tobte zwischen 1993 und 1997 ein blutiger Bürgerkrieg zwischen säkularen und islamistischen Kräften, der mehr als 50 000 Todesopfer forderte.

Die zentralasiatischen Politiker haben die Skepsis der früheren Sowjetführung gegenüber dem Islam weitgehend übernommen. Diese Skepsis verstärkt sich durch aktuelle Entwicklungen in der islamischen Welt, vor allem seit Aufkommen der Terrororganisation Islamischer Staat. Die Nachbarschaft und kulturelle Nähe zu Afghanistan sowie zum Nahen und Mittleren Osten spielen dabei eine prägende Rolle.

Zentralasien ist säkular geblieben. Die Länder verteidigen diese Errungenschaft mit unterschiedlichen Mitteln. Kirgistan, das als »demokratische Insel« Zentralasiens gilt, übte lange Zeit kaum Kontrolle über islamische Organisationen aus. In den anderen vier Staaten gab es durch die Sicherheitsapparate und die Geheimdienste eine engmaschige Überwachung dessen, was in den Moscheen vor sich ging. Autoritäre Mittel der Machtausübung sorgten dafür, dass der politische Islam öffentlich keine Rolle spielte. Doch beide Methoden stoßen an ihre Grenzen.

Das Bevölkerungswachstum in Zentralasien ist enorm. Zwischen 1991 und 2018 hat sich die Bevölkerungszahl mehr als verdoppelt. Es ist die junge Generation, die sich heute als muslimisch bezeichnet. Für junge Zentralasiaten gehört »Muslimsein« zur Identität. Dies bedeutet nicht unbedingt, ihr Leben streng am Koran auszurichten. Vielmehr geht es dabei um eine Form von Identität, die als Teil ihrer ethnischen Zugehörigkeit angesehen wird. Für viele junge Leute ist der Islam zu einer Art Mode geworden, mit der sie sich vom Westen und von Russland abgrenzen wollen. Auch Minderwertigkeitsgefühle und das Gefühl, in einer als ungerecht empfundenen Welt zu kurz gekommen zu sein, spielen dabei oft eine Rolle. Noch haben in Zentralasien Politiker, die in der Sowjetunion sozialisiert wurden, das Heft des Handelns in der Hand. Sie haben im letzten Vierteljahrhundert säkulare Staaten aufgebaut, die sie als ihr Vermächtnis betrachten. Doch sie spüren, dass sich der Wind drehen könnte.

Arabischer Frühling und »Islamischer Staat«

Nachdem Karimow die Islamische Bewegung Usbekistans 1991 aus dem Fergana-Tal verdrängen konnte, fanden deren Führer im Umfeld von Al-Kaida in Afghanistan und in Pakistan ein neues Betätigungsfeld. Die IBU fungierte als Brücke für zentralasiatische sowie für uigurische Extremisten aus dem Westen Chinas, die islamistische Trainingslager besuchen wollten. Im September 2014 sprach sich die Führung der Islamischen Bewegung Usbekistans für eine Unterstützung der Terrormiliz Islamischer Staat in Syrien und dem Irak aus. Seit 2015 kursieren Meldungen, denen zufolge sich die IBU aufgelöst und ihre ehemaligen Strukturen dem »Islamischen Staat« untergeordnet hätte.

Die durch den Arabischen Frühling in Nah- und Mittelost begünstigte Ausbreitung des sogenannten Islamischen Staates, der nach seiner Zurückdrängung aus dem Irak und Syrien versucht, in Afghanistan, also in unmittelbarer Nachbarschaft zu den zentralasiatischen Staaten, Fuß zu fassen, stellt eine Gefahr für die Zukunft der zentralasiatischen Region dar. Es dürften sich in den vergangenen Jahren mehrere Tausend Menschen aus den säkularen, postsowjetischen Staaten ins Kampfgebiet des IS abgesetzt haben. Eine Rückkehr dieser radikalisierten Kämpfer in ihre Heimatländer Kasachstan, Usbekistan, Kirgistan, Tadschikistan und Turkmenistan könnte sich zu einem Risiko für die Stabilität der Region entwickeln.

Die zentralasiatischen Länder versuchen, sich zu wappnen. Die meisten von ihnen haben ihren Bürgern für die Teilnahme an bewaffneten Konflikten sowie allein für den Besuch von Trainingslagern im Ausland per Gesetz hohe Haftstrafen und den Verlust der Staatsangehörigkeit angekündigt.

Hizb ut-Tahrir

Bereits heute ist die fundamentalistische Hizb ut-Tahrir die am schnellsten wachsende islamistische Bewegung in Zentralasien. Die seit 1953 im arabischen Raum aktive Organisation präsentiert sich nach außen gern als nichtgewalttätig. Dennoch verurteilt sie offen die säkulare Staatsform, die sie durch die Schaffung eines »islamischen Kalifats« ablösen möchte, und bedient sich dabei einer aggressiven, antiwestlichen und antisemitischen Rhetorik. Darüber hinaus rechtfertigt sie den Dschihad gegen Israel und den Westen, weshalb von einem ernst gemeinten Gewaltverzicht kaum die Rede sein kann. Ideologische Anknüpfungspunkte zur Terrormiliz Islamischer Staat gibt es genug. Hizb ut-Tahrir akzeptiert keine politischen Kompromisse und keine Ordnungsmodelle außer einem auf der Scharia basierenden islamischen Staat. Die Rechtsprechung soll ausschließlich aus dem islamischen Recht abgeleitet werden. Die Programmatik von Hizb ut-Tahrir beinhaltet ein Drei-Etappen-Modell der Zusammenführung aller Muslime in einem neuen Kalifat, das auf einer Interpretation der historischen Mission des Propheten Mohammed bei der Gründung des ersten islamischen Staates basiert. Die erste Etappe umfasst die Rekrutierung von Muslimen, die die Propaganda der Partei in die Welt tragen. Der zweite Schritt soll für die Infiltration der Muslime in den Staat und in die Gesellschaft sorgen. Die dritte Etappe beschreibt schließlich den Prozess der Machtübernahme und die ganzheitliche totale Umsetzung der islamischen Ordnung. Die Muslime sollen sich erheben und zu einem Kalifat vereinigen.

Es liegen kaum belastbare Informationen über die Mitgliederzahl von Hizb ut-Tahrir in Zentralasien vor. Sie wird auf 15 000 bis 20 000 geschätzt. Ihre dezentralen Zellen agieren im Verborgenen, die Sicherheitsvorkehrungen werden sehr streng gehandhabt. Nur die Leiter der Zellen kennen die Entscheidungsträger der übergeordneten Strukturen. Hizb ut-Tahrir gilt als straff und pyramidenförmig organisiert. Eine Zelle besteht in der Regel aus fünf bis zehn Mitgliedern. Verbindungen zur nächsthöheren Ebene der Hierarche unterhält nur deren Anführer, dem die Zellenmitglieder bedingungslosen Gehorsam zu leisten haben. Diese Zellen trugen in den letzten Jahren besonders in Tadschikistan und Kirgistan maßgeblich zur Radikalisierung junger Muslime bei. Auch in Usbekistan gibt es ein entsprechendes Potenzial, allerdings arbeiten die usbekischen Sicherheitsdienste bisher autoritär und effektiv, Kollateralschäden eingeschlossen. An Popularität konnte Hizb ut-Tahrir in Zentralasien vor allem bei jungen Männern gewinnen, die kaum Arbeit und Betätigung finden können. Durch massenhafte Verbreitung von Literatur, CDs und Internetpropaganda wirbt Hizb ut-Tahrir für das Kalifat. Mit der Behauptung, nur ein islamischer Staat könne die gravierenden sozialen und ökonomischen Probleme der Länder lösen, stößt die Organisation in der Region auf offene Ohren.

Islamische Bewegung Zentralasiens

Schon 2002 hat sich nach Ansicht des früheren Chefs des kirgisischen Sicherheitsapparats ein Terrornetzwerk gebildet, das als Islamische Bewegung Zentralasiens (IMCA) firmiert. Dazu zählten unter anderem die Islamische Bewegung Usbekistans sowie eine Islamische Bewegung Ostturkestans, die kirgisische, kasachische, tadschikische, afghanische, tschetschenische, usbekische und uigurische Kämpfer vereint. Terroranschläge, die im Jahr 2004 in Usbekistan stattfanden – unter anderem wurden die US-amerikanische und die israelische Botschaft angegriffen –, sollen auf das Konto dieser Bewegung gehen, die eine islamische Rechtsordnung im Raum vom Kaukasus bis Xinjiang (China) etablieren will. Die Gründung eines »Kalifats Zentralasien«, das Usbekistan, Tadschikistan und die Kirgisische Republik umfassen soll, sei der erste Schritt auf dem Weg zu einer Vereinigung der Muslime Zentralasiens zu einer sogenannten Umma, einer Gemeinschaft der Muslime als »islamische Nation«. Die Ausdehnung des Gottesstaates auf angrenzende Territorien Kasachstans, Turkmenistans und den Nordwesten Chinas sei dann der nächste Schritt im Kalkül der Islamisten.

Staatliches Gegengewicht

So einfach wird sich die Bevölkerung in Zentralasien aber wohl nicht in die Hände von Islamisten begeben. Der Sufismus hatte im Mittelalter eine moderate Strömung des Islams nach Zentralasien gebracht. In den Gegenden, in denen früher Nomaden lebten, blieb Zentralasien ohnehin nur oberflächlich islamisiert. Die Sowjetherrschaft hat schließlich in mehr als 70 Jahren für das Zurückdrängen der Religion gesorgt. Für die meisten sowjetischen Muslime reduzierte sich der Islam auf Brauchtum und Traditionspflege.

Seit 1991 kann, wer immer nur will, seine Religion in der Regel frei leben. Islamische Feiertage haben in Zentralasien wieder Einzug gehalten, so etwa Beginn und Ende des Ramadan-Festes. Zwar feiert man auch weiter die sowjetischen Ersatzfeste: Neujahr, das sich wie das moderne westliche Weihnachtsfest ausnimmt, den Tag der Arbeit und den Frauentag. Aber solange man den Islam nicht als politisches Instrument einsetzt, ist die freie

Religionsausübung durch die Verfassungen der säkularen Staaten garantiert und möglich. Die Sicherheitsdienste der meisten zentralasiatischen Staaten halten sich allerdings an die sowjetische Regel »Vertrauen ist gut. Kontrolle ist besser.« So soll vor allem die Radikalisierung der Jungend verhindert werden.

Die Regierungen versuchen in den letzten Jahren, mit der Zeit zu gehen und sich als Verteidiger des Islams zu gerieren. Die zentralasiatischen Staaten sind Mitglied in der Organisation islamischer Staaten. Bei Aschgabat (Turkmenistan) wurde 2004 die damals größte Moschee Zentralasiens eröffnet. Man benannte sie nicht nach einem Heiligen, sondern nach »Turkmenbaschy«, dem Präsidenten des Landes, der 2006 in dem zur Moschee gehörenden Mausoleum beigesetzt wurde. 2012 eröffnete in Astana (Kasachstan) eine fast ebenso große Moschee, die Hazrat-Sultan-Moschee. Usbekistan wollte nicht nachstehen. 2014 wurde in Taschkent die Minor-Moschee eingeweiht. Sie ist derzeit die größte Moschee in der Region. Bald sollen in Duschanbe (Tadschikistan) und in Bischkek (Kirgistan) neue Größenrekorde aufgestellt werden. In Kirgistan baut derzeit die Türkei ein Gotteshaus, in dem 20 000 Menschen Platz finden. In Tadschikistan will Katar eine noch viel größere Moschee finanzieren.

Kasachstan und Usbekistan versuchen derzeit, eine Vorreiterrolle zu spielen, wenn es um die Rolle eines aufgeklärten Islams geht. In Astana steht seit 2006 eine »Pyramide des Friedens und der Eintracht«. Sie soll religiöse Toleranz bezeugen. In Taschkent entsteht seit 2017 in unmittelbarer Nähe der Hauptverwaltung der Muslime ein Zentrum, das einen modernen Islam propagieren soll. Man versucht, der Bevölkerung das Gefühl zu geben, dass sie sich auf die aktive, aber moderate Islampolitik ihrer Führungen verlassen kann.

Völker, Staaten und Sprachen

Neue Helden, Sowjetmenschen und nationale Identitäten

Suche nach identitätsstiftenden Figuren

Islam Karimow, der Usbekistan 1991 in die Unabhängigkeit geführt und dann 25 Jahre als Präsident regiert hat, galt als Patriot und überzeugter Verteidiger usbekischer Geschichte und usbekischen Kulturgutes. Die Schaffung einer nationalen Identität hatte für ihn beim Aufbau des jungen Staates oberste Priorität. Offizielle Biografen im usbekischen Staatsdienst geben Karimows Abstammung mit »usbekisch« an. Karimow stammte aus einer tadschikischen Machalla in Samarkand. Das aus dem Arabischen stammende Wort »machalla« bedeutet so viel wie Nachbarschaft oder Stadtviertel. Karimows Mutter war Tadschikin. Seine Frau Tamara, mit der er seit 1967 verheiratet war, hat russische und tadschikische Wurzeln. In Karimows Familie wurde Russisch gesprochen. Man merkte es Karimows Auftritten an, dass Usbekisch nicht seine Muttersprache war.

Emomali Rachmonow, seit 1994 Präsident Tadschikistans, strich die russische Endung »ow«, und heißt heute nur noch Rachmon. Das klingt tadschikischer. Auch er spricht Russisch.

Der frühere turkmenische Präsident Saparmurat Nijazow (1940–2006), auch bekannt als »Turkmenbaschy« (Führer der Turkmenen), der mit zahlreichen Aussagen und Weisungen zur turkmenischen Identität den Kult um die nationale Eigenart der Turkmenen ins Absurde trieb, war ein Waisenkind und mit einer russischen Frau jüdischen Glaubens verheiratet.

Um ein eigenes Nationalbewusstsein für den jeweils neuen Staat zu begründen und ihre eigene nationale Identität zu legitimieren, frisierten manch neue Eliten ihre nationale Herkunft. Aber auch die staatlich verordnete Geschichtsschreibung musste sich neuen Herausforderungen stellen. Die Schaffung eigener nationaler Identitäten war 1991 im gesamten postsowjetischen Raum von entscheidender Bedeutung. Die Sowjetunion war von der Weltkarte verschwunden. Ihre Symbole und ihre Ideologie gab es nicht mehr. Manche Völkerschaften, auch in Zentralasien, fanden sich erstmals mit einer eigenen Staatlichkeit wieder. Die neue Geschichtsschreibung der jungen Nationalstaaten griff nach 1991 zur Untermauerung der nationalen Identität auf Personen, Volksgruppen oder Reiche zurück, die vormals auf ihrem Staatsgebiet existiert hatten. Die neue Unabhängigkeit fundamentierte man mit dem Verweis auf »Goldene Ären«, die es früher einmal gab oder gegeben haben soll.

Oftmals stießen die postsowjetischen Republiken auf Schwierigkeiten, an eine frühere Identität anzuknüpfen. Die einstigen feudalen Staatsgebilde, das Emirat von Buchara sowie die Khanate Chiwa und Kokand, waren keine Nationen im klassischen Sinne gewesen. Sie regelten die Zugehörigkeit der Bevölkerung anhand von ethnischen und Clan-Strukturen, wobei es regelmäßig zu Auseinandersetzungen und Konflikten gekommen war. Die Grenzen der heutigen zentralasiatischen Staaten sind einzig und allein auf die Grenzziehungs- und Nationalitätenpolitik der Sowjetunion zurückzuführen. Beim Ziehen der Verwaltungsgrenzen zwischen den früheren Sowjetrepubliken hatte Stalin besonders im muslimisch geprägten Zentralasien darauf geachtet, dass sich daraus keine Gefahr für ethnisch oder religiös geprägten Nationalismus, der die Sowjetideologie hätte bedrohen können, entwickeln konnte. Die Grenzen wurden bewusst so festgelegt, dass es in den jeweiligen Sowjetrepubliken neben den Angehörigen des namensgebenden Volkes auch andere Völkerschaften gab.

Zur Schaffung nationaler Identitäten griffen die Historiker nach 1991 mitunter auf fragwürdige historische Figuren zurück. Orte, Symbole und Ereignisse wurden aus dem historischen Kontext gerissen und in eine neue nationale Geschichtsschreibung eingerückt. Doch ohne Rückgriffe auf Mythen oder Legenden und ohne Zukunftsvisionen wäre es wohl nicht möglich gewesen, ein Zugehörigkeitsgefühl zum neuen Staatsvolk zu schaffen. Gerade für Vielvölkerstaaten, und dazu gehören die fünf zentralasiatischen Republiken, war das überlebenswichtig. Arnulf Baring, einer der bekanntesten deutschen Zeithistoriker, besuchte die zentralasiatischen Staaten oft. In Taschkent sagte er einmal, auch Legendenbildungen können zeitweilig legitim und richtig sein, wenn sie in jungen Staaten dem Aufbau nationalstaatlicher Strukturen dienen. Die usbekischen Kollegen hörten es mit Wohlwollen.

In Usbekistan wurde Tamerlan als neuer Nationalheld erkoren. Sein Denkmal steht in Taschkent auf demselben Sockel, auf dem zunächst der zaristische Generalgouverneur für Turkestan, Konstantin von Kaufmann, danach Josef Stalin und dann Karl Marx gethront hatten. Nach 1991 wurde das Denkmal in aller Eile erschaffen, man nahm es damals mit der Originaltreue der Figur nicht allzu genau. Tamerlan sitzt nun in Taschkent reitend auf einem Pferd und streckt den rechten Arm nach oben. In Wahrheit war sein rechtes Bein gelähmt und der rechte Arm nur eingeschränkt beweglich. Die marxistisch-leninistische Geschichtsschreibung der Sowjetzeit war in Usbekistan tot, und man suchte verzweifelt Historiker, die sich mit der Geschichte der Timuriden-Zeit auskannten. Derer gab es nicht viele. Tamerlan, der blutige Mongolenführer aus dem 14. Jahrhundert, hatte nicht zu den Arbeiterhelden der Sowjetgeschichtsschreibung gehört. Da kann es schon mal zu ein paar Ungenauigkeiten kommen.

In Turkmenistan entschied sich dessen erster Präsident Saparmurat Nijasow (1940 – 2006), der das Land schon zu Sowjetzeiten als Chef der Kommunistischen Partei geführt hatte, den Platz auf dem Sockel neuer Nationalhelden gleich selbst einzunehmen. Zu Nijasows Lebzeiten stand auf dem zentralen Platz der Hauptstadt Aschgabat ein 40 Meter hohes Denkmal. Darauf drehte sich eine vergoldete Statue, die ihn als Präsidenten darstellte, sonnengottähnlich um die eigene Achse. Auch heute gibt es sie noch, allerdings steht sie an einem weniger prominenten Ort am Stadtrand. Der neue turkmenische Präsident, Gurbanguli Berdimuchamedow, seit 2007 an der Macht, benötigte Platz für den Kult um die eigene Person.

In Kirgistan dient der sagenumwobene Volksheld Manas der Identitätsfindung. Die persischsprachigen Tadschiken betrachten sich als arisches Volk und pflegen diesen Kult. In der Stadt Istarafschan, auf halbem Weg zwischen der nördlichen Provinzhauptstadt Chudschand und Duschanbe gelegen, kann man sogar ein »Arier-Museum« besichtigen.

Dort, wo solche historischen Anknüpfungspunkte nicht möglich schienen, griff man zu neuzeitlichen Methoden. Den größten finanziellen Aufwand zur Stärkung der nationalen Identität seines Landes betreibt seit 1999 der kasachische Präsident Nursultan Nasarbajew mit der kompletten Verlegung der Hauptstadt in die Steppe. Für mehrere Milliarden Dollar wurde die neue Metropole Astana mit futuristischer Architektur zum Zentrum Eurasiens und Mittelpunkt des kasachischen Heimatlandes stilisiert. Als mystischer Vater der kasachischen Nation gilt Alasch Khan.

Ethnische Strukturen und Sowjetisierung

Verschiedene Turkvölker kamen in den letzten 1500 Jahren in mehreren Wellen in die Region und verschmolzen in den Ackerbaugebieten mit der ansässigen Bevölkerung. Die komplexen ethnischen Strukturen Zentralasiens reichen bis in die Gegenwart hinein. In den zentralasiatischen Republiken leben mehr als 63 Millionen Menschen mit über 100 ethnischen Zugehörigkeiten. Die bedeutendsten einheimischen, ehemals nomadischen Völker sind Kasachen, Kirgisen, Turkmenen und Karakalpaken. Tadschiken, Pamir-Völker, Usbeken, Uiguren, Iraner, Afghanen und Juden gehören seit alters her zur sesshaften Bevölkerung. Mit der Ausdehnung des russischen Einflusses auf Zentralasien kamen später Russen, aber auch Deutsche, Ukrainer, Tataren andere Völkerschaften hinzu.

In sowjetischer Zeit erhielten Kasachen, Karakalpaken, Kirgisen, Usbeken, Tadschiken und Turkmenen den Status von Titularnationen. Er garantierte ihnen die Förderung der kulturellen und sprachlichen Eigenschaften innerhalb der jeweiligen Sowjetrepublik bzw., im Fall von Karakalpakstan, einer autonomen Republik.

In der Stalin-Ära setzte eine Welle von Deportationen verschiedener ethnischer Gruppierungen aus anderen Regionen der Sowjetunion ein. Zwischen 1936 und 1945 wurden Koreaner aus dem russischen Fernen Osten nach Kasachstan und Usbekistan umgesiedelt. Deutsche, Polen, Kalmyken und Finnen wurden nach Kasachstan deportiert. Karatschaer und Balkaren, Turkvölker aus dem Kaukasus, sowie Tschetschenen und Inguschen wurden nach Kirgistan und Kasachstan verbracht. Krimtataren, Griechen, Armenier und Bulgaren mussten sich in Usbekistan ansiedeln. Türken, Mescheten (türkischstämmige Georgier) und Kurden ließ Stalin 1944 nach Kasachstan, Kirgistan und Usbekistan deportieren. Von den Umsiedlungen nach Zentralasien waren mehr als zwei Millionen Menschen betroffen

Heute begegnet man einem bunten, vielschichtigen ethnischen Bild, das eine unübersichtliche linguistische und religiöse Situation und zahlreiche Mischbevölkerungen enthält. Die ethnischen Widersprüche überlappen dabei mit unterschiedlichen Religionen sowie Clan-Differenzen. Der Begriff »Clan« definiert dabei nicht nur verwandtschaftliche, sondern auch landsmannschaftliche und geografische Bindungen. So gibt es in Kasachstan drei »Jüs« (Horden), deren Geschichte bis ins Mittelalter zurückreicht. Bis heute bestimmt das Konkurrenzverhältnis zwischen Kişi Jüs, Orta Jüs und Ulı Jüz (Kleine, Mittlere und Große Horde) Leben und Politik im Land.

Für Zentralasien, wo das Zusammenleben von nomadischen und sesshaften Völkern über Jahrhunderte hinweg unterschiedlich gut funktioniert hat, bildeten die Eingriffe der europäischen Großmächte im 19. Jahrhundert eine Zäsur. Russland und Großbritannien rangen bis zur Machtergreifung der Bolschewiki in Russland im Jahre 1917 um die Vorherrschaft in Zentralasien und Afghanistan.

Nach dem Untergang des Zarenreiches übernahmen die Bolschewiki die Kontrolle über Zentralasien. Afghanistan hingegen wurde 1919 unabhängig und bildete einen Puffer zwischen britischen und sowjetischen Interessen. Für die Völkerschaften Zentralasiens begann damit eine Epoche, deren Nachwirkungen und Nachwehen bis heute anhalten. Sie wurden in die bolschewistische Moderne katapultiert. Repressionen und Unterdrückung gingen einher mit Modernisierungsschüben. Ähnlich wie die Reformer Mustafa Kemal Atatürk in der Türkei oder Mohammad Reza Schah Pahlavi im Iran setzten sich die Sowjets in Zentralasien zum Ziel, eine neue Weltanschauung in einer traditionalistisch und muslimisch geprägten Region zu verankern. Zunächst wurden Nationen auf der Basis der existierenden Stämme und Völkerschaften geschaffen. Es entstanden die bekannten fünf »Sozialistischen Sowjetrepubliken« Kasachstan, Kirgistan (Kirgisien), Tadschikistan, Turkmenistan und Usbekistan. In einem nächsten Schritt wurden die Völker Zentralasiens in den Prozess der Schaffung des »sowjetischen Volkes« integriert; entstehen sollte der »Sowjetmensch«. Städte und Orte wurden umbenannt. Aus Bischkek wurde Frunse (benannt nach dem sowjetischen Heerführer Michail Frunse), aus Duschanbe Stalinabad, aus Chudschand Leninabad usw. Kernelemente der Sowjetisierung waren die russische Sprache und die kommunistische Ideologie. Im Rahmen der Modernisierungs- und Industrialisierungsmaßnahmen entstanden zahlreiche neue Wirtschaftsstandorte, Wissenschaftszentren, Universitäten und Hochschulen. Teil der Einführung einer einheitlichen sowjetischen Planwirtschaft war auch die großangelegte Umsiedlung hochqualifizierten, vor allem russischen Personals, die die Entwicklung lokaler Fachkräfte unterstützen sollte. Auch die archäologische Erforschung Zentralasiens schritt voran. Zwar hatte es schon in der Zarenzeit wissenschaftliche Expeditionen gegeben, doch die Sowjets begannen mit langfristig angelegten Forschungen. Immer neue archäologische Fundorte wurden erschlossen, die Auskunft über die jahrtausendealte Kultur der Region gaben. Die Sowjetunion hat ohne Zweifel einen enormen Fortschritt nach Zentralasien gebracht. Viele zentralasiatische Völker wurden erst unter der Sowjetherrschaft umfassend alphabetisiert.

Der Schock, den die Muslime Zentralasiens durch die Überlegenheit des Russischen Reichs und der Sowjetunion bei der Entwicklung der Wirtschaft, Wissenschaft und Kultur erlebten, sucht seinesgleichen. Große Teile der Infrastruktur, die man heute in Zentralasien vorfindet, gehen auf Straßenbau und Elektrifizierungsprojekte der Sowjetjahre zurück. Vier Jahre bevor die Sowjets 1917 die Macht übernahmen, hatten in Chiwa, im heutigen Usbekistan, noch Sklavenmärkte stattgefunden. Kasachstan war ein reines Nomadenland gewesen. Zu sowjetischen Zeiten wurde in Zentralasien die Erdölförderung aufgenommen, es entwickelte sich eine erdölverarbeitende Industrie, die ersten Steinkohletagebaue entstanden. In den 1960er Jahren gab es in Zentralasien kaum noch Dörfer ohne Stromversorgung. Schaut man heute aus Zentralasien gen Süden, ahnt man, dass ohne die einstige Herrschaft der Sowjets möglicherweise ähnliche Verhältnisse in Zentralasien existieren würden wie in Afghanistan.

Ethnische Konflikte

Ende der 1980er Jahre waren die nationalen Eliten Zentralasiens gespalten. Viele von ihnen suchten keine Unabhängigkeit von der UdSSR und trauerten auch nach 1991 der Sowjetunion nach. Bei anderen handelte es sich um traditionsbedachte Nationalisten. Diese Spaltung überlagerte für einige Zeit ethnisches Konfliktpotenzial, eliminierte es aber nicht. Schon 1989 kam es im usbekischen Teil des Fergana-Tals zu militanten Protestaktionen der usbekischen Bevölkerung gegen Juden sowie gegen die Minderheit der Mescheten. Die türkischsprachigen Mescheten, die unter

Stalin aus Südgeorgien hierher deportiert worden waren, wurden vollständig aus Usbekistan vertrieben. 1990 führten im kirgisischen Teil des Fergana-Tals Zusammenstöße nationalistischer Kirgisen mit Usbeken zu Hunderten Todesopfern. Das Gemetzel konnte erst durch aus Moskau entsandte Truppen gestoppt werden. 2010 kam es dort erneut zu Auseinandersetzungen zwischen beiden Volksgruppen. Es starben fast 500 Menschen. Die meisten Opfer in Zentralasien forderte nach Untergang der Sowjetunion der Bürgerkrieg in Tadschikistan. Das Land war hauptsächlich zwischen säkularen und religiösen Ideologien gespalten, doch wurden auf Seiten der Islamisten im Kampf gegen tadschikische, russische und usbekische Streitkräfte auch ethnonationalistische Argumente verwendet.

Bis heute gärt es in Zentralasien immer wieder zwischen den verschiedenen Völkerschaften. Der Einfluss ethnischer und religiöser Faktoren wird auch in den kommenden Jahren Schlüsselelement der Entwicklungen bleiben. 2018 breitet sich allerdings Hoffnung aus. Nach dem Machtwechsel in Usbekistan vom verstorbenen Präsidenten Karimow zum neuen Präsidenten Mirsijojew verschwinden zumindest staatlich geförderte Feindschaften. Bislang gab es Visa-Schranken und strenge Grenzkontrollen zwischen einzelnen Staaten der Region. Eine Charme-Offensive des usbekischen Präsidenten lässt darauf hoffen, dass sie bald der Vergangenheit angehören.

»Homo Sovieticus«

Die Generation in den zentralasiatischen Staaten, die während der Sowjetzeit geboren wurde, ist bis heute von den guten wie schlechten Erfahrungen der kommunistischen Herrschaft geprägt. Sie gehörten zu den »Sowjetmenschen«. Den Begriff »Homo Sovieticus« erfand der russische Schriftsteller, Logiker und Dissident Alexander Sinowjew (1922–2006). Sein gleichnamiger Roman, in dem Sinowjew den von kommunistischen Ideologen angestrebten »neuen Menschen« beschreibt und der in der UdSSR nicht veröffentlicht werden durfte, erschien 1978 in deutscher Übersetzung und schließlich 1982 auf Russisch in einem Exilverlag. »Sie haben es tatsächlich geschafft, einen neuen Menschen zu züchten«, so Sinowjew. »Aber was für einen? Eine feige, egoistische, verlogene und initiativlose Kreatur – das Gegenteil des Projekts neuer Mensch.«

Um zu erfahren, inwieweit sich die zentralasiatischen Staaten heute, über 25 Jahre nach dem Zusammenbruch der Sowjetunion, noch in der Tradition des einstigen kommunistischen Imperiums sehen, ist ein Blick auf verbliebene Denkmäler von Wladimir Iljitsch Lenin, dem Gründervater der Sowjetunion, hilfreich. Das größte Lenin-Denkmal auf dem Territorium der gesamten früheren UdSSR stand in Taschkent. 40 Meter ragte es auf dem heutigen Platz der Unabhängigkeit gen Himmel. 1991 wurde es abmontiert, nur der Sockel blieb erhalten. Auf dem thront jetzt eine riesige Weltkugel mit den überdimensionierten Umrissen des unabhängigen Usbekistans. Niemand weiß, wohin der bronzene Lenin verschwunden ist. Einige Jahre nach seinem Sturz wurde er in einem Lager aufbewahrt. Dann verlor sich seine Spur. Wahrscheinlich wurde er zerteilt, eingeschmolzen und verkauft. Der Name Lenins verschwand in Usbekistan genauso wie die anderen Namen früherer Sowjethelden. Ähnlich ist es im Nachbarland Turkmenistan. In den anderen drei zentralasiatischen Ländern, in Kasachstan, Kirgistan und Tadschikistan, war man weniger konsequent. Dort wurden nur einige Lenin-Denkmäler geschliffen. Im tadschikischen Teil des Fergana-Tals, in der Stadt Ascht, findet man sogar noch ein vergessenes Stalin-Denkmal. Es dürfte, außerhalb von Museen, das letzte Denkmal des einstigen Sowjetführers auf dem Territorium der früheren UdSSR sein.

Wer in der Sowjetunion aufwuchs, ist trotz unterschiedlichster und oft auch miteinander unvereinbarer sozialer Entwicklung durch viele Bande miteinander verbunden geblieben. Da ist zum einen die Erinnerung an die Stalin-Zeit. Der stalinistische Terror eliminierte Teile der eigenen Völker. Es war unerheblich, ob es sich um Vertreter der alten Gesellschaftselite oder um Anhänger des Bolschewismus handelte. In den Gefängnissen und Gulags der Sowjetunion starben unter unvorstellbaren Bedingungen Arbeiter, Bauern, Intellektuelle, Soldaten und Offiziere der Roten Armee, bolschewistische Führer und schließlich selbst treueste Henker des Systems. Als Stalin am 5. März 1953 starb, hinterließ er ein anderes Land. Insgesamt hatten Zwangskollektivierung, Hungerkatastrophen und Polizeiterror bis zu 20 Millionen Menschen das Leben gekostet. 18 Millionen Menschen hatten die Lager des Gulag durchlaufen. Weitere sechs Millionen waren verbannt worden. In Taschkent erinnert seit 2002 ein Museum an die Opfer sowjetischer Repressionspolitik. Es ist das einzige seiner Art in ganz Zentralasien.

Verbunden fühlt sich die Generation »Sowjetmensch« fernerhin durch den Großen Vaterländischen Krieg. So lautet die übliche Bezeichnung für den Zweiten Weltkrieg ab 1941. Er gehört zu den historischen Ereignissen, aus denen die Sowjetunion Selbstbewusstsein und Patriotismus schöpfte. Heute vereint der 9. Mai, der »Tag des Sieges über den Hitlerfaschismus«, Russland nach wie vor mit anderen vormaligen Sowjetrepubliken. Auch wenn der Tag in den zentralasiatischen Republiken nicht, wie in Russland, mit Militärparaden begangen wird, ist er ein Tag kollektiven Stolzes geblieben. In allen zentralasiatischen Hauptstädten erinnern »ewige Flammen« an die Opfer des Krieges.

Auch ein Ereignis aus der letzten Epoche der Sowjetunion verbindet die ehemaligen Sowjetbürger: der Afghanistan-Krieg. Zwischen 1979 und 1989 verloren 15 000 sowjetische Soldaten in Afghanistan ihr Leben, unter ihnen über 2000 aus Zentralasien. Die Jungen waren im Kampf gegen die von den USA mit Geld und Waffen ausgestatteten Mudschaheddin, aus denen später die Taliban hervorgingen, gefallen.

Neben Stalin und Afghanistan, kommunistischer Ideologie und Krieg, sind die Menschen, die heute in den Nachfolgerepubliken der Sowjetunion leben, aber auch durch Gewohnheiten und Erinnerungen aus den Nischen der Sowjetdiktatur miteinander verbunden geblieben. Von der Ukraine bis nach Kirgistan hört die »Generation Sowjetmensch« die gleiche Musik, mag die gleichen Filme, pflegt die gleichen Bräuche und versteht die gleichen Witze, wobei sich die sogenannten Radio-Jerewan-Witze nach wie vor besonderer Beliebtheit erfreuen. Bei ihnen stellen interessierte Bürger einer fiktiven Rundfunkstation in Armenien Fragen, die dann scheinbar kompetent beantwortet werden: »Ist es wahr, dass der Kapitalismus am Abgrund steht? Im Prinzip ja, aber der Sozialismus ist schon einen Schritt weiter!« Die Witze blieben bis heute erhalten, teilweise wurden sie unpolitischer, teilweise setzen sie sich mit den Absurditäten in den neuen Republiken auseinander.

Aus dem kollektiven Gedächtnis der früheren Sowjetbürger nicht wegzudenken ist der Liedermacher, Regimekritiker, Schauspieler und Dichter Wladimir Wyssozki. Wyssozki gehörte zum Ensemble des berühmten Moskauer Taganka-Theaters. Bei seinen Livekonzerten lagen ihm die Menschen zu Füßen. Das Regime hatte Angst vor seinen Liedern. Sie waren kritisch, anklagend und melancholisch zugleich. Aber es war eigenartig, selbst sowjetische Funktionäre schienen sie zu lieben. Vor seinen Auftritten standen die Menschen rund um die Uhr, sich gegenseitig ablösend, nach Karten an. Wyssozki galt als einer von ihnen: ein Russe, ein Sowjetmensch und ein kritischer Geist mit unwahrscheinlich viel Seele und Gefühl. 1978 gab er ein Konzert in Buchara, kaum jemand seiner Generation erinnert sich in Usbekistan nicht an dieses Ereignis. Wyssozki starb zwei Jahre später, im Sommer 1980, einen frühen und sehr russischen Tod. Jahrelanger und exzessiver Alkoholgenuss hatten seinem Körper die Kraft genommen. Seine Musik ist bis heute legendär geblieben. Als 2011 der biografische Film »Spasibo schto schiwoi« (Danke für mein Leben) in die Kinos kam, stand die »Generation Wyssozki« an den Kinokassen der früheren Sowjetrepubliken, auch in Zentralasien, noch einmal für ihn Schlange.

Größter Beliebtheit erfreut sich in Zentralasien wie in allen postsowjetischen Staaten die zur Popdiva gewordene sowjetische Schlagersängerin Alla Pugatschowa. Aber auch zentralasiatische Stargruppen bzw. Stars aus sowjetischer Zeit, wie Yalla (Usbekistan) oder Rosa Rymbajewa (Kasachstan), füllen noch heute Säle.

Regelmäßig zum Neujahrstag flimmert in Bischkek, St. Petersburg, Tiflis oder Taschkent »Ironija sudby, ili s legkim parom!« (Die Ironie des Schicksals oder genieße dein Bad!), eine melancholische Filmkomödie von Eldar Rjasanow aus dem Jahre 1975, über die Fernsehbildschirme. Spätestens hier scheinen alljährlich Zentralasiaten, Balten, Russen, Ukrainer, Moldawier und Weißrussen für einen kurzen Moment wieder vereint zu sein. Der Film genießt Kultstatus, seine Handlung aus der Sowjetzeit kennt jedes Kind: Überall in der Sowjetunion ähnelten sich die Plattenbauten, und auch die Anzahl der Kommunisten, nach denen man Straßen benennen konnte, war begrenzt. Die Komödie erzählt die tragikomische Geschichte Jewgenis, der nach Moskau fliegen will, um seiner Freundin Nadja einen Heiratsantrag zu machen. Am Vorabend betrinkt er sich mit Freunden, verwechselt den Flug und landet in Leningrad, wo er schließlich in einer Straße, die den gleichen Namen trägt wie die in Moskau, ankommt. Auch das Haus sieht genauso aus wie das, was er kennt. Nur die Frau ist eine andere.

Vereint fühlt man sich in vielen postsowjetischen Staaten auch durch die Feiertage. Am 23. Februar wurde einst offiziell der »Tag der Sowjetarmee« und inoffiziell der »Männertag« gefeiert. Die Sowjetarmee existiert schon lange nicht mehr, der »Männertag« ist geblieben. Sofern sie sich nicht an das Alkoholverbot des Islams halten, stoßen auch Kasachen, Kirgisen, Tadschiken, Turkmenen und Usbeken an diesem Tag miteinander an. In den muslimisch geprägten Regionen der ehemaligen UdSSR nahm man es mit dem vom Propheten Mohammed verordneten Alkoholverbot lange Zeit nicht allzu ernst. Wodka wird scherzhaft als »weißer Tee« bezeichnet und manchmal auch aus Teekannen eingeschenkt. »Das Wichtigste ist, dass Allah es nicht sieht«, sagen die Männer in den Gaststuben. Die zunehmende Islamisierung der früheren mittelasiatischen Sowjetrepubliken zeigt aber dennoch ihre Wirkung. Junge Leute in Zentralasien trinken heute deutlich weniger Alkohol. Während laut einer Studie der Weltgesundheitsorganisation ein Erwachsener in Deutschland im Jahresdurchschnitt 11,8 Liter und in Russland 11,0 Liter reinen Alkohols zu sich nimmt, sind es in Kasachstan 6,1 Liter, in Kirgistan 3,2 Liter, in Turkmenistan 2,3 Liter, in Usbekistan 1,6 Liter und in Tadschikistan gerade einmal 0,4 Liter. Dafür aber nimmt der Drogenkonsum zu. Die Grenze nach Afghanistan ist nicht weit.

Auch der 8. März, der Internationale Frauentag, hat für die Frauen in den sowjetischen Nachfolgeländern eine besondere Bedeutung. Von Riga bis Taschkent und von Moskau bis nach Aschgabat werden die Frauen beschenkt, in der Regel ruht die Arbeit. Überhaupt ist es mit der Gleichberechtigung der Frauen im Verhältnis zu anderen muslimisch geprägten Weltgegenden recht gut bestellt. Die Vergangenheit wirkt hier nach.

Staaten und Grenzen

Von der Feudalherrschaft in die Sowjetrepubliken

Vor der Sowjetherrschaft gab es in Zentralasien keine Staaten, die auf nationalen Grundlagen aufgebaut waren. Der gesamten islamischen Welt waren Nationalstaaten fremd. Die islamisch geprägten Herrschaftsformen waren mehrheitlich auf der Basis einer islamischen Gemeinschaft bzw. auf einer Synthese von Islam und verschiedensten Stammesverbänden oder Clans errichtet worden. Die Lage änderte sich grundlegend, nachdem viele Staaten der muslimischen Welt im 19. Jahrhundert zu Kolonien wurden oder in eine direkte politische Abhängigkeit von den Staaten Europas gerieten. Zentralasien war zum Zeitpunkt des Zerfalls des Russischen Reichs in mehrere territoriale Einheiten untergliedert. Die Gebiete, die sich unter unmittelbarer russischer Verwaltung befanden, gehörten seit 1867 zum Generalgouvernement Turkestan. Zudem existierten in Zentralasien zwei von Russland abhängige Vasallenstaaten: das Emirat von Buchara und das Khanat Chiwa, in denen sich eine mittelalterliche Lebensordnung erhalten hatte. Im ausgehenden 19. Jahrhundert galt Zentralasien als kaum erforschter »weißer Flecken« auf der Landkarte einer sich damals zunehmend vernetzenden Welt.

Der Beginn der Sowjetherrschaft in Zentralasien verlief stockend. Die russische Februarrevolution von 1917 hatte auch auf Zentralasien ausgestrahlt und zu Autonomiebestrebungen der dort lebenden Völkerschaften geführt. Die Bolschewisten spürten intuitiv, dass sie die muslimischen Völker nur unter ihren Einfluss bekommen konnten, wenn sie deren ethnischen Rivalitäten für sich nutzen und die neuen Grenzen entsprechend zogen. Andererseits hatten die Sowjets wenig Ahnung von der Realität in Zentralasien und der islamischen Welt. Bei den Amerikanern war das Jahrzehnte später nicht anders.

Die Bolschewisten hatten zunächst große Probleme, die Hoheit in Zentralasien zu erringen. An mehreren Fronten gab es Widerstand. Zwischen 1918 und 1920 tobte ein Bürgerkrieg. Die sogenannten Weißgardisten, die politisch die unterschiedlichsten Kräfte vereinten und an diesen Gegensätzen letztlich auch zerbrachen, kämpften überall auf dem Territorium des ehemaligen Zarenreiches gegen die Bolschewisten. In Zentralasien wurden die »Weißen« durch die Turkestanische Militärorganisation, die Turkestanische Armee und die Christliche Armee Fergana unterstützt. Regelmäßig brachen Revolten in der Region aus, die vor allem auf das Konto der zentralasiatischen Basmatschen gingen: nationalistische Aufständige, die sich während des Ersten Weltkrieges gegen die allgemeine Mobilmachung gewehrt hatten. Die Basmatschen standen nach der Oktoberrevolution zwischen den Fronten. Sie kämpften sowohl gegen die »Roten« wie auch gegen die »Weißen«. Seite an Seite mit panturkischen Kräften, islamischen Reform-Dschadiden und der traditionalistischen sunnitischen Geistlichkeit erwiesen sie sich dennoch als die gefährlichsten Gegner der Bolschewisten. Eine weitere Gefahr erwuchs für die Sowjets aus der früheren Rivalität des Zarenreiches mit Großbritannien. Von 1917 bis 1920 existierte auf den Gebieten des heutigen Kasachstans und Kirgistans der Alasch-Orda-Staat, der von den Briten unterstützt wurde. Er stellte den bolschewistischen Herrschaftsanspruch ebenso infrage wie die im November 1917 proklamierte Autonomie im einstigen Khanat von Kokand, die bis 1918 Bestand hatte. Die Briten stellten enge Beziehungen zu einflussreichen islamischen Gruppen Zentralasiens her, die den Ideen des Panislamismus und der Abtrennung Turkestans von Russland anhingen.

Doch auch die örtliche Geistlichkeit, die traditionellen Eliten im Emirat von Buchara und im Khanat Chiwa, die Stammesoberschicht, eine durch den Baumwollanbau reich gewordene Bourgeoisie und russische Monarchisten, wollten ihre Machtstellung nicht so einfach aufgeben. Erst nach und nach setzte sich die Sowjetmacht durch. Sie schlug die verbliebenen Truppen des Emirats von Buchara und des Khanats Chiwa genauso nieder wie die »Weiße Bewegung« und die Basmatschen.

Die anstehende Machtkonsolidierung konnten die Bolschewisten nicht allein mit Gewalt und militärischer Stärke sicherstellen. Es waren Reformen erforderlich, die die Region so grundlegend veränderten, dass man ideologischen Gegnern ihre Grundlage entziehen würde. Ein Weg zur Lösung des Problems war die Festlegung neuer Grenzen.

Die Neustrukturierung Zentralasiens

In einer ersten Etappe der Stabilisierung ihrer Macht gründeten die Bolschewiki im April 1918 die Autonome Sozialistische Sowjetrepublik Turkestan, die verwaltungstechnisch zur Russischen Sozialistischen Föderativen Sowjetrepublik (RSFSR) gehörte. Die Hauptstadt von Turkestan war Taschkent. Die Macht lag in den

Händen der jungen Kommunistischen Partei Turkestans. Die neue Sowjetrepublik Turkestan behielt die administrative Gliederung der alten zaristischen Region bei und war in fünf Gebiete untergliedert: Transkaspien, Samarkand, Semiretschje, Syrdarja und Fergana. Anstelle des Emirats Buchara und des Khanats Chiwa entstanden 1920 die sogenannten Volksrepubliken Buchara und Choresmien, die nach und nach unter Moskauer Kuratel gerieten. Choresmien wurde 1923 in Choresmische Sozialistische Sowjetrepublik und Buchara 1924 in Sozialistische Sowjetrepublik Buchara umbenannt. 1925 wurden aber beide wieder aufgelöst.

1920, nach dem Ende der von den Briten unterstützten Autonomiebestrebungen des Alasch-Orda-Staates, wurde die Kirgisische Autonome Sozialistische Sowjetrepublik gegründet, die auch große Teile des heutigen Kasachstans umfasste. Das Wort »kirgisisch« wurde zunächst im offiziellen russischen Sprachgebrauch sowohl für Kasachen als auch für Kirgisen verwendet. Kasachen bezeichnete man als »Kirgisen« und Kirgisen als »Schwarz-Kirgisen«. Erst ab Mitte der 1920er Jahre wurde im Russischen die Selbstbezeichnung der Kasachen »Qasaq« eingeführt und die Vorsilbe »Kara« (»Schwarz«) für die Benennung der Kirgisen gestrichen.

In einer zweiten Etappe kam es zu einer grundlegenden Neustrukturierung Zentralasiens. Zunächst wurden 1924 die Usbekische und die Turkmenische Sozialistische Sowjetrepublik geschaffen. Sie entstanden jeweils aus Territorien der Gebiete der einstigen Volksrepubliken Buchara und Choresmien sowie der Autonomen Sozialistischen Sowjetrepublik Turkestan. Die Tadschikische Autonome Sozialistische Sowjetrepublik, gleichfalls 1924 gegründet, gehörte bis 1929 zur Usbekischen Sozialistischen Sowjetrepublik. Dann wurde sie auf Beschluss Moskaus zur »vollwertigen« Sowjetrepublik. Zu ihr gehörten nun Teile des ehemaligen Emirats von Buchara und des Khanats von Kokand. Zur Hauptstadt wurde die kleine Siedlung Duschanbe, das zwischen 1929 und 1961 Stalinabad hieß, erklärt.

Sowjetrepubliken (SSR) waren innerhalb des Staatenverbundes der UdSSR die Verwaltungseinheiten mit den meisten Rechten. De jure verfügten sie sogar über das verfassungsmäßige Recht, die Union zu verlassen, was aber bis in die Perestroika-Jahre hinein nur eine theoretische Möglichkeit war. Seit 1956 bestand die UdSSR aus 15 sogenannten Sowjetrepubliken. Besagten Status hatten neben den heutigen zentralasiatischen Staaten Russland, Estland, Lettland, Litauen, die Ukraine, Weißrussland, Moldawien, Georgien, Armenien und Aserbaidschan.

1925 wurde die Kirgisische ASSR in Kasachische ASSR umbenannt. Die Hauptstadt wurde erst nach Kysyl-Orda (1925) und anschließend nach Alma-Ata (1929) verlegt. Das Gebiet der Karakalpaken gehörte zwischen 1930 und 1936 zur Kasachischen ASSR, dann wurde es der Usbekischen SSR angegliedert. Es gehört bis heute zu Usbekistan. 1936 wurde aus Gebieten des früheren Khanats Kokand die Kirgisische SSR mit der Hauptstadt Frunse (Bischkek) gebildet. 1936 erhielt die Kasachische ASSR den Status einer Sowjetrepublik. Damit war die Verwaltungsgliederung in Zentralasien abgeschlossen. Unter die sowjetische Begriffsbezeichnung Mittelasien fielen seitdem die Usbekische SSR, die Kirgisische SSR, die Tadschikische SSR und die Turkmenische SSR. Die Kasachische SSR, die zu einem kleinen Teil auf europäischem Territorium lag, wurde gesondert genannt. So wurde für die Gesamtregion die allgemeine Bezeichnung »Republiken Mittelasiens und Kasachstan« üblich.

In Usbekistan befinden sich die bedeutendsten kulturellen Zentren Zentralasiens – Taschkent, Samarkand, Buchara, Chiwa und Kokand. Die Usbekische SSR war mit 6,3 Millionen Bewohnern (nach Angaben von 1939) zugleich die am dichtesten besiedelte Republik der Region. Die Kasachische SSR hingegen war nach der Russischen Sozialistischen Sowjetrepublik die flächenmäßig größte Republik der UdSSR. Sie umfasste 2,7 Millionen Quadratkilometer.

Die Bolschewisten beseitigten durch die neuen Grenzziehungen die Überreste mittelalterlicher Staatsgebilde und zunehmend auch das Nomadentum. Die Politik der ethnischen Grenzziehung sorgte allerdings auch für eine Reihe neuer Konflikte, die aus dem erwachenden Nationalismus der Eliten der geschaffenen Sowjetrepubliken erwuchsen. Unter Stalin rückte dann die bewusste Schaffung potenzieller Unruheherde in den Vordergrund. Vor allem die Aufteilung des multiethnischen Fergana-Tals unter den Republiken Kirgistan, Tadschikistan und Usbekistan sollte die Möglichkeit eröffnen, die Völker Zentralasiens im Falle einer antisowjetischen Stimmung gegeneinander auszuspielen. Die ersten Exklaven und Enklaven, die zum Teil bis heute noch existieren und Unruheherde bilden, entstanden. Usbekische Ortschaften wurden willkürlich der Kirgisischen SSR zugeschlagen, und Enklaven mit überwiegend tadschikischen Einwohnern lagen fortan in Usbekistan, ohne eine Landverbindung zum kulturell entfernten Mutterland zu haben. Ähnliche Strategien verfolgte Stalin auch im Kaukasus.

Planwirtschaftliche Aufgabenverteilung

In den Jahren nach Stalins Tod kam es in Zentralasien zu kleineren Grenzverschiebungen bei Enklaven im Fergana-Tal. Außerdem wurde 1960 der kasachisch-usbekische Grenzbezirk Bostanlyk aus Kasachstan ausgegliedert und Usbekistan zugeschlagen. Derartige Entscheidungen wurden ausschließlich in Moskau getroffen und waren oft nur in schwammigen Verträgen geregelt.

Die Ziehung der sowjetischen Verwaltungsgrenzen führte zur Schaffung zweier großer Planwirtschaftsräume. Die Kasachische SSR wurde aufgrund ihrer Größe zu einem eigenen »Kasachischen Wirtschaftsraum« deklariert. Die nun sesshaft gemachten ehemaligen Steppennomaden erschlossen Kasachstan für die Getreideproduktion. Die Sowjetrepublik war im Verbund der UdSSR einer der größten Lieferanten von Wolle, Fleisch und Getreide. Sie pumpte außerdem Gas und Öl in die anderen Republiken.

Bis heute anhaltende ökologische Auswirkungen hat die damalige Nutzung des Gebietes um Semipalatinsk. Der Ort, 400 Kilometer östlich von Astana gelegen, war ein streng geheimes Atomwaffentestgelände der Sowjets. Heute ist es zwar noch Sperrgebiet, doch der Zugang ist ziemlich unkontrolliert möglich. Viele Menschen in der Gegend leiden an Krankheiten, die auf die atomare Verseuchung der Sowjet-Ära zurückzuführen sind.

Die südlich von Kasachstan gelegenen Sowjetrepubliken Kirgistan, Tadschikistan, Turkmenistan und Usbekistan wurden zum »Mittelasiatischen Wirtschaftsraum« zusammengefasst. Es existierte eine enge Verflechtung der Verkehrswege sowie bei der Wasserverteilung und Energieversorgung. In der Turkmenischen SSR wurden Öl und Gas gefördert, die Tadschikische und Kirgisische SSR lieferten Wasser und Energie durch Wasserkraft. Die Landwirtschaft in Usbekistan und Turkmenistan entwickelte sich weiter zur Monokultur. Die Sowjetrepubliken mussten trotz Wassermangels wie schon im Zarenreich Baumwolle produzieren und die entsprechenden Plansolls erfüllen.

Das Ende der Sowjetunion

1989 war die wirtschaftliche und soziale Lage in der Sowjetunion bis zum Äußersten angespannt. In Sibirien streikten Bergarbeiter für die Zuteilung von einem Stück Seife in der Woche. Gorbatschows Perestroika-Politik war in einem Sumpf von Korruption steckengeblieben. Von den marktwirtschaftlichen Reformen des 1985 an die Macht gekommenen Kremlchefs schienen lediglich kriminelle Funktionäre und Schwarzhändler zu profitieren. Sie kontrollierten die Verteilung des dürftigen Warenangebots, das die sowjetische Plan- und Misswirtschaft und das Chaos der begonnenen Umgestaltung übriggelassen hatten. Der Zerfallsprozess der Sowjetunion setzte ein. Die KPdSU musste im Januar 1990 ihr Machtmonopol aufgeben. Im Frühjahr 1990 proklamierten die baltischen Sowjetrepubliken ihre Unabhängigkeit. Zwar nannte sich Gorbatschow seit dem März 1990 Präsident der Sowjetunion, ein Amt, das es vorher nicht gab, doch er war Präsident eines Staates in Auflösung. Im April 1990 beschloss der Kongress der Volksdeputierten der Russischen Sozialistischen Föderativen Sowjetrepublik (RSFSR), also der größten und wichtigsten Teilrepublik der UdSSR, die Souveränität Russlands über seine natürlichen Ressourcen sowie den Vorrang von russischem über sowjetisches Recht. Einen Monat später wurde der als Radikalreformer geltende Boris Jelzin, einst Zögling Michail Gorbatschows, Vorsitzender des Obersten Sowjets der RSFSR und damit zum wichtigsten Gegenspieler Gorbatschows. Es folgte am 12. Juni 1990 die Souveränitätserklärung Russlands. Nur die Sowjetrepubliken Kasachstan, Kirgistan, Usbekistan, Tadschikistan und Turkmenistan schwiegen noch, ansonsten befand sich die Union in Auflösung. Gorbatschow versuchte mit aller Kraft, zumindest einen neuen Unionsvertrag zustande zu bekommen, der die auseinanderbrechende Gemeinschaft dadurch retten sollte, dass die Teilrepubliken mehr Autonomie erhielten. Zeitgleich versagte die zentralistische Planwirtschaft endgültig. Im Juli 1990 musste ein sozialistisches Heiligtum, der Brotpreis, angetastet werden. Er stieg, begleitet von Massenprotesten, um 100 Prozent. Auch in Zentralasien kam es zu größeren Unmutsbekundungen.

Ins kollektive Gedächtnis der Bürger der Sowjetunion prägte sich vor allem der Januar 1991 ein. Es war der Monat, in denen sie de facto enteignet wurden. Walentin Pawlow, von Gorbatschow als neuer Ministerpräsident der Sowjetunion eingesetzt, ließ am Abend des 22. Januar 1991 bekanntgeben, dass ab 23. Januar 1991, also dem Morgen des kommenden Tages, auf dem Gebiet der gesamten Sowjetunion Banknoten mit einem Nennwert von 50 und 100 Rubel nicht mehr akzeptiert würden. Diese Maßnahme war laut den Behörden gegen »nicht erarbeitete Einkünfte der Bürger, gegen Bestechungs- und Falschgelder« und gegen die Schattenwirtschaft gerichtet und sollte die Inflation eindämmen. Die Bürger der Sowjetunion hatten genau drei Tage Zeit, die weitverbreiteten alten Scheine gegen neue Banknoten umzutauschen. Der Geldumtausch verlief chaotisch, vor den Filialen der Staatlichen Sparkasse (Sberbank) bildeten sich kilometerlange Schlangen, in den zentralasiatischen Städten kam es wie überall in der UdSSR zu Schlägereien. Zudem durften maximal 1000 Rubel in bar umgetauscht werden. Die von Gorbatschow als Präsident abgesegnete sogenannte Pawlow'sche Geldreform führte zur Enteignung weiter Bevölkerungskreise und untergrub das restliche Vertrauen in die Politik der Moskauer Führung endgültig. Sie markierte zugleich den Anfang der tiefsten Krise der Sowjetunion seit Beginn ihres Bestehens.

Gorbatschows Perestroika-Kurs war nun endgültig dabei, sich gegen seinen Erfinder zu wenden. Der erste Mann der Sowjetunion konnte sich nicht mehr gegen seine konservativen Gegenspieler wehren, die sich gemeinsam zu organisieren begannen. Bisherigen Prinzipien zum Trotz segnete er im Januar 1991 sogar die Anwendung militärischer Gewalt im Baltikum ab. Doch die Unabhängigkeit der baltischen Staaten von der Sowjetunion war nicht mehr aufzuhalten, und weitere Republiken sollten folgen. Ein letztes Aufbäumen gegen den Zerfall der UdSSR gab es im Sommer 1991. Am frühen Morgen des 19. August 1991 meldete die amtliche sowjetische Nachrichtenagentur TASS, dass Michail Gorbatschow erkrankt sei. Vizepräsident Gennadi Janajew habe die Amtsgeschäfte übernommen. Es handelte sich um einen dilettantisch organisierten Putsch orthodox-kommunistischer Kräfte. Sie setzten Gorbatschow, der sich gemeinsam mit Frau und Tochter in seiner Urlaubs-Datscha auf der Krim aufhielt, dort unter Hausarrest. Janajew und weitere Verschwörer, darunter der sowjetische Innenminister, der Verteidigungsminister und der KGB-Chef, verhängten den Ausnahmezustand und bildeten ein Notstandskomitee, das die Macht übernahm. Von Minsk bis Duschanbe waren auf allen Kanälen des sowjetischen Fernsehens nur noch Aufführungen von Tschaikowskis Ballett

»Schwanensee« zu sehen. Doch die Putschisten hatten sich verkalkuliert. In Zentralasien blieb es relativ ruhig, aber in Moskau und Leningrad kam es zu Massendemonstrationen. Soldaten und Offiziere verweigerten der Gruppe um Janajew die Gefolgschaft. Der Einsatz des russischen Präsidenten Jelzin ließ den Umsturzversuch schließlich scheitern. Er kletterte auf einen Panzer vor seinem Amtssitz, dem Moskauer »Weißen Haus«, und rief zum Generalstreik auf. Nach drei Tagen war der Spuk vorbei. Die Putschisten wurden verhaftet, und Gorbatschow konnte nach Moskau zurückkehren. Doch spätestens ab jetzt war er ein Präsident auf Abruf. Boris Jelzin nutzte die Gunst der Stunde, um nach der ganzen Macht zu greifen. Als russischer Präsident übernahm er immer mehr sowjetische Kompetenzen, und er demontierte, wo immer er nur konnte, öffentlich den amtierenden Nochpräsidenten der Sowjetunion. Michail Gorbatschow trat Ende August 1991 als KPdSU-Generalsekretär zurück. Im September erklärten die zentralasiatischen Sowjetrepubliken ihre Unabhängigkeit. Im November 1991 verbot Boris Jelzin die KPdSU für das Gebiet Russlands. Gorbatschow, der immer noch auf einen neuen Unionsvertrag hoffte, musste tatenlos zusehen, wie Boris Jelzin, Leonid Krawtschuk und Stanislaw Schuschkewitsch, die Führer der drei Unionsrepubliken Russland, Ukraine und Weißrussland, am 8. Dezember 1991 in einem weißrussischen Erholungsheim mit der »Erklärung von Beloweschsk« die neue Gemeinschaft Unabhängiger Staaten (GUS) aus der Taufe hoben.

In Zentralasien war der kasachische KP-Chef Nursultan Nasarbajew der Erste, der sich auf die Seite der neuen Gemeinschaft schlug. Zwar ließ er Gorbatschow in dem Glauben, noch an dessen Seite zu stehen, doch in Wahrheit hatte er sich schon gegen ihn entschieden. Gorbatschow führte einen Kampf auf verlorenem Posten. Am 18. Dezember 1991 richtete er einen Brief an die Führungen der verbliebenen Sowjetrepubliken, in dem er vorschlug, die Sowjetunion zwar aufzulösen, aber als Rechtsnachfolger eine zu schaffende »Gemeinschaft europäischer und asiatischer Staaten« zu gründen. Damit wollte er neue überstaatliche Strukturen schaffen und sich selbst das politische Überleben sichern. Doch Jelzin, Krawtschuk und Schuschkewitsch hatten kein Interesse mehr daran. Nasarbajew wussten sie an ihrer Seite. Am 21. Dezember 1991 trafen sie sich mit den Führern acht weiterer Sowjetrepubliken in der kasachischen Hauptstadt Alma-Ata (heutiges Almaty). In einem dort verabschiedeten Dokument hieß es nunmehr offiziell: »Die Aserbaidschanische Republik, die Republik Armenien, die Republik Weißrussland, die Republik Kasachstan, die Republik Kirgistan, die Republik Moldawien, die Russische Föderation, die Republik Tadschikistan, Turkmenistan, die Republik Usbekistan und die Ukraine, geben folgende Erklärung ab: (...) Mit der Schaffung der Gemeinschaft Unabhängiger Staaten hört die Union der Sozialistischen Sowjetrepubliken auf zu existieren.«

Alle Teilrepubliken der Sowjetunion, die den Status einer »Sowjetrepublik« hatten, darunter die zentralasiatischen Staaten, wurden offiziell aus dem Verbund der UdSSR entlassen. Am 24. Dezember 1991 wurde die Russische Föderation Rechtsnachfolger der UdSSR im Sicherheitsrat der Vereinten Nationen. Michail Gorbatschow wandte sich am 25. Dezember 1991 in einer Fernsehansprache letztmals als sowjetischer Präsident an das »Sowjetvolk«, das es nun nicht mehr gab, und verkündete sichtlich betroffen die Auflösung der UdSSR und seinen Rücktritt. Er sagte: »Die Linie der Zerstückelung und Auflösung des Landes hat sich durchgesetzt. (...) Wir sind die Nachkommen einer großen Zivilisation. Und es hängt jetzt von uns allen und von jedem Einzelnen ab, ob diese Zivilisation zu einem neuen und ihr würdigen und zeitgemäßen Leben erwacht. (...) Ich wünsche Ihnen alles Gute.« Am selben Tag um 19.30 Uhr wurde am Kreml die rote Fahne der Sowjetunion eingeholt.

Grenzprobleme im postsowjetischen Zentralasien

Die nun unabhängigen zentralasiatischen Republiken mussten mit den Grenzen leben, die Stalin seit den 1920er Jahren gezogen hatte. Die damit verbundenen Probleme waren vielfältig. Bis 1991 waren die Grenzen zwischen den Sowjetrepubliken vergleichsweise unwichtig, da es sich bei den Sowjetrepubliken um keine selbstständigen Nationalstaaten handelte. Nun aber funktionierte die von Moskau fest geregelte Arbeitsteilung nicht mehr. Besonders Wasser- und Energiefragen wurden zu einem grenzüberschreitenden Problem in Zentralasien. Nach 1991 kam der grenzübergreifende Verkehr und Warenaustausch in der Region fast zum Erliegen. Außerdem wurde es notwendig, die vorher manchmal informell von Moskau festgelegte Grenzziehung endgültig festzuschreiben. Am stabilsten waren die Grenzen des unabhängigen Turkmenistans. Die Südgrenze des Landes resultierte noch aus Verträgen zwischen dem Zarenreich bzw. der Sowjetunion mit dem Iran und Afghanistan. 2000 und 2001 konnten die Grenzen zu Usbekistan und Kasachstan in bilateralen Verträgen bestätigt werden. Nur die turkmenische Seegrenze im Kaspischen Meer bleibt umstritten, die verschiedenen Anliegerstaaten streiten bis heute um die Nutzung der dortigen natürlichen Ressourcen.

Umstritten blieb bis 2001 die Außengrenze Tadschikistans zu China. Dann traten die Tadschiken ein Gebiet von 900 Quadratkilometern an China ab. Die Verläufe der Außengrenzen Tadschikistans und Usbekistans zu Afghanistan sind unumstritten, allerdings ist die tadschikisch-afghanische Grenze heute weitgehend ungesichert. Usbekistan hingegen hat seine Grenze zu Afghanistan vermint.

Um die Grenzen zwischen Kasachstan und Kirgistan gab es kaum Streitigkeiten. Die beiden Republiken erkannten die sowjetische Grenzziehung ohne Wenn und Aber an. Auch bei der Festlegung der Grenzen zwischen Kasachstan und Usbekistan behielt man in den 1990er Jahren den Status quo aus Sowjetzeiten vorerst bei. 1999 kam es in Taschkent zu Anschlägen islamistischer Gruppen auf Regierungsgebäude. Danach rückten Grenzziehungs- und -sicherungsfragen verstärkt in den Fokus der usbekischen Administration. Taschkent baute die Grenzanlagen zu Kasachstan massiv aus. Die kasachische Regierung warf den Usbeken daraufhin vor, sich unerlaubt Land anzueignen. Ebenfalls forderte Kasachstan die Usbeken dazu auf, den Bezirk Bostanlyk, der bis 1960 zur Kasachischen SSR gehört hatte, an Kasachstan zurückzugeben. Es brauchte mehr als zehn Jahre zäher Verhandlungen, bis 2015 der kasachisch-usbekische Grenzverlauf einvernehmlich festgelegt werden konnte.

Zwischen Usbekistan und Kirgistan war der Grenzverlauf auf dem Berg Ungar-Too Schauplatz von erbitterten Streitigkeiten. 2013 versuchte Usbekistan, das den Berg für sich beansprucht, ihn durch die Schaffung eines Grenzpostens unter Kontrolle zu bringen. Dies misslang jedoch, da sich die kirgisische Seite, die auf dem Berg eine Fernmeldestation unterhält, erbittert widersetzte. Einen erneuten Versuch, das Gebiet in Beschlag zu nehmen, gab es 2015. Ein usbekischer Hubschrauber setzte Soldaten auf dem Ungar-Too ab, die kirgisische Mitarbeiter der Funkstation festnahmen. Der normale Grenzverkehr an Übergängen zwischen Usbekistan und Kirgistan kam in diesen Tagen komplett zum Erliegen. Erst nach Wochen beruhigte sich die Lage wieder, die Kirgisen kamen frei. Seitdem gilt der Status quo.

Offiziell unumstritten ist der Grenzverlauf zwischen Karakalpakstan im Westen Usbekistans und dem nördlich davon gelegenen Kasachstan. Allerdings hat die usbekische Führung ein waches Auge auf die Region, da sich viele Karakalpaken wohl den Anschluss an Kasachstan wünschen, dem sie sich ethnisch und kulturell verbunden fühlen.

Exklaven und Enklaven

Vor allem das Dreiländereck Fergana-Tal war und ist immer wieder ein besonderer Streitpunkt zwischen Kirgistan, Tadschikistan und Usbekistan. Hier gab es die meisten zentralasiatischen

Grenzstreitigkeiten, und hier kam es mehrfach zur Anwendung militärischer Gewalt. Aber auch andere Exklaven und Enklaven führten immer wieder zu Auseinandersetzungen. Schochimardon beispielsweise ist eine usbekische Exklave, die in traumhafter Berglandschaft auf kirgisischem Gebiet liegt. Die meisten der ungefähr 6000 Bewohner sind Usbeken. Eine weitere usbekische Exklave ist Sox. Sie wird fast vollständig von ethnischen Tadschiken bewohnt. Bei ihr handelt es sich mit ca. 70 000 Einwohnern um die bevölkerungsreichste Exklave in Zentralasien. Bis 1955 war sie mit der Usbekischen SSR verbunden, dann änderte Moskau den Grenzverlauf zwischen der Usbekischen und der Kirgisischen Sowjetrepublik. Kirgistan behauptet, dass das Gebiet damals nur an Usbekistan verpachtet wurde und eines Tages dem rechtmäßigen Besitzer – Kirgistan – zurückgegeben werden muss. Zwei weitere kleine usbekische Exklaven in Kirgistan sind Chong-Kara und Jangail.

Ende der 1990er Jahre begann Usbekistan damit, Teile seiner Grenzen im Fergana-Tal als Reaktion auf den erstarkenden Islamismus zu verminen. Bis heute ist ein Viertel der Grenzverläufe im Fergana-Tal umstritten. Mit dem neu ins Amt gekommenen usbekischen Präsidenten Mirsijojew zeichnet sich eine Lösung ab. Anfang 2018 trat ein neues Grenzabkommen zwischen Kirgistan und Usbekistan in Kraft.

Zu Kirgistan gehört die Exklave Barak, die von usbekischem Territorium umschlossen ist. Die Mehrheit der Bewohner sind Kirgisen. Barak droht mittlerweile zu veröden, da viele Einwohner wegziehen. Es gibt kaum noch Erwerbsmöglichkeiten.

Tadschikistan kontrolliert die Exklaven Sarwan und Woruch, die von usbekischem bzw. kirgisischem Staatsgebiet umschlossen werden. Woruch liegt am Zusammenfluss zweier Flüsse, die für die Wasserversorgung des Fergana-Tals wichtig sind. 1959 machten die Sowjets Woruch zur Enklave innerhalb der Kirgisischen SSR. Tadschikistan bezieht sich aber auf sowjetische Verwaltungskarten aus den 1920er Jahren und erkennt den sowjetischen Verwaltungsakt von 1959 nicht an. Der Konflikt spitzte sich derartig zu, dass es im Januar 2014 zu Schusswechseln zwischen tadschikischen und kirgisischen Grenzsoldaten kam, bei denen Soldaten teils schwer verletzt wurden. Verhandlungen über einen Gebietsaustausch führten bislang zu keinem Ergebnis. Kirgistan hat Woruch mittlerweile weitestgehend isoliert. Eine neu gebaute Verkehrsstraße umgeht das Gebiet. Ein weiterer Streitpunkt zwischen Kirgistan und Tadschikistan ist die kleine tadschikische Exklave Kairagatsch.

Kampf um das Wasser

Eine besondere Rolle bei den postsowjetischen Grenzkonflikten spielen die Themen Wasser, Energie und Verkehr, wobei Wasser das größte Destabilisierungspotenzial hat. Die Hochgebirgsländer Tadschikistan und Kirgistan hätten das Potenzial, die anderen zentralasiatischen Staaten empfindlich zu treffen, indem sie Wasser zeitweilig stauen und nicht an die Unteranlieger der in ihren Bergen entspringenden Flüsse weiterleiten. Bis 1991 regelte Moskau die Wasserverteilung in Zentralasien. Tadschikistan und Kirgistan waren als Hochgebirgsländer für die Erzeugung von Energie durch Wasserkraft zuständig. Zugleich war festgelegt, wann Wasser in welcher Menge gestaut werden durfte und wann es an die Unteranlieger weiterzuleiten war. Schließlich benötigte der Baumwollanbau, vor allem in Usbekistan und in Turkmenistan, große Bewässerungsmengen. Im Gegenzug versorgten Kasachstan, Turkmenistan und Usbekistan die kleineren Republiken Tadschikistan und Kirgistan mit Öl, Gas und Kohle. Seit 1991 sind die zentralasiatischen Staaten selbst für das Treffen solcher Regelungen verantwortlich. 2003 bzw. 2009 kehrten Turkmenistan und Usbekistan der zentralasiatischen Kooperation in Energie- und Wasserfragen den Rücken. Die Öl-, Kohle- und Gaslieferungen nach Tadschikistan und Kirgistan wurden gedrosselt bzw. eingestellt. In Tadschikistan und Kirgistan nahm im Zuge dessen die Nutzung von Wasserkraft zu. Wasser wird für die beiden Länder jetzt zunehmend zur entscheidenden Ware. Beide Staaten vertreten den Standpunkt, dass sie für Öl, Gas und Kohle schließlich auch bezahlen müssten. Die anderen zentralasiatischen Staaten sind nicht bereit, das hinzunehmen. Der verstorbene usbekische Präsident Karimow drohte dem tadschikischen Nachbarn einmal sogar unverhohlen mit Krieg. Eine Lösung ist derzeit noch nicht gefunden, allerdings gibt es Ansätze. Die von Russland ins Leben gerufene Eurasische Wirtschaftsunion plant einen eigenen Energiemarkt und die Neugestaltung des Energieraums. Kirgistan und Kasachstan gehören der Eurasischen Wirtschaftsunion bereits an. Tadschikistan ist Beitrittskandidat. Auch Usbekistan könnte unter Schawkat Mirsijojew bald seine Vorbehalte gegenüber der Eurasischen Union aufgeben.

Verkehrswege

In der Sowjetunion spielten beim Straßen- und Schienenbau die Grenzen zwischen den Sowjetrepubliken keine Rolle, es zählte mehr oder weniger die Wirtschaftlichkeit der Strecken. Da die meisten Bahntrassen in Zentralasien den geografischen Gegebenheiten folgten und damit durch Nachbarrepubliken führten, wurde der Personen- und Güterverkehr in den Jahren nach 1991 äußerst schwierig. In Tadschikistan, Turkmenistan und Kirgistan kam der Eisenbahnverkehr praktisch zum Erliegen. Kasachstan orientierte sich mehr in Richtung Russland, und Usbekistan war damit beschäftigt, neue Verkehrswege zu bauen, damit die eigenen Staatsbürger nicht durch fremde Territorien fahren müssten. Die Straßenführung von Taschkent ins Fergana-Tal wurde verändert, um tadschikisches Gebiet zu meiden. Seit kurzem gibt es auch eine neue Eisenbahnverbindung. Eine veränderte Verkehrsführung verbindet nun auch Taschkent mit Samarkand. Kasachisches Territorium wird gemieden. Besonders stolz ist Usbekistan auf die neue Eisenbahnstrecke Taschkent–Samarkand–Buchara, die den Tourismus beleben und bis nach Urgentsch erweitert werden soll. Doch es gibt auch bilaterale Bemühungen, den Eisenbahnverkehr auszubauen. So planen Turkmenistan und Kasachstan neue Bahnstrecken für den Güterverkehr, und auch Usbekistan und Kirgistan sind 2017 nicht mehr auf Konfrontationskurs. Eine Eisenbahnstrecke soll bald an den Issyk-Kul-See führen.

Sprachen

Die russische Sprache und die Nationalsprachen

Die Sowjetunion war über Jahrzehnte so abgeschottet gewesen, dass für viele Menschen, die vor dem Eisernen Vorhang lebten, alles in der UdSSR einfach »russisch« war. Durch die Russifizierungspolitik der Sowjetunion war die russische Sprache bis 1991 in jedem Winkel des Großreiches präsent. Die Alphabetisierung vieler Völker der Sowjetunion in den 1920er und 1930er Jahren erfolgte mittels der russischen Sprache und nicht mithilfe der einzelnen Nationalsprachen. Russisch war während der Sowjetzeit nicht nur Verkehrs-, sondern auch Amtssprache. Ihre gute Beherrschung war unabdingbar für Karrieren im Staatsdienst oder in der Wissenschaft.

In allen Sowjetrepubliken gab es aber auch Schulen, an denen in den jeweiligen Nationalsprachen unterrichtet wurde. Seit 1924, parallel zur territorialen Neugliederung Zentralasiens, wurden mit dem Karakalpakischen, Kasachischen, Kirgisischen, Tadschikischen, Turkmenischen und Usbekischen erstmals nationale Literatursprachen geschaffen. Bis dahin hatten nur das Tadschikische und das Usbekische eine entwickelte Schrifttradition. Zunächst führten die Sowjets für die zentralasiatischen Sprachen lateinbasierte Schriftsysteme ein. Zwischen 1937 und 1940 wurde dann aber auf das kyrillische Alphabet umgestellt.

An russischsprachigen Schulen war der Unterricht in der jeweiligen Nationalsprache obligatorisch. Von vielen russischstämmigen Kindern wurde die Zweitsprache zwar nicht besonders ernst genommen. Russen, die in der Sowjet-Ära in die Schule gegangen sind und die heute noch in Zentralasien leben, berichten oft, wie sie sich über die Lehrer lustig machten, die ihnen Usbekisch, Tadschikisch, Turkmenisch, Kasachisch oder Kirgisisch beibringen sollten. Damals, so sagen die heute Erwachsenen, waren sie davon ausgegangen, dass die Kenntnis der russischen Sprache ausreicht. Im Ergebnis sprechen Russen, die heute in Zentralasien leben, in der Regel nur Russisch. Niemand hatte früher daran gedacht, dass sich – wie 1991 geschehen – die Zeiten einmal ändern könnten.

Usbekisch, Kasachisch, Kirgisisch und Turkmenisch sind Turksprachen. Hinsichtlich der Sprecherzahl sind Turksprachen die dominierenden Sprachen Zentralasiens. Tadschikisch stammt vom Persischen ab. Die Generation der Usbeken, Kasachen, Tadschiken, Turkmenen und Kirgisen, die noch die sowjetische Schule besucht hat, lernte in der Regel recht ordentlich Russisch. Die Angehörigen der Titularvölker hingegen können sich meist zwei- oder sogar mehrsprachig verständigen.

Nach 1991 wurden die nationalen Sprachen im Zuge der Unabhängigkeit und der Nationalstaatsbildung deutlich aufgewertet und in den Rang von Staatssprachen erhoben. In Kasachstan und Kirgistan ist Russisch zwar neben der Titularsprache eine sogenannte offizielle Sprache geblieben. Ein sinkendes Bildungsniveau großer Teile der Bevölkerung, vor allem in den ländlichen Gebieten, lässt Zweisprachigkeit aber immer seltener werden. In Usbekistan drängte die Regierung seit Beginn der 1990er Jahre im Zuge der Nationalstaatsbildung den Einfluss der russischen Sprache deutlich zurück. Man überlegte zeitweilig sogar, ob man für die usbekische Sprache nicht wieder auf das arabische Alphabet zurückgreifen sollte, das bis zum Beginn der Sowjet-Ära in Zentralasien verwendet worden war. Das geschah dann letztlich aber doch nicht. Im Jahr 1993 wurde beschlossen, mit dem lateinischen Alphabet das kyrillische bis 2010 abzulösen. Doch bis heute benutzen alle Zeitungsverlage kyrillische Buchstaben.

In den Schulen wird dagegen Usbekisch mit dem lateinischen Alphabet gelehrt. Im Ergebnis können junge Leute keine Zeitungen lesen und Eltern ihren Kindern nicht bei den Hausaufgaben helfen.

Auch in Turkmenistan und in Tadschikistan nimmt die Bedeutung der russischen Sprache ab. Mit Russisch als Verständigungssprache wären die Völker Zentralasiens weiterhin Teil einer Gemeinschaft von weltweit etwa 280 Millionen Russischsprechenden geblieben. Doch Jugendliche in Tadschikistan, Turkmenistan, Usbekistan, Kasachstan und Kirgistan verstehen oft kein Russisch mehr. Sie sind seit Jahrzehnten die erste Generation, die nicht mehr zweisprachig aufgewachsen ist. Man spürt es vor Ort, wenn man bei einem jungen Kellner etwas auf Russisch bestellen möchte und nur Achselzucken erntet.

Sprachgeschichtliche Entwicklungen

In Zentralasien findet sich eine große Vielfalt sprachgeschichtlicher Einflüsse. Bereits in den alten religionskundlichen Aufzeichnungen der Avesta wurden verschiedene Stämme der Region beschrieben. Da Zentralasien Handelswege aus Südasien, Westchina, der Mongolei, Persien, dem Nahen Osten, Sibirien und Europas miteinander verband und immer wieder Schauplatz militärischer Durchmärsche und von Kriegen war, gelangten verschiedenste Spracheinflüsse in die Region.

Die ältesten Sprachen Zentralasiens sind die choresmische und die sogdische Sprache, die zur Gruppe der ostiranischen Sprachen gehören. Letzte Spuren der choresmischen Sprache werden auf das 8. Jahrhundert datiert. Die sogdische Sprache indes ist nicht vollständig ausgestorben. Zentralasien, der Lebensraum der Sogdier, gehörte bis zur Eroberung durch Alexander den Großen im 4. Jahrhundert v. Chr. zum Reich der Achämeniden. Zum Ausgang des 1. Jahrtausends v. Chr. verfügten die Sogdier über eine hochentwickelte Zivilisation. Ein einheitliches Territorium gab es nicht. Ihre wichtigsten Stadtstaaten, das heutige Buchara und Samarkand, lagen zwischen den zwei großen Strömen Zentralasiens, dem Oxus und dem Jaxartes. Sogdier galten als erfolgreiche Händler und Unternehmer. Sie gründeten entlang der Seidenstraße Handelssiedlungen, darunter auf dem Gebiet des heutigen Kasachstans sowie Westchinas, was dazu führte, dass die sogdische Sprache eine Art »internationales Kommunikationsmittel« wurde. Es existieren buddhistische und christliche Schriften, die in sogdischer Sprache verfasst worden sind. Die sogdischen Städte wurden im 2. Jahrhundert v. Chr. von Nomadenstämmen überrannt, die sogdische Sprache jedoch nicht gänzlich ausgelöscht. In den Bergen Tadschikistans, am Zufluss des Zarafschan in den Jagnob, blieben bis heute Überreste der sogdischen Sprache in Form der jagnobschen Sprache (Jagnobi) erhalten. Neben Jagnobi ist die ossetische Sprache aus dem Kaukasus die einzige lebende Sprache, die auf die sogdische Sprache zurückgeht.

Auf dem Gebiet des heutigen Turkmenistans war die parthische Sprache, die zur westiranischen Sprachfamilie gehörte, weit verbreitet. Die Parther waren dort vom ersten vorchristlichen bis zum zweiten nachchristlichen Jahrhundert die dominierende Macht.

Der Einfluss der arabischen Sprache auf alle Sprachen der zentralasiatischen Völker ist beachtlich. Zentralasien wurde im 8. Jahrhundert von den Arabern, die den Islam in die Region brachten, erobert. Arabisch war die Sprache der Wissenschaft und der Theologie, was dazu führte, dass es bis heute einen großen arabischen Wortschatz in den modernen Sprachen der Region und vor allem in der usbekischen und tadschikischen Sprache gibt.

Sprachfamilien

Die aktiven Sprachen in Zentralasien gehören heute zur persischen Sprachfamilie sowie zur Familie der Turksprachen. Persische Ursprünge hat die tadschikische Sprache, die nicht nur in Tadschikistan, sondern auch in Teilen Usbekistans, darunter in Samarkand und Buchara, gesprochen wird. Sogar in einigen Gebieten Turkmenistans ist sie verbreitet. Heute haben in Zentralasien aber die zweite Sprachfamilie, die Turksprachen, deutlich mehr Sprachkundige. Turksprachen sind seit dem 11. Jahrhundert in der Region anzutreffen.

Die meist verbreitete Sprache ist Usbekisch, diese Sprache wird auch in Afghanistan von drei Millionen Menschen gesprochen. Unter allen Turksprachen in Zentralasien wurde die bedeutendste Literatur auf Usbekisch verfasst. Es besteht eine enge Verflechtung mit dem Tadschikischen, so dass in einzelnen Bereichen eine Übereinstimmung des Vokabulars von über 50 Prozent zu finden ist. Tadschikische Wörter werden in der usbekischen und usbekische Wörter in der tadschikischen Sprache genutzt. Die gesprochene tadschikische Sprache transformierte sich unter dem Einfluss des Usbekischen, so dass im Tadschikischen heute Wort- und Satzkonstruktionen vorkommen, die in der ihm verwandten persischen Sprache fehlen. Wenn Iraner mit Tadschiken sprechen wollen, müssen sie die geschriebene Sprache verwenden, um einander besser zu verstehen.

Neben dem Usbekischen gehören Kasachisch, Kirgisisch, Turkmenisch und Karakalpakisch zur Familie der in Zentralasien gesprochenen Turksprachen. Karakalpakisch wird in der zu Usbekistan gehörenden Autonomen Republik Karakalpakstan gesprochen. Es ist die Sprache alter Nomadenstämme, die die kasachische Steppe bewohnten. Karakalpakisch ist dem Kasachischen verwandt.

Kasachisch und Kirgisisch ähneln sich hinsichtlich der Grammatik und des Wortschatzes. Kirgisisch verfügt über einen kleineren Kreis an Muttersprachlern als die kasachische Sprache. Zudem gibt es im Kirgisischen starke dialektische Unterschiede, die auf Einflüsse anderer, lokal verbreiteter Turksprachen zurückgehen. Gesprochen wird Kirgisisch in Kirgistan sowie in Teilen Afghanistans, Tadschikistans, Usbekistans und Chinas. Kasachische Sprachträger leben in Kasachstan, aber auch in China, Usbekistan, Russland und der Mongolei. In Kasachstan und Kirgistan gibt es Überlegungen, ein neues von der Türkei mitinitiiertes lateinisches Alphabet einzuführen, welches das kyrillische Alphabet ablösen soll. Das ist bislang jedoch nicht geschehen. Turkmenisch wird in Turkmenistan und zudem noch in Teilen Usbekistans, Afghanistans und des Irans gesprochen. Seit 1993 benutzen die Turkmenen offiziell nicht mehr das kyrillische Alphabet.

Poetische Seelen

Omar Chayyam und die Sufi-Dichter

Die Bewohner Zentralasiens verstehen Poesie als kulturelle Seele ihrer jeweiligen Völker, viele zentralasiatische Dichter hinterließen einen bleibenden Eindruck in der Weltliteratur. Der berühmteste unter ihnen dürfte Rudaki (858 – 941) sein, der als Vater der frühpersischen Dichtkunst gilt. Wahrscheinlich wurde er auf dem Gebiet des heutigen Tadschikistans geboren. Er lebte und arbeitete am Hof der Samaniden. In Europa wurde sein Fabelbuch »Kalila und Dimna« bekannt. Es diente Goethe später als Vorlage für »Reinecke Fuchs«. Nicht weniger verehrt wird in zentralasiatischen Ländern Omar Chayyam (1048 – 1131), der die meiste Zeit seines Lebens in Samarkand verbrachte. Omar Chayyam war nicht nur Dichter, sondern vor allem Mathematiker und Astronom. Der heutige iranische Kalender geht auf seine Berechnungen zurück. In die Annalen der Dichtkunst ging er durch vierzeilige Reime ein, in denen er sich spöttisch mit höfischen Moralvorstellungen auseinandersetzte. Zu Lebzeiten erntete Omar Chayyam allerdings kaum Anerkennung für sein dichterisches Talent. Als 1890 erstmals im Westen Teile seines Werkes ins Englische und später auch ins Deutsche übersetzt wurden, strahlte der Dichterruhm in Omar Chayyams Heimat zurück. Im Westen gibt es eine Vielzahl von Adaptionen seines künstlerischen Werkes. 1956 verfilmte der deutsche Regisseur William Dieterle (1893 – 1952) das Leben Omar Chayyams in »Sturm über Persien«. Der französisch-libanesische Schriftsteller Amin Malouff (geb. 1949) setzte 1988 Omar Chayyam mit seinem Roman »Samarkand«, der auch auf Deutsch erschienen ist, ein bleibendes Denkmal.

Religion hatte in Zentralasien einen großen Einfluss auf die Dichtkunst. Unter Poesie verstanden zentralasiatische Poeten einen »Akt göttlicher Inspiration«. Das Verständnis von Dichtung lehnte sich an jenes der griechischen Antike an.

Dschalaladdin Rumi (1207 – 1273) stammte aus der Region Balch, die heute teilweise zu Afghanistan und teilweise zu Tadschikistan gehört. Der Poet erlangte durch seine Dichtform der Doppelverse (»Masnawi«) Berühmtheit. Die Legende überliefert, dass Rumi, nachdem er den ersten Band von »Masnawi« diktiert habe, in der Morgendämmerung ein Stück Brot zu sich nahm, woraufhin sich das Erscheinen des zweiten Bandes um fünf Jahre verschob. Rumi war Sufi. Ein Derwisch-Orden wurde nach ihm benannt. Die Liebe betrachtete er als die Hauptkraft im gesamten Universum, das für die Sufi ein harmonisches Gesamtwerk darstellt. Der Mensch erreicht diese Harmonie nur, wenn er Allah liebt. Über diese Liebe wird er befähigt, auch alles andere zu lieben, was Allah geschaffen hat. Annemarie Schimmel (1922 – 2003), eine deutsche Islamwissenschaftlerin, die mit dem Friedenspreis des deutschen Buchhandels geehrt wurde und auch in Zentralasien einen guten Ruf genießt, beschrieb 1978 das Leben Rumis in ihrem Buch »Rumi. Ich bin Wind und du bist Feuer«.

Während Goethe und Schiller mit der deutschen oder Puschkin mit der russischen Identität verbunden sind, ist es in Zentralasien mitunter schwierig, nationale Dichter auszumachen. Fallweise schaut man auf dieselben Ursprünge zurück. Mit der Staatenwerdung im Jahre 1991 und dem damit verbundenen Kraftakt, eine nationale Identität und ein Nationalbewusstsein in jedem der fünf zentralasiatischen Staaten zu schaffen, fiel der Poesie eine neue Funktion zu. Sie sollte der Identitätsbildung genauso dienen wie die Nutzbarmachung von Kriegshelden vergangener Epochen für die neuen Nationalgeschichtsschreibungen. Heute gibt es in allen Ländern der Region Dichter, die als Nationaldichter gelten, unabhängig davon, ob Ahnenlinien klar zugeordnet werden können oder nicht. Wichtiger ist, dass sich die jungen Republiken nationale Unterscheidungsmerkmale geben können.

Tadschikische und usbekische Dichter

Für die usbekische und tadschikische Dichtung ist der Sufismus von besonderer Bedeutung. »Ilham« (»Erleuchtung«) wird nach der Lehre des Sufismus nur den Menschen zuteil, die Allah als besonders begabt betrachtet. Der Dichter Alischer Nawoi (1441 – 1501), der in Usbekistan verehrt wird, war Sufi. Nawoi kam in Herat (heutiges Afghanistan) zur Welt und gilt als einer der wichtigsten turksprachigen Dichter. Mit seinem Namen ist die Entwicklung des Tschagataischen, einer alten osttürkischen Sprache, die heute im Usbekischen und im Uigurischen weiterlebt, verbunden. Seine Denkmäler finden sich in Usbekistan nicht nur in jeder Stadt, sogar eine Stadt, »Nawoi« (früher Karmana), wurde 1958 nach ihm benannt. Nawoi, bekannt für Bergbau und Goldabbau, liegt auf halber Strecke zwischen Samarkand und Buchara. »Nawo« bedeutet im Usbekischen »Melodie«. Unter diesem Pseudonym verfasste Nawoi seine Werke auf Tschagataisch. Nawoi schrieb aber auch in persischer Sprache. Hierfür verwandte er dann sein zweites Pseudonym »Fani«. Der Dichter lebte in Herat, am Hof der Timuriden-Herrscher, gehörte dem Sufi-Orden Naqschbandi an und führte ein asketisches Leben. Er war nie verheiratet. Die Ehe, so glaubte er, sei für die Erleuchtung und die Erreichung höherer Ziele hinderlich. In seinen Werken spiegeln sich Ideen sozialer Gerechtigkeit wider. Alischer Nawoi kritisierte Machthaber, die ihre Pflicht gegenüber dem Volk vergaßen, und deren Heuchelei. Er hatte beträchtlichen Einfluss auf die Gesamtentwicklung der Kultur der Timuriden-Ära sowie auf die folgenden Generationen turksprachiger Dichter. Höhepunkt seines Schaffens war »Chamsa« (Fünf), aufgeteilt in fünf einzelne Epen: »Die Verwirrung der Gerechten«, »Laila und Madschnun«, »Farhad und Schirin«, »Sieben Planeten« und »Die Wand von Iskander«. Als Vorlage dienten Nawoi oftmals reale Figuren. So beschrieb er eine Liebesgeschichte zwischen Schah Chosrau II. Parwez (570 – 628), einem der letzten Herrscher im Zweiten Persischen Reich, und dessen Ehefrau Schirin. Schirin war Christin. Obwohl der Zoroastrismus, der damals Staatsreligion war, eine Heirat zwischen verschiedenen Konfessionen eigentlich verbot, nahm der persische König Shirin zur Frau. Nicht weniger berühmt ist Nawois Liebesgedicht »Laila und Madschun«, in dem eine tragische Liebesgeschichte zwischen dem Jungen Qais und Laila beschrieben wird. Eine sowjetische Verfilmung machten »Laila und Maidschun« in der gesamten UdSSR bekannt. Aus dem Film stammt eine Redensart, die auf einen Ausspruch Qais zurückgeht und die der Generation Sowjetmensch bis heute geläufig ist: Was ist Glück? Ein schnelles Reh, das wie der Wind schnell davon läuft, und wir sind nur lahme Jäger.«

Nicht so berühmt wie Nawoi, aber bis heute oft verlegt, viel gelesen und für die usbekische Kulturgeschichte von Bedeutung, ist der Dichter Boborachim Maschrab (1657 – 1711), auch unter dem Namen Schah Maschrab bekannt. Er wurde im Fergana-Tal, unweit der Stadt Namangan, geboren und war ebenfalls Angehöriger eines Sufi-Ordens. Oft schockierte er Zeitgenossen durch Äußerungen, die gegen die etablierten theologischen Lehren des Islams verstießen. Bekanntheit erlangten seine in Versform verfassten Forderungen nach mehr Freiheit. Maschrab bereiste weite Teile Zentralasiens, Indiens und des Nahen Ostens und schuf dabei Werke voll mit beißender Satire. Im nordafghanischen Balch verärgerte er mit seiner Verachtung von Macht und Reichtum den dortigen Herrscher schließlich so sehr, dass dieser den Dichter hinrichten ließ. Einer Legende zufolge überreichte Maschrab dem Henker selbst ein Messer, welches er in seinem

Mantel trug, was bis heute als Zeichen für die Größe und den Mut des Poeten gilt. Maschrabs Werke fanden Eingang in Theaterstücke und Filme. Mark Weil (1952 – 2007), einer der bekanntesten zeitgenössischen Regisseure aus Usbekistan, setzte dem Dichter im Theaterstück »Die Flüge des Maschrab« ein bleibendes Denkmal. So auch dem moderneren usbekischen Dichter Abdulla Kadiri (1894 – 1939), der von der Dschadiden-Bewegung beeinflusst war. Kadiri zählt bis heute zu den am meisten gelesenen usbekischen Schriftstellern. Mark Weil brachte dessen unvollendet gebliebenes Stück »Weißer, weißer schwarzer Storch«, das die unglückliche Liebe eines schwulen Jungen erzählt, 1995 auf die Bühne des Taschkenter Ilchom-Theaters – für das muslimische Usbekistan damals eine Sensation. Nicht weniger sensationell ist, dass das Stück auch heute noch auf dem Spielplan steht.

In Tadschikistan wird Abdur Rahman Dschami (1414 – 1492) als Begründer einer eigenen tadschikischen Dichtkunst betrachtet. Tadschikische und persische Literatur und Poesie haben gemeinsame Wurzeln. Dschami, geboren in der Provinz Chorasan, gelegen im heutigen Iran, lebte und arbeitete in seiner kreativsten Schaffensperiode überwiegend in Herat (Afghanistan), wo er auch verstorben und begraben ist. Auch er war Sufi und in seinen Ansichten und seiner Arbeit von Nawoi beeinflusst. Die Literatur Dschamis wirkt genauso didaktisch wie mystisch, sie wird durchzogen von romantischen Episoden. Am bekanntesten sind die beiden Bände »Haft awrang« (Sieben Throne) und »Bacharistan« (Frühlingsgarten).

Die Dichtung der Sufis, allen voran Omar Chayyam, Nawoi, Maschrab und Dschami, handelt meist von Liebe und Hedonismus. Der Genuss von Wein spielt etwa bei Omar Chayyam eine große Rolle, aber auch religiöser Pessimismus. Dahinter öffnet sich eine Welt der Philosophie, in der Probleme behandelt werden, die Intellektuelle der muslimischen Welt bis heute bewegen: Die zentralasiatischen Sufi-Dichter befassten sich mit der Frage nach dem Sinn des Lebens, der Beziehung zwischen Materialismus und Idealismus sowie der Bedeutung von verschiedenen philosophischen und mystischen Schulen. Auch wenn die Ableitungen der usbekischen und tadschikischen Herkunft manchmal etwas holprig daherkommen, sind die Dichter für die Identitätsfindung Usbekistans und Tadschikistans von herausragender Bedeutung.

Im Russischen Reich und in der Sowjetunion gehörten der tadschikische Dichter Sadriddin Aini (1878 – 1954) und die usbekischen Dichter Mukimi (1850 – 1903), Zakirjon Furkat (1858 – 1909), Hamza Niyazi (1889 – 1929) und Gafur Gulyam (1903 – 1966) zu den »Stars«. Ihre Werke wurden allesamt ins Russische, Aini auch ins Deutsche übersetzt. Gafur Gulyam wirkte zugleich als Literaturübersetzer. Shakespeares »Othello« übertrug er erstmals in die usbekische Sprache.

Unter den bekanntesten Literaten und Dichtern befanden sich auch Frauen. Dschachon-Otin (1745 – 1841), bekannter unter dem Namen Uvaysiy, stammte aus dem Fergana-Tal. Sie ist als »Dichterin der Traurigkeit« in die usbekische Literatur eingegangen. Ein Zentrum von Literatur und Kunst war Kokand (heutiger usbekischer Teil des Fergana-Tals). Um die Schriftstellerin Nadira (1792 – 1842) scharte sich dort ein kleiner Kreis von Dichterinnen, was bemerkenswerter war, da zur damaligen Zeit sowohl das öffentliche als auch das literarische Leben von Männern dominiert war. Nadira aber hatte einen besonderen Status, denn sie war die Hauptfrau des Khans von Kokand. In Nadiras Gedichten spiegeln sich Sufi-Motive wider. In vielen Versen wird auf Geschichten aus der mystischen Poesie sowie auf Gleichnisse aus dem Koran zurückgegriffen. Ihr Leben endete tragisch: Als Nasrullah, von 1827 bis 1860 Emir von Buchara (genannt der Metzger), 1842 in Kokand einfiel, wurde Nadira von religiösen Fanatikern der Verletzung islamischer Normen bezichtigt und zusammen mit ihren beiden Söhnen hingerichtet.

In der sowjetischen Zeit machte sich in Usbekistan die Volksdichterin Sulfiya (1915 – 1996) einen Namen. Bis heute vergibt

Usbekistan einen Sulfiya-Preis an begabte junge Mädchen im Alter von 14 bis 22 Jahren, die zur Entwicklung der Literatur, Kunst und Wissenschaft des Landes beitragen.

Turkmenische, kasachische und kirgisische Literatur

In der turkmenischen Literatur nehmen Kemine (eigentlich Mamedweli, vermutl. 1770 – 1840) sowie Dovletmomed Azady (vermutl. 1695 – 1760) und dessen Sohn Pyragy Magtymguly (1724 – 1807) eine herausragende Rolle ein. Beeinflusst vom Sufismus entwickelte vor allem Magtymguly einen sehr politischen Stil. Sein Schaffen prägte die fehlende Einheit unter den turkmenischen Stämmen. Allerdings blieb auch hier nur ein Teil des künstlerischen Erbes überliefert. Turkmenistan nutzt Magtymguly heute zur nationalen Selbstfindung. Für den gegenwärtigen turkmenischen Präsidenten Gurbanguly Berdimuchamedow ist das Schaffen Magtymgulys ein »wahres Bollwerk des unbeugsamen Willens der Turkmenen«.

Der kasachische Dichter Abai Kunanbajew (1845 – 1904) zählt zu den wichtigsten seines Landes. Er kämpfte gegen die traditionelle kasachische Nomadengesellschaft und für einen kulturellen Anschluss an Russland und Europa. Bekannt wurde der in Semipalatinsk geborene und verstorbene Poet vor allem durch sein Meisterwerk »Schwarze Worte«, ein Band mit belehrenden Überlegungen zur moralischen Erziehung einer kasachischen Nation. Damit spielte er für die Nationenwerdung eine ähnliche Rolle wie Magtymguly in Turkmenistan. Erfolgreich wurden beide, weil sie versuchten, überkommene nomadische Traditionen nicht zu verurteilen, sondern das Erbe ihrer Stämme bzw. Völker in eine moderne Zeit zu überführen. Kunanbajews Werke nutzten die musikalischen und poetischen Traditionen der Kasachen, zu denen die Improvisationskunst gehört. Die Musik der Nomaden, die bis heute zu hören ist, besteht aus reiner Improvisation. Ein »Akyn« (Dichter) begleitet sich selbst auf der Dombra, einem zweisaitigen Zupfinstrument, das sich in ganz Zentralasien großer Beliebtheit erfreut. Die dichterische und musikalische Improvisationskunst ist heute Teil des immateriellen UNESCO- Weltkulturerbes.

Kirgistans Kulturgeschichte ist eng verwoben mit dem Volksepos »Manas«, das von einem mythischen kirgisischen Volkshelden und dessen Nachfahren handelt. Die epische Erzählung ist zwischen dem 9. und 11. Jahrhundert entstanden. Über Jahrhunderte hinweg wurde sie durch sogenannte Manastschi mündlich überliefert. Der deutsche Ethnologe und Sprachwissenschaftler Wilhelm Radloff (1837 – 1918), der als Begründer der wissenschaftlichen Turkstudien gilt, übersetzte und veröffentlichte das Epos erstmals 1885. Radloff gehörte zu den vielen Deutschen, die damals als Wissenschaftler oder Ingenieure in Russland tätig waren.

Ein Manastschi zu sein ist nicht einfach. Es bedarf eines ausgezeichneten Gedächtnisses, um die langen Texte zu behalten. Zusätzlich musste man die Schauspielkunst beherrschen, um das Publikum mitreißen zu können. »Manas« umfasst ungefähr 500 000 Verse und ist damit das größte Volksepos der Welt. Über mehrere Generationen hinweg erzählt es das Schicksal des Helden sowie seines Sohnes Semetey und seines Enkels Seytek. Der Kampf um die Unabhängigkeit der Kirgisen, die sich gegen benachbarte Stämme wehren, steht dabei im Mittelpunkt. Wie bei allen Volksepen vermischen sich auch im »Manas« historische Ereignisse mit Erdachtem und wirkliche Personen mit Fantasiegestalten.

Kirgistan genoss nach 1991 gegenüber den anderen zentralasiatischen Ländern einen Bekanntheitsvorsprung – vor allem durch seinen prominentesten Bewohner: Tschingis Aitmatow. Mit Novellen und Romanen wie »Djamila« (1958), »Abschied von Gülsary« (1967) oder »Ein Tag länger als ein Leben« (1981), das in der DDR unter dem Titel »Ein Tag zieht den Jahrhundertweg« bekannt wurde, hatte er Weltliteratur geschaffen und Kirgistan über die Grenzen der Sowjetunion hinaus zu Bekanntheit verholfen. Aitmatow gehörte dem Zentralkomitee der KPdSU an.

Während der Perestroika war er einer der Berater Gorbatschows. Das 1991 unabhängig gewordene Kirgistan nutzte die Prominenz seines bekanntesten Sohnes. Bis zu seinem Tod im Jahr 2008 war Tschingis Aitmatow kirgisischer Botschafter in Frankreich und den Benelux-Staaten und lebte in Brüssel. Sein Grab, malerisch wenige Kilometer außerhalb von Bischkek auf einem Hügel gelegen, ist heute ein Anziehungspunkt für Einheimische und Touristen zugleich.

Politik und Gesellschaft in den unabhängigen Republiken

Kasachstan

Die Weltausstellung in Astana

1851 fand im Londoner Hyde Park die erste Weltausstellung (Expo) statt. Im Jahr 2017 wurde die Expo zum ersten Mal nach Zentralasien und zum ersten Mal an eine ehemalige Sowjetrepublik vergeben. Mit Astana als Veranstaltungsort entschied sich das für die Vergabe zuständige Internationale Büro für Ausstellungen in Paris für die Hauptstadt eines Landes, das seit 1991 ohne Unterbrechung von einem einzigen Präsidenten, Nursultan Nasarbajew, regiert wird. Schon vorher, in der Sowjet-Ära, war Nasarbajew Vorsitzender der Kommunistischen Partei der Kasachischen Sozialistischen Sowjetrepublik sowie Vorsitzender des kasachischen Ministerrates gewesen. Nasarbajew, zum Zeitpunkt der Weltausstellung 77 Jahre alt, ist der Dienstälteste unter den postsowjetischen Präsidenten. Die Weltausstellung nutzte der Langzeitherrscher, um zu demonstrieren, wie weit es Kasachstan unter ihm gebracht hat und dass es auch nach Jahrzehnten Alleinherrschaft keinen Grund gibt, an ihm zu zweifeln. Die Expo Astana 2017 stand unter dem Motto »Energie der Zukunft: Maßnahmen für weltweite Nachhaltigkeit«. Das klingt modern, und Nasarbajew wollte ein modernes Kasachstan präsentieren. Als Hauptpavillon diente eine 80 Meter hohe Glaskugel, die »Sphäre«. Nasarbajew hat eine Schwäche für futuristische Architektur. Nach offiziellen Angaben hatte die Expo in der kasachischen Hauptstadt 3,9 Millionen Besucher. Mehr als hundert Länder präsentierten u.a. Ideen für die klimafreundliche Nutzung von Energie. Dennoch wirkte die Weltausstellung in Astana wie aus Raum und Zeit gefallen. Kasachstan ist zwar aufgrund seines Erdgasreichtums das wohlhabendste unter den zentralasiatischen Ländern, aber es ist weit davon entfernt, Vorreiter der Moderne zu sein.

Schwerer Aufbruch in die Unabhängigkeit

Die Auflösung der Sowjetunion und der Wegfall der sozialistischen Versorgungssysteme bescherten Kasachstan wie auch den anderen Staaten Zentralasiens große Probleme. Qualifizierte Fachkräfte wanderten nach Russland ab. Obwohl es heute in Kasachstan jährlich doppelt so viele Hochschulabsolventen gibt wie zur Zeit der Sowjetunion, ist das Bildungsniveau zurückgegangen. Der Befund für das Gesundheitswesen ist nicht besser. Nicht zuletzt, weil ein Großteil der Mediziner aufgrund der besseren Verdienstmöglichkeiten nach wie vor nach Russland und in andere Staaten abwandert. Auch die Industrieproduktion brach zusammen, das zentralistische Planwirtschaftssystem Moskaus mit seinen Großbetrieben hinterließ zumeist nur Ruinen.

Kasachstan wurde am 16. Dezember 1991 unabhängig. Zu diesem Zeitpunkt hatten sich alle anderen früheren Sowjetrepubliken bereits von der UdSSR losgesagt. Der kasachischen Unabhängigkeit gingen keine vergleichbaren Reformbestrebungen wie im europäischen Teil der Sowjetunion voraus. Der Vorsitzende des Obersten Sowjets der Kasachischen Sozialistischen Sowjetrepublik, Nursultan Nasarbajew, unterschrieb am 21. Dezember 1991 in Alma-Ata zusammen mit den Führern der anderen ehemaligen Teilrepubliken der Sowjetunion die Gründungsurkunde der Gemeinschaft Unabhängiger Staaten (GUS).

Der kommunistische Karrierepolitiker Nasarbajew verstand es, nach 1991 alle Macht auf sich zu vereinen. Seitdem regiert er das Land autoritär. Zunächst betrugen die Amtszeiten fünf Jahre, später dann sieben Jahre. 2007 wurde, so viel Demokratie muss sein, die Amtszeit wieder auf fünf Jahre verkürzt, auch ist die Wiederwahl des Präsidenten nur noch einmal möglich. Auf Präsident Nasarbajew hat das jedoch keine Auswirkungen. Als »Erster Präsident« Kasachstans ist er selbstverständlich von dieser Regelung ausgenommen, er kann im Amt bleiben, solange er möchte. Zudem darf er sich seit 2010 mit dem Titel »Führer der Nation« schmücken, der ihm unter anderem Immunität auf Lebenszeit verleiht und selbst nach Ende seiner Amtszeit das Recht vorbehält, die kasachische Politik weiter mitzubestimmen. Auf dieser Grundlage konnte er 2017 einer Verfassungsänderung zustimmen, die einige Kompetenzen vom Präsidentenamt zu Parlament und Regierung überträgt. Seine Machtposition als »Führer der Nation« betrifft das nicht, aber einem Nachfolger, wann immer es ihn auch einmal geben sollte, möchte er es nicht allzu leicht machen. Das Parlament spielt in Kasachstan bislang nur eine Scheinrolle. Nursultan Nasarbajew ist zugleich auch Vorsitzender der mit Abstand größten Partei, der Staatspartei Licht des Vaterlandes (Nur Otan).

Astana, seit 1997 kasachische Hauptstadt, ist sichtbarer Ausdruck des wirtschaftlichen Aufschwungs, der dem Land bis 2015 einen beneidenswerten Anstieg des Bruttoinlandsproduktes bescherte. Zugpferd dieses Aufschwungs war insbesondere die Öl- und Gasproduktion. 2014 betrug das Wirtschaftswachstum noch reichlich vier Prozent. Die Sanktionspolitik des Westens gegenüber Russland, die auch Auswirkungen auf Kasachstan hat, und der Öl- und Gaspreisverfall haben diesen Aufschwung in den letzten Jahren deutlich gebremst. Im Vergleich zu den anderen zentralasiatischen Staaten geht es Kasachstan recht gut.

Von dem kasachischen Wirtschaftsaufschwung profitieren aber bei weitem nicht alle Bewohner des Landes. Nirgendwo ist das deutlicher zu sehen als an den Ausfallstraßen der alten Hauptstadt Almaty. Dort stehen die Tagelöhner zu Hunderten. Sie finden sich in Gruppen zusammen: Maurer, Zimmerer, Elektriker, Leute für alles. Die reicheren Kasachen fahren mit den Autos langsam die Straße entlang und fragen nach den Preisen. Man kann sie mieten und gleich mitnehmen. Mit dem Zuschlag für die Ausrichtung der Weltausstellung 2017 ist Kasachstan ein Coup gelungen. Zuvor hatte sich das zentralasiatische Land um die Ausrichtung der Olympischen Winterspiele 2014 und dann noch einmal für 2022 bemüht. Beide Male vergebens. Mit der Expo gab es die Chance, auf internationalem Parkett zu zeigen, welche Fortschritte das Land in den vergangenen Jahren gemacht hat.

Astana: eine Hauptstadt zwischen Disneyland, Dubai und »Germania«

Die Flugzeit zwischen den beiden wichtigsten Städten Kasachstans, Almaty und Astana, beträgt 90 Minuten. Astana hat Almaty als kasachische Hauptstadt abgelöst, doch Almaty ist die heimliche Hauptstadt geblieben. Hier pulsiert nach wie vor das Herz des Landes.

Einer der Gründe, die Hauptstadt in den Norden Kasachstans zu verlegen, war die Bevölkerungsverteilung. Im nördlichen Teil des Landes lebten fast nur Russen. Der Gefahr einer separaten Entwicklung der Region sollte von vornherein begegnet und ein Bevölkerungsausgleich zwischen Nord und Süd geschaffen werden. Alle Regierungsbeamten mussten nach Astana umziehen, die wichtigsten Wirtschaftsunternehmen haben heute ihren Sitz genauso in Astana wie die Botschaften ausländischer Staaten. Die Stadt legte in den letzten zwei Jahrzehnten eine beeindruckende Wachstumsrate an den Tag, von den mittlerweile rund eine Million Menschen, die dort leben, sind 70 Prozent ethnische Kasachen. Doch fast alle, die die Beschaulichkeit, das funktionierende kulturelle Leben und die Infrastruktur des von Bergen umgebenen Almaty mit dem Leben in Astana eintauschen mussten, jammern. Die Sommer in Astana sind heiß und staubig, und sie gehen abrupt in extrem frostige Winter über. Es kann zwischen Sommer und Winter Temperaturunterschiede von über 80 Grad geben. Dazu pfeift meist ein unwirtlicher Steppenwind durch die Stadt.

Da aber vor allem junge Leute, die ihre Karriere noch vor sich haben, dem Ruf in die neue Hauptstadt gefolgt sind, herrscht in

Astana dennoch Aufbruchsstimmung. Junge Manager in Maßanzügen bestimmen das Straßenbild. Mehrmals am Tag starten und landen die Flugzeuge aus Almaty, meist sind sie bis auf den letzten Platz ausgebucht. Regierungsbeamte und Wirtschaftsmanager, die am kasachischen Öl und Gas gut verdienen, pendeln regelmäßig zwischen den beiden Städten hin und her.

Die kasachische Steppe, die man überfliegt, scheint endlos zu sein. Astana taucht auf wie eine Fata Morgana. Zur Sowjetzeit hieß die Stadt ab 1961 Zelinograd. »Zelina« bedeutet auf Russisch Neuland. Mitten in der Steppe war unter Stalin das alte Akmolinsk mit vielen Plattenbauten zu einer sozialistischen Stadt erweitert worden.

Nasarbajew will, dass seine neue Hauptstadt wie keine zweite Stadt für das neue Kasachstan steht. Präsidialamt, Ministerien, Parlament – alles wurde neu gebaut, und es wurde an nichts gespart. Die Architektur ist anspruchsvoll, Architekten von Weltruf, darunter der Brite Norman Foster, der US-Amerikaner Frank Gehry und die Japaner Tsubokura Takashi und Kisho Kurokawa, lebten hier ihre architektonischen Fantasien aus. Es entstand ein gigantischer Stilmix, durch den Astana wie eine futuristische Mischung aus Disneyland, Dubai und Albert Speers Traum von der »Welthauptstadt Germania« anmutet.

Die Regierungsgebäude werden der Vision einer prunkvollen Metropole gerecht. Der neue, riesengroße Präsidentenpalast ist klassizistisch angehaucht, man findet vergoldete Bürotürme neben hohen Minaretten, es gibt eine Pyramide, Gebäude in stalinistischer Zuckerbäckerarchitektur, ein Hochhaus in Form eines Zigarettenanzünders und einen Zirkus, der wie ein riesiges Ufo anmutet. Besondere Originalität zeigt das Einkaufs- und Unterhaltungszentrum »Khan Schatyr«. Es ähnelt einem Riesenzelt, seine beachtliche Höhe beträgt 152 Meter. Auch die drei Gebäude des Wohnkomplexes »Northern Lights« ziehen mit ihren bizarren Formen Blicke auf sich. Wahrzeichen der Stadt ist der von Foster entworfene Baitarek-Turm, auf dessen Aussichtsplattform sich – sozusagen als Höhepunkt – ein Handabdruck des »Führers der Nation« befindet. Herz der Stadt ist die neu errichtete Moschee Hazrat Sultan, eine der größten ihrer Art in Zentralasien. Sie bietet 10 000 Gläubigen Platz. Die vier Minarette erreichen eine Höhe von 77 Metern. Zum Vergleich: Die Minarette der Blauen Moschee in Istanbul ragen 64 Meter in die Höhe.

Unter den vielen Wohnkomplexen Astanas sticht vor allen die Anlage »Triumph« hervor, die an die Umrisse der Moskauer Lomonossow-Universität erinnert. Sportliebhaber kommen in der Astana-Arena auf ihre Kosten, die 33 000 Zuschauer aufnehmen kann. An Sommerabenden gehen die Bewohner der Hauptstadt gern entlang des Ufers des Ischim, oder »Jessil« auf Kasachisch, spazieren. Russisch-orthodoxe Christen feiern am dortigen Ufer alljährlich im Januar das Dreikönigsfest mit einer Prozession, dem »Gang über den Jordan«. Dabei finden sich Mutige, die in das vorher geweihte eisige Wasser eintauchen.

Viele der neuen Bauten Astanas wirken überdimensioniert. Doch die Kasachen haben, wie alle Zentralasiaten, einen anderen Maßstab für solche Dinge. Prunk und Pracht gelten als Ausdruck von Stärke. Äußerlichkeiten sind wichtig, Praktikabilität steht an zweiter Stelle. Astana wirkt wie ein Modell. Der Stadt fehlt die Seele. Schon heute werden bauliche Einrichtungen und Infrastrukturen für Bevölkerungszahlen vorgehalten, die möglicherweise erst in 50 oder 100 Jahren erreicht werden. Und so ist es wohl natürlich, dass sich diese Stadt in vielerlei Hinsicht noch künstlich anfühlt. Über die Kosten für den Aufbau der neuen Hauptstadt gibt es keine genauen Zahlen. Der Bauboom in Astana ist vor allem ein Milliardengeschäft für Nasarbajews Familie, die die Bauindustrie kontrolliert.

Kasachische Wahlen

»Wir stimmen für den Führer!«: Überall im Lande blickte Nasarbajew vor Wahlen auf Großplakaten faltenfrei und gütig auf sein Volk herab. Die Medien verbreiteten parallel dazu gute Stimmung. Im Vorfeld der Wahl im Jahr 2011 etwa berichtete die kasachische Presse, dass bei einer weltweiten Umfrage festgestellt worden sei, dass die Weltbevölkerung die Kasachen für »die schönsten Menschen auf dem Planeten« hielte. So viel Schönheit macht selbstbewusst! Der Ausgang der Wahl war eindeutig: Der »Führer der Nation« wurde mit 95,5 Prozent als Präsident im Amt bestätigt. Drei Gegenkandidaten teilten sich die restlichen 4,5 Prozent, wobei einer davon freimütig angab, nicht für sich selbst, sondern für Nasarbajew gestimmt zu haben, da dieser am besten für das Amt des Präsidenten geeignet sei. Eigentlich wollte das kasachische Parlament nach dieser Wahl einen Coup landen. Die Amtszeit des zu diesem Zeitpunkt 70-jährigen Präsidenten sollte, ohne Wahlen, bis 2020 verlängert werden. Die Begründung: Nasarbajew sei ohnehin alternativlos. Die Mehrheit beider Parlamentskammern stimmte 2011 dafür, die nächsten beiden Präsidentschaftswahlen ausfallen zu lassen. Nach heftiger internationaler Kritik wurde dieser Plan aber schließlich wieder fallengelassen, und man setzte planmäßige Präsidentschaftswahlen für das Jahr 2016 an. Um dem Staatschef angesichts zunehmenden Ölpreisverfalls und Wirtschaftskrise den Rücken zu stärken, zog man diese schließlich auf 2015 vor. So wurde Nasarbajew 2015 mit einem angeblichen Ergebnis von knapp 98 Prozent in seinem Amt abermals bestätigt. Wie schon bei den vergangenen Wahlen konstatierte die OSZE eine unfaire Abstimmung. Die Staatsagentur »Kazinform« berichtete hingegen von einer »Sensation«.

Nasarbajew ist allgegenwärtig, sein Clan bestimmt die wirtschaftliche Entwicklung, und er sorgt für den Ausgleich zwischen den drei kasachischen Stammesverbänden, den »Jüs«, sowie dafür, dass keine Konkurrenz seine eigene Macht gefährdet. Opposition duldet er ganz im alten marxistisch-leninistischen Sinne nur dort, wo die »Machtfrage« nicht berührt wird. Doch Nasarbajew hätte die letzten Wahlen wohl auch unter demokratischen Bedingungen gewonnen. In der Bevölkerung ist er beliebt, denn die recht liberale Wirtschaftspolitik, die er seit Jahren verfolgt, machte sein Land trotz der weitverbreiteten Korruption immer noch zum Spitzenreiter der ökonomischen Entwicklung in Zentralasien. Allerdings scheint seine Zeit langsam abgelaufen. 2018 bestimmen Diskussionen über die Nachfolge des greisen Präsidenten die kasachische Politik. Auch wirtschaftspolitisch wird sich das Land neu orientieren müssen, die »goldenen Zeiten«, in denen der Ölpreis pro Barrel bei mehr als 100 US-Dollar lag, sind lange vorbei und werden wohl auch nicht zurückkehren. Im Gegensatz zu Russland, dem großen Nachbarn im Norden, hat Kasachstan es versäumt, sich neue Einnahmequellen zu erschließen. Russland war parallel zum Ölpreisverfall durch die Sanktionspolitik des Westens nach der Eingliederung der Schwarzmeerhalbinsel Krim in sein Staatsgebiet darauf angewiesen, seine Wirtschaft und Landwirtschaft auf mehr Eigenproduktion umzustellen. In Kasachstan gab es einen solchen äußeren Druck nicht, man wirtschaftete weiter wie bisher.

»Multivektorale« Außenpolitik

Die kasachische Außenpolitik bezeichnet sich offiziell als »multivektoral«, das heißt, sie versteht sich als offen nach allen Seiten. Nach 1991 versuchte – mit US-amerikanischer Unterstützung – zunächst die Türkei, politischen Einfluss in den gerade unabhängig gewordenen Ländern Kasachstan, Usbekistan, Kirgistan und Turkmenistan zu gewinnen, denn dort werden neben dem Russischen Turksprachen gesprochen. (Tadschikistan, die fünfte zentralasiatische Republik, gehört zur iranischen Sprachfamilie.) Die Türken mühten sich redlich, den ehemaligen vier Sowjetrepubliken sowie dem südkaukasischen Aserbaidschan, das gleichfalls turksprachig ist, die Zugehörigkeit zu einer großtürkischen Gemeinschaft schmackhaft zu machen. Zunächst schien es so, als könnte das gelingen. Doch bald begannen die alten, neuen Machthaber in Zentralasien und im Südkaukasus, die süßen Früchte der Unabhängigkeit selbst zu genießen. Den mächtigen Clans in Zentralasien, und vor allem in Kasachstan, eröffneten sich beim Verkauf von Rohstoffen und Energieressourcen früher nicht gekannte Möglichkeiten, Milliarden zu verdienen. Ein neues »Bruderland« brauchte man dazu nicht. Schon Mitte der neunziger Jahre wurde der politische Einfluss der Türkei zurückgedrängt. Ökonomisch aber blieb die Türkei »im Geschäft«. Eine ähnliche Mentalität half türkischen Unternehmern (darunter auch viele Deutschtürken), auf dem kasachischen, aber auch auf dem usbekischen, kirgisischen, turkmenischen und aserbaidschanischen Markt Fuß zu fassen. Manch deutschstämmige Auswanderer, die in der Bundesrepublik über das Aussiedlerprogramm Fuß fassen konnten, kehren nach Kasachstan zurück, um dort Geschäfte zu machen.

Daneben ist China an Einfluss in Zentralasien und hier vor allem auch im rohstoffreichen Kasachstan interessiert. Die Chinesen sind öl- und gashungrig. 2005 wurde die erste Ölpipeline, die kasachisches Öl nach China pumpt, eingeweiht. Seitdem boomt das Geschäft.

Importierte chinesische Waren haben allerdings in Kasachstan einen schlechten Ruf. Zwar überschwemmen sie die Märkte, und die Leute kaufen sie, weil sie im Vergleich zu europäischen Produkten billig sind, doch ist ihre Qualität oft gering.

Die Chinesen überleben dank der Masse, der billigen Preise und der Tatsache, dass die eigene kasachische Wirtschaft ihren Produkten wenig entgegenzusetzen hat. Beliebt sind die Chinesen allerdings nicht. 2016 kam es in Westkasachstan in der Hafenstadt Atyrau am Ural-Fluss zu Protesten gegen eine Landreform, die chinesische Investoren begünstigen sollte.

Der wichtigste Partner für Kasachstan bleibt Russland. Während der sowjetischen Zeit diente Kasachstan dem Kreml als Rohstofflieferant, als Testgelände für Atomwaffen und als Verbannungsort. An sonstiger Infrastruktur wurde gespart. Deshalb hängen die nördlichen und nordöstlichen Gebiete Kasachstans trotz großer eigener Ressourcen vollständig von der Belieferung mit russischem Gas ab. Die handelspolitische Verflechtung zwischen beiden Ländern ist groß. Russland öffnet im Gegensatz zu China seinen Markt auch für Produkte aus Zentralasien. Kasachstan und Russland haben mit 7500 Kilometern die längste gemeinsame Grenze der Welt. In Russland leben ca. eine Million Kasachen, in Kasachstan leben über vier Millionen Russen. Eine Visapflicht besteht nicht. Kasachstan ist gemeinsam mit Russland und Weißrussland Gründungsmitglied der 2014 ins Leben gerufenen Eurasischen Wirtschaftsunion, der mittlerweile auch Kirgistan beigetreten ist. Bereits seit 2010 gibt es eine Zollunion mit Russland, und es ist nicht ausgeschlossen, dass sich Russland und Kasachstan in Zukunft auch zu einer Währungsunion entschließen. Für Russland ist Kasachstan noch aus einem weiteren Grund von großer Bedeutung. Die Russen unterhalten im Süden Kasachstans das Kosmodrom Baikonur. Es wurde 1955 gegründet. Seit 1957 starten von hier aus alle sowjetischen bzw. russischen Weltraummissionen. 1960 ereignete sich in Baikonur der schwerste Unfall in der Geschichte der Raketentechnik. Bei der Explosion einer Interkontinentalrakete kamen über 120 Menschen in einem Flammenmeer ums Leben. Unter ihnen befand sich der Chef der sowjetischen Raketentruppen, Marschall Mitrofan Nedelin. Die Katastrophe gehörte bis 1989 zu den bestgehüteten Staatsgeheimnissen der Sowjetunion. Offiziell war Nedelin bei einem Flugzeugunglück ums Leben gekommen. 1994 hat Kasachstan den Weltraumbahnhof an Russland verpachtet. Der Pachtvertrag läuft zunächst bis 2050. Zwar baut Russland seit 2008 auf eigenem Gebiet, in der östlichen Amur-Region nahe der chinesischen Grenze, einen neuen Weltraumbahnhof namens Wostotschny, der 2016 den Testbetrieb aufgenommen hat. Doch auch nach seiner geplanten Inbetriebnahme 2020 wird Baikonur noch viele Jahre lang gebraucht werden.

Mit der Ukraine-Krise von 2014 hat bei jüngeren kasachischen Politikern ein gewisses Umdenken eingesetzt. Vielen ist Russland heute zu dominant. 2015 hat Kasachstan mit der Europäischen Union ein erweitertes Partnerschaftsabkommen geschlossen. Es unterhält im Vergleich mit den anderen zentralasiatischen Ländern enge Handelsbeziehungen zur EU, wobei ein Großteil auf den Ölexport fällt. Doch zu einem generellen außenpolitischen Prioritätenwechsel dürfte es sobald nicht kommen.

Anders als in den anderen zentralasiatischen Republiken gibt es in Kasachstan sogar noch einige Russen, die hohe politische Ämter bekleiden. Allerdings nimmt der Druck der »Kasachisierung« zu. Einen Job im kasachischen öffentlichen Dienst bekommt man heute nur noch nach bestandener Sprachprüfung. Das ist ein Problem nicht nur für Russen, sondern auch für viele Kasachen selbst. Die meisten von ihnen sind russischsprachig aufgewachsen, nur im Süden des Landes ist Kasachisch im Alltag verbreitet.

»Borat«

Dass Kasachstan einem Großteil der Europäer weiter unbekannt ist, zeigt die Tatsache, dass viele das Land bis heute mit dem Kinofilm »Borat« assoziieren. »Borat« heißt ein im Jahr 2006 in die Kinos gekommener amerikanischer Film, in dem Schauspieler Sacha Baron Cohen in der Rolle eines kasachischen Journalisten nach Amerika reist und das Bild antisemitischer, homophober, sexistischer, rassistischer oder »einfach dämlicher Kasachen« in die Welt trägt. Das »Borat«-Image hängt den Kasachen seitdem an. Die Komödie sorgte für handfeste Verwerfungen zwischen Kasachstan und den USA. Dabei ist der Film nicht einmal in Kasachstan entstanden, sondern wurde in einem Roma-Dorf in Rumänien gedreht.

Richtig bekannt wurde der Film, als der amerikanische Staranwalt Ed Fagan die »Borat«-Produktionsfirma 20th Century Fox auf 30 Mio. Dollar Schadenersatz verklagte. Einem Schweizer Magazin lag die Klageschrift vor: »Im Borat-Film sind die kasachischen Dorfbewohner Pferde-Urin-Trinker und Sex-Maniacs. Gefilmt wurde aber im rumänischen Dorf Glod, einer armen Roma-Siedlung. Die 1700 Einwohner fühlen sich betrogen. Das Filmteam habe ihnen erzählt, man drehe eine Doku über die

Armut in Rumänien!« Die Klage hielt weiter fest: »Das Projekt wollte die Bewohner als Vergewaltiger, Abtreiber, Prostituierte, Diebe, Rassisten, Fanatiker, Dummköpfe und Flegel darstellen.« Die Klage blieb am Ende erfolglos. In Kasachstan gelangte der Film nie in die Kinos.

Spätestens seit »Borat« versucht Kasachstan zu zeigen, dass es ein Land ist, das seine Verantwortung in der Welt wahrnimmt. Im Jahre 2010, nahezu 20 Jahre nach dem Zusammenbruch der Sowjetunion, war Kasachstan der erste ehemalige Sowjetstaat, der den Vorsitz der Organisation für Sicherheit und Zusammenarbeit in Europa (OSZE) innehatte. Die Kasachen wollten sich damit profilieren. Im Dezember 2010 fand ein OSZE-Gipfel in Astana statt. Es war das erste Spitzentreffen der Organisation seit elf Jahren, das erste im neuen Jahrtausend und für Präsident Nursultan Nasarbajew ein Prestigeprojekt. Obdachlose wurden aus der Stadt entfernt, Astana wollte sich im internationalen Glanz sonnen. Rund um die Uhr verkündeten die Staatsmedien, wie erfolgreich der Gipfel sei und dass Kasachstan nun im Scheinwerferlicht der Öffentlichkeit stehe. Doch dann beklagten internationale Beobachter, dass die Demokratieentwicklung in Kasachstan stagniere, kritische Journalisten und Politiker Verfolgungen ausgesetzt seien und staatliche Programme zur Korruptionsbekämpfung allenfalls dazu dienen, unliebsame Personen ins Gefängnis zu bringen. Die internationalen Medien meinten es nicht gut mit Kasachstan. Die Frankfurter Allgemeine Zeitung schrieb vom »Schreckgespenst Astanas«, der Spiegel gar von einer »diplomatischen Katastrophe«.

Seitdem bemühte sich Kasachstan, nicht nur so viele internationale Großereignisse wie möglich ins Land zu holen, sondern sich immer auch von der besten Seite zu zeigen. Dabei schießen die Kasachen mitunter auch über das Ziel hinaus. 2015 wurde durch ein Datenleck in einer Wiener Anwaltskanzlei bekannt, dass ausgesuchte europäische Spitzenpolitiker seit Jahren als gut bezahlte Lobbyisten für Kasachstan gearbeitet hatten.

Kasachstan könnte sich dennoch in den kommenden Jahren positiv entwickeln. Nasarbajew gefällt sich im Interesse des eigenen Images als Moderator weltpolitisch bedeutsamer Konflikte. Wann immer sich eine Möglichkeit ergibt, bietet er sich als Vermittler an. Seit 2017 finden in Astana internationale Friedensgespräche zum Syrien-Konflikt statt.

Der Rohstoffreichtum und die enge Anbindung an Russland wie Europa bieten zudem vergleichsweise gute Voraussetzungen für die Entwicklung der Wirtschaft. Ferner ist das Steppenland weniger von islamistischer Bedrohung gefährdet als die anderen zentralasiatischen Staaten. In Kasachstan gibt es noch keine islamistische Massenbewegung, obwohl auch hier der Einfluss radikaler Strömungen des Islams in den letzten Jahren deutlich zugenommen hat. Es mehren sich Drohungen einer mit dem internationalen islamistischen Terror verbundenen Organisation »Im Namen der Soldaten des Kalifats« (Jund alKhilāfah, JaK) gegen Kasachstan. Die Organisation agiert von Pakistan aus. Die Gruppe soll zu 90 Prozent aus Kasachen bestehen. »Wir glauben«, so einer ihrer Führer, »dass die Region Zentralasien – zusätzlich zum islamischen Maghreb und Jemen – ein Kandidat ist, um zum Kern für die Wiederkehr des Kalifats in der Zukunft zu werden. 2013 tauchte ein Video auf, welches etwa 150 vermeintliche Kasachen im syrischen Bürgerkrieg zeigt. Bisher setzte Kasachstan auf eher weniger harte Maßnahmen und die Hoffnung, dass steigender Wohlstand und Aufklärung ihren Beitrag zur Terrorismusbekämpfung leisten.

Kirgistan

Die Schweiz Zentralasiens

Kirgistan hat rund fünf Millionen Einwohner. Oft wird es als »Schweiz Zentralasiens« bezeichnet, vielleicht, weil es in dem kleinen Land, das an China, Kasachstan, Usbekistan und Tadschikistan grenzt, einiges gibt, was man auch in der Schweiz findet: hohe Berge, fruchtbare Täler, Viehzucht und Alpwirtschaft. Ähnlich wie die Schweiz ist Kirgistan andererseits relativ arm an Rohstoffen. Und genauso wie die Schweizer haben auch die Kirgisen keinen Zugang zum Meer. In den ersten Jahren nach der Unabhängigkeit wurde Kirgistan – wie auch die zentralasiatischen Staaten Usbekistan, Turkmenistan und Tadschikistan – von der Schweiz in den Führungsgremien des Internationalen Währungsfonds und der Weltbank vertreten. Die Eidgenossen suchten Allianzen mit neuen Partnern. Kirgistan stand dabei an vorderster Stelle. Im Vergleich zu seinen Nachbarstaaten galt Kirgistan als ein ziemlich demokratisches Land, sozusagen als eine »demokratische Insel« in Zentralasien. Man dachte, dass Kirgistan die Chance habe, auch wirtschaftlich zu einer Schweiz Zentralasiens zu werden. Doch im Gegensatz zur Schweiz herrscht in Kirgistan bis heute bittere Armut.

Pischpek – Frunse – Bischkek

Die kirgisische Hauptstadt Bischkek liegt malerisch am Fuße des Tian-Shan-Gebirges. Heute leben hier ungefähr eine Million Menschen. Einst hieß die Stadt Pischpek, in der Sowjet-Ära, zwischen 1926 und 1991, trug sie den Namen Frunse. FRU ist noch heute der internationale Luftfahrtcode für die kirgisische Hauptstadt. Michail Frunse (1885 – 1925) war der Bürgerkriegsgeneral, der nach 1917 im Auftrag der Sowjets Zentralasien unter seine Kontrolle brachte. 1925 wurde Frunse Volkskommissar (Minister) für Kriegsangelegenheiten und starb auf mysteriöse Weise während einer Operation in Moskau.

Bischkek ist eine lebendige Stadt mit einem ausgeprägten Nachtleben, das den Namen verdient. Untertags herrscht am Osch-Basar, dem größten Markt der Stadt, reges Treiben. Schlendert man weiter Richtung Stadtzentrum, fällt vor allem eines auf – Bischkek ist wohl die sowjetischste unter den fünf Hauptstädten. Wie auch in den anderen zentralasiatischen Staaten versucht man zwar auch in Kirgistan bis zu einem gewissen Grad, das Nationalbewusstsein nach dem Zerfall der Sowjetunion durch bauliche Maßnahmen zu stärken. Seit 2011 steht auf dem zentralen Ala-Too-Platz ein Denkmal für den berühmten kirgisischen Autor Tschingis Aitmatow. Mit lässig über die Schulter gelegter Jacke blickt er über den mit Blumen und Springbrunnen verzierten Platz. Gegenüber, vor dem staatlichen Museum für Geschichte, musste das Lenin-Denkmal zwar einer Manas-Statue zu Ehren des mythischen kirgisischen Volkshelden weichen, hat nun aber einen relativ prominenten Platz hinter dem Museum. Da in Kirgistan die Präsidenten und Regierungen im Vergleich zu den anderen Staaten der Region nach der Unabhängigkeit häufig wechselten, fehlte den jeweiligen Präsidenten die Zeit, sich eigene Baudenkmäler zu setzen. Das Zentrum Bischkeks prägen nach wie vor ausgedehnte Parkanlagen aus sowjetischer Zeit, nur wenige der Häuser fielen Neubauten zum Opfer. Der Stadtrand ist von sowjetischen Bausünden übersät, wie man sie überall im früheren Ostblock antreffen kann.

Kommunistische Aufbauhilfe aus der Tschechoslowakei

Die Entwicklung Bischkeks in der Sowjet-Ära ist eng mit Tschechen und Slowaken verbunden. Der 4. Kongress der Kommunistischen Internationale appellierte im Jahre 1922 weltweit an die Kommunistischen Parteien – man rief »zur proletarischen Unterstützung für Sowjetrussland« auf. Ein Jahr später entstand die Genossenschaft »Intergelpo« (Gegenseitige Hilfe) in der Tschechoslowakei, die die Kirgisische Sowjetrepublik bei der industriellen Entwicklung unterstützen sollte. 1924 wurde in Moskau zwischen der sowjetischen Regierung und Vertretern von Intergelpo die Umsiedlung von Genossenschaftern nach Kirgistan vereinbart. Anfänglich maß die tschechoslowakische Regierung dieser kommunistischen Bewegung keine große Bedeutung bei, aber als sie schließlich beträchtliche Ausmaße annahm, wollte man sie mit verschiedenen Mitteln aufhalten: Es kam vermehrt zu Verhören, Untersuchungen, Drohungen und der Verweigerung, Pässe für besagte Genossenschaftsmitglieder auszustellen. Allen Schwierigkeiten zum Trotz kamen 1925 die ersten 300 Tschechen und Slowaken nach Kirgistan. Bis 1932 sollten es über 1300 Aufbauhelfer werden. Sie brachten Maschinen und Werkzeuge mit. Außerhalb von Bischkek, in der Steppe, entstand eine Intergelpo-Stadt mit der ersten unabhängigen Stromversorgung Kirgistans. Die Genossenschaftsmitglieder zogen bald in selbstgebaute Häuser und halfen der jungen Sowjetrepublik beim Aufbau einer Textilindustrie sowie in mehreren Handwerksbereichen. Bald wurden eine Sägemühle, Zimmerei- und Schlossereiwerkstätten eröffnet. Intergelpo-Bauern bauten zum ersten Mal in der Geschichte Kirgistans Zuckerrüben an und eröffneten in Kant, einer Kleinstadt unweit von Bischkek, eine Zuckerraffinerie. 2010 wurde in Erinnerung an den Kirgistan-Einsatz von Alexander Dubček (1921 – 1992), der Leitfigur des Prager Frühlings von 1968, eine Erinnerungsplakette in einem Kulturhaus angebracht. Dubček verbrachte einen Teil seiner Kindheit, zwischen 1925 und 1933, in Bischkek. Er lebte dort mit seinen Eltern.

Askar Akajew

Der erste Präsident Kirgistans nach der Unabhängigkeit, Askar Akajew, galt lange Zeit als Hoffnungsträger in Zentralasien. Anders als seine Kollegen in Usbekistan, Kasachstan, Turkmenistan und Tadschikistan entstammte er nicht der kommunistischen Nomenklatura der Sowjetunion, und anders als seine Kollegen setzte der diplomierte Physiker und bekennende Anhänger von Ludwig Erhard auf Demokratie und soziale Marktwirtschaft. Akajew war kurz vor dem Zusammenbruch der UdSSR zum Vorsitzenden des Obersten Sowjets der Kirgisischen SSR gewählt geworden. Er hatte sich vor allem um die Versöhnung der verschiedenen Volksgruppen im Lande bemüht und galt als Mann mit Zukunftspotenzial.

Er wollte das Land ab 1991 zügig reformieren und wandelte

die Plan- in eine Marktwirtschaft um. 1993 verabschiedete das kirgisische Parlament eine neue Verfassung, die tatsächlich relativ demokratisch war. 1995 wurde Akajew wiedergewählt. Von nun an begann sich sein Führungsstil zu verändern. Mithilfe von Volksabstimmungen gelang es ihm im Laufe der Folgejahre, seine präsidentiellen Machtbefugnisse zu erweitern und die Rechte des Parlaments einzuschränken. Akajew wandelte sich vom Reformer zum autoritären Staatsführer. Korruption und Vetternwirtschaft machten sich breit. Durch Wahlfälschungen und ein System von Günstlingen in der Regional- und Lokalpolitik zementierte er seine Stellung.

Gleichzeitig verschlechterte sich die Wirtschaftslage Kirgistans. Die Plünderung einzelner Wirtschaftszweige durch Akajew und seine Protegés sowie die Korruption in allen Lebensbereichen trugen maßgeblich dazu bei. Außerdem zeigte sich, dass der schroffe Wechsel von der sozialistischen zur kapitalistischen Wirtschaftsordnung die Menschen völlig unvorbereitet getroffen und im Endeffekt ihre Situation verschlechtert hatte. Das ohnehin schwache Bruttoinlandsprodukt Kirgistans fiel ins Bodenlose. Die Zufriedenheit mit Akajew und seiner Politik sank proportional dazu.

Im Blickpunkt der Weltöffentlichkeit

Nach den Terroranschlägen des 11. September 2001 und dem einsetzenden Kampf gegen den internationalen Terrorismus richtete sich das Augenmerk der Weltöffentlichkeit schlagartig auf die zentralasiatischen Nachfolgestaaten der Sowjetunion. Waren sie bislang von eher geringer Bedeutung für die internationale Politik gewesen, rückten sie nun in den Vordergrund des weltpolitischen Interesses. Sowohl Kirgistan wie auch der Nachbarstaat Usbekistan stellten der von den USA angeführten Anti-Terror-Allianz Flughäfen zur Verfügung, von denen aus die westlichen Truppen in Afghanistan versorgt werden können.

In Moskau betrachtete man das »Eindringen« der Amerikaner

in die traditionell russische Einflusssphäre mit Unbehagen, und man versuchte, Kirgistan diplomatisch und wirtschaftlich wieder stärker an Russland zu binden. Akajew kam den Wünschen des Kremls entgegen. Seit 2002 unterhält Russland eine Militärbasis in Kant bei Bischkek.

Um aber nicht von der möglicherweise unsteten Gunst Russlands oder der USA abhängig zu sein, wandte sich Akajew zudem China zu. Mit dem östlichen Nachbarn hoffte er, eine dauerhafte Partnerschaft etablieren zu können. Um die Beziehungen auf eine solide Basis stellen zu können, war es notwendig, die gemeinsame Landesgrenze endgültig festzulegen, um deren Verlauf es in der Vergangenheit immer wieder Streit gegeben hatte. Akajew warb für entsprechende Verträge, gegen die die kirgisische Opposition energisch protestierte. Zum wirtschaftspolitischen Ärger kam nun noch Streit um die Außenpolitik, und alsbald folgte die Innenpolitik.

Brennpunkt Fergana-Tal

Der Süden des Landes und dessen Grenze zu Usbekistan war schon immer eine konfliktbeladene Gegend. Dort, im fruchtbaren Fergana-Tal, lebt die Hälfte der kirgisischen Bevölkerung, darunter eine große usbekische Minderheit. Industrie gibt es hier kaum, die Menschen sind sehr arm und sehr religiös. Hier, in der Region Dschalalabat, befindet sich einer der heiligsten Orte Kirgistans: Safed Bulan. Einer Legende nach ereignete sich an diesem Ort eine Tragödie: 2700 Muslime, die zur Verbreitung des Islams in diese Region gekommen waren, sollen von heidnischen Feueranbetern ermordet worden sein. Das Massaker überlebte nur die schwarze Sklavin Bulan, die alle Toten wusch und begrub. Von den Grausamkeiten, die sie mit ansehen und ertragen musste, ergraute sie. An ihrem Grab entstand ein Schrein, zu dem heute Frauen kommen, die der Heiligen ihren Wunsch nach einem Kind äußern wollen.

Das Fergana-Tal ist 300 Kilometer lang und reichlich 100 Kilometer breit. Es umfasst Territorien der heutigen Staaten Kirgistan, Usbekistan und Tadschikistan. Hier leben ca. 15 Millionen Menschen, das ist rund ein Viertel der Bewohner Zentralasiens. Sie gehören den unterschiedlichsten Volksgruppen an, die teilweise erst unter Stalin hierher umgesiedelt worden waren. Der Diktator wollte die Bindungen der Muslime an ihre »Stämme« lockern und ein »sowjetisches Bewusstsein« schaffen.

Nach dem Ende der Sowjetunion und ihrer Ideologie als verbindendem Überbau traten die religiösen und nationalen Unterschiede wieder deutlich hervor. In Zentralasien tummelten sich bald Anhänger radikaler Gruppierungen wie der Islamischen Bewegung Usbekistans oder Hizb ut-Tahrir. Nirgendwo in Zentralasien schreitet die Islamisierung und Radikalisierung der Bevölkerung heute schneller voran als im Fergana-Tal. Erkennbar ist das auch an der Mode, Neugeborenen arabische Vornamen zu geben.

Nachdem Kirgistan und Usbekistan den gegenseitigen Grenzübertritt erschwert hatten, ging eine der letzten Einnahmequellen vieler Südkirgisen – der Handel mit dem Nachbarland – verloren. Die destabilisierenden Faktoren hatten sich zu einer kritischen Masse angestaut. Die Unzufriedenheit der Bevölkerung nutzend, initiierte ein aus Südkirgistan stammender Abgeordneter des kirgisischen Parlaments, Asimbek Beknasarow, ein Amtsenthebungsverfahren gegen Präsident Akajew und protestierte damit gegen dessen unbeliebte Annäherungspolitik an China. Die Zustimmung, die er in der Bevölkerung erfuhr, war gewaltig und erschreckte den Akajew-Clan. Anfang 2002 wurde Beknasarow verhaftet. Dies löste eine Protestwelle aus, mit der die Regierung nicht gerechnet hatte. Akajew hatte die Stabilität seines Regimes überschätzt. In Bischkek fanden Demonstrationen vor dem Parlament, dem Regierungsgebäude und dem Sitz der OSZE statt. Dabei kam es zu Auseinandersetzungen mit Spezialeinheiten des Innenministeriums, in deren Folge fünf Demonstranten erschossen und viele weitere zum Teil schwer verletzt wurden. Damit brach ein Damm, überall im Land wurden aus Solidaritätskundgebungen für Beknasarow gewaltsame Fundamentalproteste. Der Rücktritt Akajews und die Durchführung von Reformen zur Verbesserung des allgemeinen Lebensstandards waren die zentralen Forderungen. Der Präsident konnte sich durch Zugeständnisse an die Bevölkerung und die Opposition zunächst noch einmal retten.

Da sich die Lage der Menschen aber nicht verbesserte, änderte sich auch nichts an der gefährlichen Stimmung im Land – im Gegenteil. Viele Politiker wechselten zur Opposition, die dadurch immer mehr Gewicht und Rückhalt in der Bevölkerung bekam. Als Akajew die Parlamentswahlen Anfang 2005 mehr als offensichtlich zu seinen Gunsten fälschen ließ, hatte er den Bogen überspannt. Wiederum kam es in Südkirgistan zu Unruhen, die sich schnell über das ganze Land ausbreiteten.

US-amerikanische Organisationen, die in Kirgistan tätig waren, unterstützten Akajews Sturz tatkräftig, zumal dieser als Mann Putins galt. Wie vorher schon in Georgien und in der Ukraine, kam es auch in Kirgistan zu einer sogenannten Farbigen Revolution. Sie ging als »Tulpenrevolution« in die kirgisische Geschichte ein. Immer größere und gewaltsamere Demonstrationen fanden statt, Regierungsgebäude wurden gestürmt, Sicherheitskräfte gezielt angegriffen. Dutzende Menschen kamen ums Leben. Als Demonstranten schließlich den Präsidentenpalast in Bischkek besetzten, floh Akajew zunächst nach Kasachstan und dann nach Russland. In Moskau verkündete er schließlich im April 2005 seinen offiziellen Rücktritt. Bis heute lebt er in Russland.

Die Amtszeit Bakijews

Akajews ehemaliger Premierminister Kurmanbek Bakijew wurde sein Nachfolger, Rosa Otunbajewa neue Außenministerin Kirgistans und Asimbek Beknasarow Generalstaatsanwalt. Alle drei waren zentrale Personen der Protestbewegung gegen Akajew gewesen. Bakijew wurde mit 90 Prozent aller Stimmen zum neuen Präsidenten gewählt. Die Kirgisen setzten große Hoffnungen in ihn, sie erwarteten, dass er etwas gegen die Armut und die schlechte Wirtschaftslage unternähme. Doch es zeigte sich schnell, dass sie sich gründlich in ihm getäuscht hatten.

Bakijew riss alle Pfründe, die er erreichen konnte, an sich und besetzte die wichtigsten Ämter in Politik und Wirtschaft mit Mitgliedern seines Clans. Misswirtschaft und Korruption unter Bakijew übertrafen noch das Akajew-System, er regierte noch autoritärer und vor allem brutaler. Bakijew entdeckte das Mittel der Verfassungsänderungen für sich, um seine persönliche Macht zu stärken und das Parlament bis zur Bedeutungslosigkeit zu schwächen.

Diesmal dauerte es nur fünf Jahre, bis die Bevölkerung die Geduld mit ihrem Präsidenten verlor. Die Verhaftung von Vertretern der Opposition und die Erhöhung der Preise für Energie brachten 2010 das Fass zum Überlaufen. Die enttäuschte Wut der Kirgisen entlud sich erneut auf den Straßen und Plätzen des Landes. Der Aufstand begann am 6. April 2010, nur drei Tage später floh Bakijew mit seiner Familie über Kasachstan nach Minsk. Der weißrussische Präsident Lukaschenko gewährte ihm Asyl. Die Unruhen, die zum Sturz Bakijews führten, forderten 68 Tote und mehr als 600 Verletzte. Bakijews Innenminister wurde zusammengeschlagen, sein Vizepremier verlor ein Auge. Der Mob nutzte die Situation, plünderte und brandschatzte. In Bischkek herrschten vorübergehend bürgerkriegsähnliche Zustände. Die parlamentarische Opposition, angeführt von der früheren Außenministerin Rosa Otunbajewa, die 2005 noch gemeinsam mit Bakijew Akajew gestürzt hatte, übernahm die im Wortsinne auf der Straße liegende Macht. Große Teile von Polizei und Armee, die zuerst noch gewaltsam versucht hatten, die Demonstranten aufzuhalten, wechselten die Seite und stellten sich hinter die neuen Kräfte um Otunbajewa. Bakijew war schwer enttäuscht und sprach von einem Putsch. Aus dem Exil erhob er weiterhin

Anspruch auf das Präsidentenamt, obwohl er seit 2012 die weißrussische Staatsbürgerschaft besitzt. In seiner Heimat würde ihn bei Rückkehr eine lebenslange Freiheitsstrafe erwarten.

Die provisorische Übergangsregierung

Am 8. April 2010 bildete die kirgisische Opposition eine »Provisorische Regierung des Volksvertrauens«, die aus ehemaligen Spitzenpolitikern bestand, die schon zur Anti-Akajew-Front zählten. Präsidentin der Übergangsregierung wurde die ehemalige Außenministerin Rosa Otunbajewa, ihre Amtszeit endete am 31. Dezember 2011 nach den angesetzten Neuwahlen. Während ihrer Zeit als Übergangspräsidentin herrschte revolutionäre Stimmung im Land. In Bischkek sah man die Einschusslöcher der vorangegangenen Revolution. In den Büros des Präsidialamtes saßen Dutzende von Männern und Frauen herum, die gerade die Macht übernommen, aber noch nichts zu tun hatten. Man trank Tee, diskutierte die politische Lage und empfing Gäste. Otunbajewa warb um ausländische Unterstützung. Wichtig sei, sagte sie, dass man den kommenden Winter überstehe, dann würde es besser werden.

Nach der Bildung der Interimsregierung beruhigte sich vorerst die Lage in Kirgistan. Als stabil konnte man das Land jedoch nicht bezeichnen, es kam immer wieder zu kleineren Protesten, oft von Bakijew-Anhängern organisiert. Die neue Regierung beeilte sich, eine neue Verfassung vorzulegen. Diese sollte demokratische Strukturen in Kirgistan etablieren, der Übergangsregierung Legitimität verschaffen und die Unruhen beenden. Seit 2010 ist Kirgistan, als einziges Land Zentralasiens, de jure eine parlamentarische Republik. Der vom Volk gewählte Staatspräsident teilt sich seitdem die Macht mit dem vom Parlament gewählten Premierminister. De facto ist das Präsidentenamt aber nach wie vor die wichtigste Institution im Land.

Ethnische Unruhen im Süden

Doch die Situation im Land blieb angespannt. Im Juni 2010, vor der Abstimmung über die neue Verfassung, entlud sich der angestaute allgemeine Frust gewaltsam zunächst in Osch im Fergana-Tal. Osch ist die größte Stadt Südkirgistans. Aus den Unruhen wurde ein Pogrom gegen die usbekische Minderheit. Innerhalb weniger Stunden entwickelten sich in Osch und später auch in umliegenden Städten bürgerkriegsartige Zustände. Kirgisen machten gezielt Jagd auf ethnische Usbeken. Usbekische Wohnviertel, sogenannte Machallas, wurden in Brand gesteckt und verwüstet, vor den Flammen fliehende Menschen erschossen. Sicherheitskräften gelang es nicht, die Gewalt einzudämmen, geschweige denn zu unterbinden. Ein später veröffentlichter unabhängiger Untersuchungsbericht warf den Verantwortlichen bei Polizei und Militär vor, durch unklare Befehle und unkoordiniertes Handeln für die weitere Ausbreitung der Gewalt mitverantwortlich zu sein.

Insgesamt kamen bei den drei Tage andauernden Unruhen nach Angaben der internationalen Untersuchungskommission mindestens 470 Menschen ums Leben, 1900 wurden verletzt. Mehr als 400 000 Menschen flohen, etwa 100 000 davon über die nahe Grenze nach Usbekistan. Hardliner in der usbekischen Administration drängten den usbekischen Präsidenten Islam Karimow dazu, zum Schutz der usbekischen Minderheit Militär nach Kirgistan zu entsenden. Das hätte der Beginn eines Flächenbrandes werden können. Karimow spürte das und reagierte umsichtig. Er nahm die Flüchtlinge zeitweise auf und wartete ab, bis sich die Lage wieder entspannte.

Sowohl bei den Toten als auch bei den Verletzten und den Flüchtlingen waren die ethnischen Usbeken klar in der Überzahl. Die Untersuchungskommission definierte die Ereignisse zwar nicht als versuchten Genozid, wie es die usbekische Minderheit in Kirgistan gefordert hatte, jedoch sei die Gewalt eindeutig als »Verbrechen gegen die Menschlichkeit« zu definieren.

Ob die endgültig festgestellten Zahlen der Todesopfer, Verletzten und Flüchtlinge stimmen, wird man wohl nie eindeutig klären können. Bereits während der Unruhen berichteten Ärzte und andere Augenzeugen von deutlich mehr Opfern. Viele Usbeken trauten sich nicht, ihre Toten in öffentliche Leichenhallen zu bringen, und beerdigten sie auf eigene Faust irgendwo außerhalb der Städte. Scharf kritisiert wurde im Bericht der Untersuchungskommission die Aufarbeitung der Ereignisse durch die kirgisischen Behörden. Die Mitschuld der Sicherheitskräfte sei nie richtig untersucht worden, es sei nichts getan worden, um Täter zur Rechenschaft zu ziehen. Usbeken, die Anzeige gegen ihre Peiniger erstatten wollten, nahm die Polizei nicht an oder schüchterte sie ein. Viele kirgisische Ermittler versuchten, Usbeken als Gewalttäter zu überführen, es kam zu willkürlichen Festnahmen.

Wie so plötzlich so heftige Unruhen ausbrechen konnten, ist bis heute, trotz zahlreicher Untersuchungen, ungeklärt. Die kirgisische Regierung macht Anhänger des gestürzten Präsidenten verantwortlich. Sie sollen die Unruhen gezielt ausgelöst haben, um Bakijew zurück an die Macht zu bringen.

Im Oktober 2010 wählten die Kirgisen nach chaotischen Wochen ein Parlament. Fünf Parteien, darunter eine revisionistische, die dem Expräsidenten Bakijew nahesteht, zogen in die neue »Dschogorku Kengesch« (Oberste Versammlung) ein. Es gelang nach langen, schwierigen Verhandlungen, eine Regierungskoalition zu bilden. Im Oktober 2011 wurde Almasbek Atambajew mit knapp 63 Prozent zum neuen Staatspräsidenten gewählt. Er löste Rosa Otunbajewa ab. Ihr Verdienst wird es bleiben, als erstes zentralasiatisches Staatsoberhaupt ihr Amt freiwillig an einen demokratisch gewählten Nachfolger übergeben zu haben. Unter Atambajew näherte sich Kirgistan wieder stärker an Russland an. Die USA mussten 2014 ihre Militärbasis auf dem kirgisischen Hauptstadtflughafen Manas schließen, und seit 2015 ist Kirgistan Mitglied der Eurasischen Wirtschaftsunion. Der russische Markt steht damit offen.

Große Herausforderungen

2017 hat Kirgistan den fünften Präsidenten seit der Unabhängigkeit gewählt: Sooronbaj Scheenbekow. Er war der Wunschkandidat des vorherigen Präsidenten. Vor der Präsidentschaftswahl von 2017 fand weder ein Volksaufstand statt, noch erfolgte der Machtwechsel nach dem Ableben des Amtsinhabers im engen Machtnukleus. In keinem der anderen zentralasiatischen Staaten ist seit deren Unabhängigkeit im Jahre 1991 auf diese Weise ein Präsident ins Amt gelangt. Laut kirgisischer Verfassung darf sich der amtierende Präsident kein zweites Mal für eine Amtsperiode bewerben. Für zentralasiatische Verhältnisse beachtlich ist, dass sich Atambajew auch daran hielt.

Vor Kirgistan stehen heute gewaltige Probleme, die äußerst schwer zu lösen sind. Die Wirtschaft des Landes liegt nach wie vor am Boden, ausgeblutet durch Korruption und Misswirtschaft. Den Menschen außerhalb des Ballungsraums Bischkek geht es schlecht, wer kann, verdingt sich als Tagelöhner in Russland. Inflation und Lebensmittelpreise steigen, feudal anmutende Clanstrukturen behindern Demokratie und Fortschritt. Das Gesundheits- und Bildungssystem ist am Ende. Heute unterrichten ältere Schüler die jüngeren, weil es kaum noch Lehrer gibt, die bereit sind, für den staatlichen Hungerlohn zu arbeiten. Angestellte von Behörden, Polizei und Justiz bessern sich ihr dürftiges Gehalt mit Korruptionszahlungen auf. Nationalistische Ressentiments machen den Usbeken im Land weiterhin das Leben schwer, denn es arbeiten fast ausschließlich ethnische Kirgisen im Staatsdienst. Nationalismus greift um sich. Die Regierung versucht, damit die Kirgisen bei Laune zu halten. Bischkek, die Hauptstadt, soll möglicherweise sogar in Manas, nach dem mythischen kirgisischen Volkshelden aus dem 9. Jahrhundert, umbenannt werden. Verzweifelt sucht man nach Möglichkeiten, die kirgisische Identität zu stärken.

Kirgistan könnte durch die ethnischen Spannungen in seiner Einheit als Staat gefährdet werden. Sollte es erneut zu solch blutigen Exzessen wie im Jahr 2010 kommen, steht die zentrale Staatsmacht infrage. Der Süden des Landes könnte sich dann Usbekistan und der Norden Kasachstan zuwenden. Die Regierungsmacht reicht nicht mehr in alle Winkel des Landes. Immer wieder kam es in der jüngsten Vergangenheit auch vor dem Hintergrund von Misswirtschaft und Korruption zu Unruhen. Wenn man mit dem Auto aus dem Fergana-Tal nach Norden gen Bischkek fährt, spürt man, dass Kirgistan ein zerrissenes Land ist. Das Tal ist überwiegend usbekisch bevölkert. Kirgisisch und Russisch werden hier seltener gesprochen als im Norden. Dazwischen liegen hohe, kahle Bergketten. Die Straßen sind im Winter oft nicht befahrbar.

Noch will die Bevölkerung an der demokratischen Staatsform festhalten. Doch der Lackmustest dafür wird der Umgang Kirgistans mit der zunehmenden Islamisierung des Landes werden. Trugen vor einigen Jahren junge Leute noch überwiegend westliche Kleidung, sieht man heute vermehrt Frauen mit Kopftüchern und junge Männer mit langen Bärten. Nicht mehr überall wird Alkohol ausgeschenkt. Gleichwohl sind es nicht nur Äußerlichkeiten. Die Isolation von Frauen und häusliche Gewalt nehmen zu. Saudi-Arabien finanziert großzügig den Bau von Moscheen überall im Land. Es gibt inzwischen kleine Bergdörfer mit mehreren Gebetshäusern. Junge Männer, die keine Arbeit finden, besuchen die Islamschulen und werden dort zunehmend radikalisiert. Islamische Hilfsorganisationen haben in manchen Dörfern die staatliche Grundversorgung übernommen. Die Zustimmungsraten zur Einführung der Scharia wachsen. Rückkehrer aus den Kampfgebieten, in denen einst der IS herrschte, stellen eine zusätzliche Herausforderung für die Sicherheitsbehörden dar. Die Hauptroute aus afghanischen Drogenanbaugebieten zu den Absatzmärkten in Russland und Europa verläuft durch Tadschikistan und Kirgistan. Islamistische Gruppierungen finanzieren sich partiell aus dem Drogenhandel. Organisiertes Verbrechen und die Anfälligkeit der unterbezahlten Staatsbeamten für Korruption sind eng miteinander verwoben.

Die säkulare Zentralregierung in Bischkek hat diese Prozesse immer weniger unter Kontrolle. Radikale islamistische Organisationen, die aus Zentralasien ein Kalifat machen wollen, gewinnen im liberalen Kirgistan an Zulauf. Hier haben sie ein vergleichsweise leichtes Spiel. Autoritäre Maßnahmen in dem Umfang, wie sie in den Nachbarländern gang und gäbe sind, soll es in Kirgistan nicht geben. Doch eine Alternative dazu hat die Regierung noch nicht gefunden.

Tadschikistan

Im »Land der Arier«

2017 teilte das tadschikische Bildungsministerium mit, dass es Schülern und Schülerinnen in Tadschikistan verboten wird, Bärte bzw. lange Haare zu tragen. Darüber hinaus ist es Schülerinnen verboten, enge und kurze Röcke sowie die muslimische Verschleierung Hidschab zu tragen. Verboten sind bei Jungen und Mädchen auch Schmuckgegenstände (Piercing) an der Nase, am Hals oder an der Augenbraue sowie farbiges Schminken. Bei Letzterem geht man davon aus, dass das nur Mädchen zusteht. Verboten sind ferner zerrissene Jeans und T-Shirts mit Werbeschriften oder der Symbolik anderer Staaten. Sportkleidung darf nur während des Sportunterrichts oder bei Arbeitseinsätzen (Subbotniks) getragen werden. Für Jungen sind lange Fingernägel genauso ein Tabu wie Ohrringe. Die nationale Kopfbedeckung (Kopftuch für Mädchen und Tjubetejka, eine meist bestickte Kappe, für Jungen) ist in den Schulen hingegen seitens des Bildungsministeriums gern gesehen.

Von den Staaten Zentralasiens ist Tadschikistan derjenige mit der wechselvollsten Geschichte seit der Unabhängigkeit am 9. September 1991. Die erste Hälfte der 1990er Jahre war von Machtkämpfen, Terror und Bürgerkrieg geprägt. Schon vor 1990 galt Tadschikistan als das Armenhaus der Sowjetunion und war stets von Transferleistungen abhängig. Auch heute noch lebt der größte Teil der Bevölkerung in Armut. Die Lage des Bildungswesens in Tadschikistan ist beängstigend, ebenso die Lage des Gesundheitssystems und die wirtschaftliche Situation generell. Die Einkommen von Lehrern oder Ärzten sind miserabel.

Mehr als 80 Prozent der Einwohner sind Tadschiken, ein muslimisches, persisches Volk. Sie sind aber überwiegend keine Schiiten wie die Iraner, sondern Sunniten. Nur eine Minderheit der Tadschiken gehört einem Zweig des schiitischen Islams an. Es handelt sich bei ihnen um Ismailiten. Ihr Oberhaupt, Aga Khan, unterhält in Tadschikistan eine Vielzahl von religiösen und halbreligiösen Einrichtungen. So kann man beispielsweise auch als Tourist in seinen Gästehäusern übernachten.

Der Rest der Einwohner Tadschikistans setzt sich überwiegend aus Russen, Usbeken, Kirgisen und Turkmenen zusammen. Bis 1991 hatten auch Aschkenasen (Juden) in Tadschikistan gelebt. Sie wurden vertrieben.

Nur sieben Prozent der Fläche Tadschikistans ist bewohnbar und für die Landwirtschaft geeignet, der Rest ist eine beeindruckende, jedoch kaum zugängliche Hochgebirgslandschaft. Die größten Berge Zentralasiens liegen auf tadschikischem Territorium. Der höchste Gipfel, der einstige Pik Kommunismus bzw. Pik Stalin, heißt heute Pik Ismail Samani, benannt nach Ismail I., der im 10. Jahrhundert die persisch-muslimische Samanidendynastie auf ihren Machthöhepunkt führte. Die Samaniden, von denen die Tadschiken abstammen, beherrschten damals ganz Zentralasien und das Gebiet des heutigen Irans und drangen sogar ins Grenzgebiet zu Indien vor.

Doch der Stolz der Tadschiken reicht noch weiter zurück. Sie verstehen sich als »Land der Arier«. Die Deutschen mag man. Nicht nur, weil sie die Ersten waren, die 1991 eine Botschaft in Duschanbe eröffnet haben, sondern wegen ihrer angeblichen Herkunft. Die Tadschiken halten sich für Abkömmlinge indogermanischer bzw. arischer Stämme, die vor 3500 Jahren den indischen Subkontinent erreichten. Sie haben kein Problem damit, dass der Arier-Begriff in den Jahren des Nationalsozialismus in Deutschland auf eine antijüdische Bedeutung verengt wurde. Im Gegenteil. Es ist keine Seltenheit, dass kleine Kinder deutsche Besucher mit »Heil Hitler!« begrüßen. Man will freundlich sein. Komplettiert wird dieses Bild durch ein zweistöckiges Haus in Istarawschan. Dieses wird als »Palast der Arier« bezeichnet und dient heute als Museum. An den Wänden hängen Fotos des tadschikischen Präsidenten Emomali Rachmon, der sich mit seinem früheren »arischen Kollegen« aus dem Iran, Mahmud Ahmadinedschad, trifft. Außer dieser Wandzeitung gibt es in dem Gebäude nichts zu sehen.

Wollte man aus Usbekistan kommend nach Duschanbe gelangen, musste man vor wenigen Jahren noch die hohen Pässe des Sarawschan-Gebirges überqueren. Die Passstraßen glichen einem Minenfeld. Die Strecke führte entlang kaputter und unbefestigter Straßen, direkt an den Berghängen. Die zahlreichen Autowracks, die in Hunderten Metern Tiefe am Abgrund des Gebirges lagen, waren Zeugen dieser Gefahr. Die Straße ist vor kurzem neu asphaltiert worden. Tunnel, teilweise von iranischen Firmen gebaut, verkürzen heute die Fahrzeit. Die Straßen in Tadschikistan werden von China erneuert. Schließlich benötigt das Land für den Export seiner Waren in Richtung Norden eine gute Infrastruktur. Dass die von chinesischen Strafgefangenen durchgeführten Arbeiten auch menschliche Opfer fordern, wird billigend in Kauf genommen. Wirtschaftliche Interessen genießen Priorität. 2015 ist der Norden Tadschikistans mit Duschanbe im Westen durchgehend mit einer ordentlichen Straße verbunden worden. Man verlangt dafür Straßenmaut.

Die Hauptstadt Duschanbe

Duschanbe liegt am Fuße des Hissar-Gebirges, das sich über Usbekistan und Tadschikistan erstreckt. Der Name der Hauptstadt bedeutet Montag und bezieht sich auf den Wochenmarkt, der dort an diesem Tag früher immer stattfand. Zu Beginn der sowjetischen Ära war Duschanbe noch ein Dorf. Die Stadt Hissor, im Westen Tadschikistans gelegen, wäre die bessere Hauptstadtwahl gewesen. Hier unterhielt der Emir von Buchara, zu dessen Reich Teile Tadschikistans im 19. und 20. Jahrhundert gehörten, eine seiner Residenzen. Die Sowjets wollten diese Residenzstadt jedoch nicht als neue sozialistische Hauptstadt sehen, und so entschieden sie sich 1924 dafür, Duschanbe zur Hauptstadt der damaligen Tadschikischen Autonomen Sozialistischen Sowjetrepublik zu machen. 1929, bei der Umwandlung in die eigenständige Tadschikische Sozialistische Sowjetrepublik, erhielt die Ortschaft den Ehrennamen Stalinabad verliehen, welchen sie bis 1961 trug. Im Kampf gegen den Analphabetismus baute man Schulen und Universitäten. Bald zur größten Stadt Tadschikistans geworden, zählt Duschanbe heute um die 800 000 Bewohner. Die meisten ausländischen Besucher zieht es ins Nationalmuseum, der liegende Buddha, der dort zu besichtigen ist, gehört zu den weltweit größten Buddha-Darstellungen. Am zentralen Platz der Stadt befindet sich ein Denkmal, das zu Ehren des persischen Samanidenherrschers Ismail Samani (849 – 907) errichtet wurde. Ismail Samani, den die Tadschiken als »Vater der Nation« verehren, stammte aus Fergana. Unter ihm konnte sich vor über 1100 Jahren die Samanidendynastie in Zentralasien konsolidieren.

An dem höchsten Flaggmast der Welt, seine Höhe beträgt 165 Meter, weht heute die rot-weiß-grüne tadschikische Flagge über der Stadt – ein Streben nach Rekorden und internationaler Anerkennung in einem Land, das als das ärmste der ehemaligen Sowjetunion galt und heute das Armenhaus Zentralasiens ist.

Die meisten jungen Tadschiken verdingen sich als Gastarbeiter in Russland. Der in Duschanbe geplante Bau der größten Moschee Zentralasiens dürfte die Probleme des Landes nicht beheben. Die wirtschaftlichen Nöte Tadschikistans stehen auch im sichtbaren Widerspruch zum prunkvollen Präsidentenpalast, dem eine goldene Kuppel aufgesetzt wurde.

Rivalitäten nach der Unabhängigkeit

Nach der Unabhängigkeit konkurrierten in Tadschikistan islamische und säkulare Kräfte sowie einzelne Clans um die Macht. Zu dieser schwierigen Interessenlage kamen unterschiedliche Einflüsse aus den Nachbarländern. Aus Afghanistan drangen Drogenschmuggler und Islamisten über die Grenze. Russland brauchte Tadschikistan als geografischen Puffer. Der Iran griff durch die kulturelle und sprachliche Gemeinsamkeit beider Länder nach politischem Einfluss. Usbekistan betrachtete sich als Schirmherren für die in Tadschikistan lebenden Usbeken. Und China hatte Interesse am Markt und an den Transitstrecken seines Nachbarlandes.

Im November 1991 gewann Rachmon Nabijew die Präsidentschaftswahlen. Er hatte zuvor bereits alle wichtigen Ämter im sozialistischen Tadschikistan innegehabt: Er diente als Vorsitzender des Ministerrates und Erster Sekretär des Zentralkomitees der Kommunistischen Partei. Nach dem Augustputsch von 1991 gegen Michail Gorbatschow, in dessen Folge es auch in Tadschikistan zu Absetzbewegungen aus dem Verbund der UdSSR kam, wurde Nabijew Vorsitzender des Obersten Sowjets der Noch-Sowjetrepublik. Als erster Präsident des unabhängigen Tadschikistans baute er zügig ein autokratisches Herrschaftssystem auf und knüpfte an Sowjetstrukturen an.

Doch der Widerstand der islamischen Oppositionellen, die es im postsowjetischen Raum so nur in Tadschikistan gab, war stark. Ein halbes Jahr später, im Mai 1992, mündeten die Auseinandersetzungen in einen grausamen Bürgerkrieg. Die Vereinigte Tadschikische Opposition – ein Zusammenschluss muslimisch bestimmter Interessengruppen, der von der Partei der Islamischen Wiedergeburt dominiert wurde – stürmte den Präsidentenpalast. Nach und nach breitete sich die Gewalt im ganzen Land aus. Im November 1992 stand Nabijews Regime vor einer militärischen Niederlage, seine eigenen Leute stürzten ihn schließlich.

Nachfolger wurde Emomali Rachmonow, der einen Anschluss

des Landes an Russland und die Wiederherstellung der Sowjetunion forderte. Er sicherte sich die militärische Unterstützung der russischen Armee. Die islamische Opposition kämpfte ihrerseits mit Unterstützung von Mudschaheddin aus Afghanistan, die den bewaffneten Konflikt immer wieder anfachten. Rachmonow wurde 1994 zum neuen Präsidenten gewählt. Kurz darauf gelang es ihm, mit russischer und usbekischer Hilfe einen Waffenstillstand mit der islamischen Opposition zu schließen. 1997 endete der Krieg offiziell mit einem Friedensvertrag, der in Moskau unterzeichnet wurde. Rachmonow musste der Partei der Islamischen Wiedergeburt zusichern, sie an der Macht in Tadschikistan zu beteiligen. Das geschah formal auch. Die Volksdemokratische Partei Tadschikistans – die Präsidentenpartei – und die Partei der Islamischen Wiedergeburt bildeten eine Einheitsregierung. Damit wurde die Islamische Wiedergeburt Tadschikistans die einzige legale religiöse Partei in ganz Zentralasien.

Die Mehrheit der oppositionellen Warlords, also der bewaffneten Clanchefs, hielt sich zunächst an den Friedensschluss. Einige von ihnen erhielten staatliche Ämter, viele aufständische Kämpfer wurden in die tadschikische Armee und Polizei integriert. Zunächst kehrte Ruhe ein. Der langjährige Bürgerkrieg hatte das ohnehin schon schwache Land regelrecht zerstört. Nach UN-Angaben forderte er mehr als 50 000 Todesopfer. Die heimische Wirtschaft, Landwirtschaft und Infrastruktur lagen 1997 in Trümmern. Hunderttausende Menschen waren nach Afghanistan geflohen und der Großteil der slawischen Bevölkerung nach Russland abgewandert, was einem Exodus der wissenschaftlichen, kulturellen und wirtschaftlichen Elite gleichkam.

Der letzte Stalin der Sowjetunion

In Ascht, einer kleinen Stadt nahe der Grenze zu Usbekistan, steht ein ganz besonderes Denkmal: Stalin. Es dürfte sich um eines der letzten Stalin-Denkmäler in der früheren Sowjetunion im öffentlichen Raum handeln. In Tadschikistan schien alles möglich zu sein – ein Stalin-Denkmal und eine zugelassene islamische Partei. Indes wurde man in dem Land lange Zeit auch in positiver Weise überrascht. Die Medien berichteten ausgesprochen frei im Vergleich zu den Nachbarstaaten, und es gab beinahe so etwas wie demokratische Strukturen. Doch das hat sich inzwischen verändert.

Personenkult und Gottesstaat

Der tadschikische Präsident, Emomali Rachmonow, festigte nach dem Ende des opferreichen Bürgerkrieges seine Macht. In hohen staatlichen Ämtern fanden sich bald nur noch seine Verwandten oder Vertraute aus seiner südlichen Heimatregion Kulab wieder. Die gemeinsame Regierung mit der Partei der Islamischen Wiedergeburt wurde zur Fassade. Korruption, Inkompetenz und Vetternwirtschaft breiteten sich aus. Rachmonow genießt den aufkommenden Kult um seine Person. Keine Stadt in Tadschikistan kommt ohne Plakatwände aus, von denen aus der Landesvater herunterlächelt. Sogar seinen Namen änderte der Präsident, er strich die russische Endung »ow« und heißt seitdem nur mehr Rachmon – das klingt tadschikischer. Rachmon setzte zudem durch, aus usbekischen und kirgisischen Turksprachen stammende Ortsnamen in rein tadschikische Namen zu ändern. So ordnete der Präsident zum Beispiel im Jahr 2018 an, die Stadt Kurgan-Tjube in Bochtar umzubenennen.

Die Entwicklung in Tadschikistan stand in den letzten Jahren unter keinem guten Stern. Im September 2015 lieferten sich in Duschanbe bewaffnete Banden Schießereien mit der Polizei und der Armee. Die Attacken galten dem Verteidigungsministerium und einer Polizeistation. Der Vizeverteidigungsminister des Landes soll gemeinsam mit Islamisten hinter den Angriffen gesteckt haben. Es gab mehrere Tote.

Die ehemaligen Warlords des Bürgerkrieges hatten sich nach dem Friedensschluss allmählich wieder in ihre Stammesgebiete zurückgezogen. Sie beschränkten sich zunächst darauf, die Lokalpolitik möglichst unabhängig von der zentralen Staatspolitik zu betreiben. Doch mit der Zeit wuchs der Ärger über Rachmons Regierung immer weiter. Rachmon regiert zunehmend selbstherrlich. Die wichtigsten Posten im Land vergibt er an engste Vertraute oder Familienmitglieder. Rachmons Sohn, Rustam Emomali (geb. 1987) ist seit 2017 Bürgermeister von Duschanbe. Er soll als Nachfolger des Staatspräsidenten aufgebaut werden. Kritische Pressestimmen werden zunehmend unterdrückt.

Der Osten des Landes besteht fast ausschließlich aus unzugänglichem Gebirge und wurde Rückzugsort für Angehörige der verbotenen Islamischen Bewegung Usbekistans (IBU) und der Hizb ut-Tahrir, beides radikale Organisationen, die die Abschaffung der säkularen Staaten in Zentralasien fordern und von einem islamischen Großkhanat, einem Gottesstaat, träumen.

Solche Ideen finden zunehmend auch im Norden des Landes Anklang, wo im Fergana-Tal Kirgistan, Tadschikistan und Usbekistan aufeinandertreffen. Fundamentalistische Einflüsse, die aus Afghanistan nach Tadschikistan drängen, und die nach wie vor schlechte wirtschaftliche Lage beflügeln islamistische Träume. Seit dem Wegfall der Versorgung durch die Sowjetunion ist das kleine Land permanent auf Unterstützung durch internationale Hilfsorganisationen angewiesen.

Tadschikistan ist traditionell eng mit Afghanistan verbunden. Im Norden Afghanistans leben vier Millionen Tadschiken, das ist mehr als die Hälfte der Einwohner Tadschikistans selbst. Der Norden Afghanistans wird immer unruhiger, die Taliban werden aktiver, der aus Syrien und dem Irak zurückgedrängte sogenannte Islamische Staat sucht seit 2017 zudem ein neues Ankerland. Es könnte Afghanistan werden. Der Prozess überträgt sich spürbar auf den Süden und Südosten Tadschikistans. Eine funktionierende Infrastruktur existiert dort kaum. Immer wieder gab es in letzter Zeit Anschläge oder Scharmützel Aufständischer mit der tadschikischen Armee.

Die Grenze Tadschikistans zu Afghanistan ist 1300 Kilometer lang und schwer zu sichern. Afghanische Rebellen nutzen die Berge Tadschikistans als Rückzugsgebiet. Zudem führen mehrere lukrative Drogenschmuggelrouten über die afghanisch-tadschikische Grenze. Die Ware ist für den russischen bzw. den europäischen Markt bestimmt. Russland und die EU sind entsprechend besorgt. Russland unterhält in Tadschikistan eine Militärbasis mit 6000 Soldaten. 2012 wurde der zugrunde liegende Vertrag um 39 Jahre verlängert. Dennoch sieht man kaum russische Truppen an der tadschikisch-afghanischen Grenze. Die tadschikischen Grenztruppen selbst sind schlecht ausgerüstet. Es gibt zu wenig Personal und zu wenige Posten, um die Grenze ernsthaft kontrollieren zu können. Offenbar ist das in bestimmten Gebieten seitens der tadschikischen Clanchefs auch gar nicht gewollt, zu einträglich ist das Schmuggelgeschäft.

In der dünnbesiedelten Ostprovinz Berg-Bedachstan im Pamir-Gebirge, wo auch der Pik Ismail Samani liegt, bildet der Fluss Pjandsch die natürliche Grenze nach Süden zu Afghanistan. Bei Niedrigwasser kann man ihn an manchen Stellen durchqueren. Hier leben keine Sunniten, sondern Ismaeliten, die schon im Mittelalter erbitterte Feinde ihrer sunnitischen Nachbarn waren. Die ismaelitischen Tadschiken bewohnen beide Seiten des Flusses, d. h. sowohl in Tadschikistan als auch in Afghanistan.

Ischkaschim, an der südlichsten Spitze Tadschikistans gelegen, war während der Sowjetzeit ein beliebter Kurort im Hochgebirge. In den vergangenen zwei Jahrzehnten wurde er jedoch vernachlässigt, es gibt kaum noch Besucher. Kein Wunder also, dass Touristen gern gesehen sind und so etwas wie eine lokale Attraktion darstellen. An jedem Samstag wird direkt am Grenzübergang ein Basar abgehalten. Afghanen strömen über eine Brücke nach Tadschikistan und bieten Stoffe, Gewürze und Fleisch an. Ein Visum benötigen sie nicht. Es gibt kaum Kontrollen.

Islamistischer Terror

Das dichtbesiedelte Fergana-Tal im Norden, dessen tadschikischer Teil zur Region Sogd gehört, gilt den islamistischen Ideologen als Herz eines geplanten religiösen Großreichs. Hier ticken die Uhren traditionell anders als in der Hauptstadt Duschanbe, wo man Frauen mit Kopftuch eher selten sieht, geschweige denn mit Ganzkörperschleier. Stattdessen ist moderne, westliche Kleidung angesagt, Miniröcke und Highheels gehören zum Straßenbild. Im tadschikischen Parlament liegt der Frauenanteil bei immerhin 21 Prozent.

Im Fergana-Tal tragen hingegen viele Frauen Kopftücher, die Trennung von Männern und Frauen wird in vielen Lebensbereichen konsequent praktiziert. Die Sicherheitsbehörden behalten die religiösen Bürger hier besonders scharf im Auge. Es kommt immer wieder zu Verhaftungen.

In Tadschikistan wurden islamistische Aktivisten in den vergangenen Jahren von Seiten der Regierung mit mehreren Anschlägen in Verbindung gebracht, so unter anderem mit einem Angriff auf ein Hochsicherheitsgefängnis in Duschanbe im Jahr 2010. 25 Häftlingen gelang die Flucht. Dafür töteten sie sechs Wärter. Es war der Beginn einer Welle der Gewalt. Im selben Jahr gab es den ersten Selbstmordanschlag in der Geschichte des unabhängigen Tadschikistans: Ein Attentäter lenkte sein Fahrzeug auf ein Polizeigelände in Chodschand, einer großen Stadt im Norden des Landes, brachte es zur Explosion und tötete dabei drei Polizisten. Dutzende Personen wurden verletzt. Kurze Zeit später explodierte in einem Nachtklub der Hauptstadt eine Bombe, sieben Menschen wurden verletzt. Die Regierung reagierte auf die terroristischen Aktivitäten mit Härte. Exemplarisch hierfür war eine groß angelegte Militäroperation, welche auf den Angriff auf das Hochsicherheitsgefängnis 2010 folgte. Zwischen September 2010 und November 2011 kämpften Regierungstruppen im Rascht-Tal gegen islamistische Kräfte, die sich in dieses Gebiet zurückgezogen hatten. Vorübergehend stellte die Regierung diesen Teil des

Landes unter vollständige Kontrolle des Militärs. Als in Grenznähe zu Afghanistan ein Militärkonvoi der Regierungstruppen in einen Hinterhalt geriet und mehr als 20 Soldaten dabei ums Leben kamen, wurden schließlich die Telefonverbindungen in die Region unterbrochen. Es gab keine Berichterstattung mehr. Den Soldaten gelang es, einflussreiche Islamisten zu liquidieren sowie die flüchtigen Insassen, die aus dem Gefängnis ausgebrochen waren, erneut festzusetzen oder zu erschießen. Insgesamt fielen dem Militäreinsatz mehr als 100 Menschen zum Opfer.

Im Internet konnte man lesen, der tadschikische Staat sei nicht mehr in der Lage, für Sicherheit im Land zu sorgen. Die Regierung reagierte darauf äußerst ungehalten, ließ zahlreiche Webseiten sperren und beschuldigte die Massenmedien der Destabilisierung des Landes. Seitdem gibt es kaum noch unabhängige Informationen aus dem Osten Tadschikistans.

Angst vor Bärten

In allen Ländern Zentralasiens weiß man um die Gefahr für Sicherheit und Stabilität, die von islamistischen Gruppierungen ausgeht. Aber in keinem Land wird diese Furcht so umfangreich in Gesetze umgesetzt wie in Tadschikistan. Moscheen und Imame werden von staatlicher Seite strengstens kontrolliert, die Zahl der legalen Moscheen sinkt stetig. Kindern und Jugendlichen ist der Zutritt zu Moscheen inzwischen komplett verboten worden, kürzlich wurden Hunderte Theologiestudenten aus dem Ausland zurückbeordert. 2015 reduzierte Tadschikistan die Quote für Pilgerfahrten nach Mekka. Zeitgleich wurde die Partei der Islamischen Wiedergeburt verboten.

Bereits 2009 war ein Gesetz erlassen worden, das es Lehrern verbietet, einen Bart zu tragen – Ausnahmen waren Lehrer, die älter als 50 Jahre waren. Ihnen wurde eine Bartlänge von drei Zentimetern zugestanden. Seit 2015 sind Bärte bei Männern und sogenannte Hidschabs, mit denen sich muslimische Frauen verschleiern, in der Öffentlichkeit generell tabu. Die Verbote werden kontrolliert, deren Nichtbeachtung wird geahndet. 2017 wurden drei Schauspieler, die sich Bärte für ein Theaterstück wachsen ließen, von einem Richter erst dann aus der Haft entlassen, nachdem ihnen eine Sondergenehmigung erteilt worden war, die Bärte so lange zu tragen, wie sie das Stück »Der Tod des Wucherers« im Theater aufführten. Seit 2017 gibt es strenge Kleidungsvorschriften für Schüler.

Präsident Rachmon ruft seine Bürger gebetsmühlenartig dazu auf, sich auf ihre tadschikischen Traditionen zu besinnen, die er implizit von islamischen Traditionen trennt. Eltern sollen ihren Kindern keine arabischen Namen wie Aischa oder Mohammed geben, sondern lieber persische, wie Tahmeena und Jamshed. Der Trend weist jedoch in die entgegengesetzte Richtung. Bei Problemen wenden sich die Menschen inzwischen lieber an religiöse Autoritäten als an staatliche Stellen, denen kaum noch jemand vertraut.

Auf Grundlage dieser religiösen Bestrebungen versucht der Iran seit Jahren, seinen Einfluss auf das einzige persischsprachige Land Zentralasiens auszuweiten. In Teheran träumt man von einer kulturellen und politischen Union – und natürlich davon, dass Tadschikistan der erste islamische Staat in Zentralasien wird. Bezeichnend für den iranischen Vorstoß nach Tadschikistan ist der Bau eines fünf Kilometer langen Tunnels kurz vor Duschanbe. Ahmadinedschad weihte ihn 2006 persönlich ein, weder er noch seine Nachfolger würden ihn aber wohl selbst befahren wollen. Die Fahrbahn ist nicht asphaltiert und kraterartig, Wasser dringt ein und steht an manchen Stellen kniehoch, auf fünf Kilometern gibt es weder Notausgänge noch Lüftung oder Licht. Es ist nur eine Frage der Zeit, bis es hier zu einer Katastrophe kommt. Viele Autofahrer klagen über Kopfschmerzen nach der Durchfahrt. Derzeit probiert man, zumindest die zweite Tunnelröhre fertigzustellen und damit den gefährlichen Gegenverkehr im unbeleuchteten Tunnel zu beenden.

Präsident Rachmon lässt sich vom Iran gern umwerben. Auch

wenn der Tunnelbau ein Fehlschlag war, investieren die Iraner in die tadschikische Infrastruktur, geben Kredite und unterstützen das Land beim Bau von Wasserkraftwerken. Andererseits fürchtet Rachmon den religiösen Einfluss und lässt immer mehr Menschen unter dem Verdacht des islamischen Extremismus festnehmen. Dies wiederum treibt Islamisten neue Sympathisanten zu.

Auch die Ideologie des sogenannten Islamischen Staates dringt mittlerweile unübersehbar nach Tadschikistan. Mehrere hundert, vielleicht auch mehr als tausend Tadschiken kämpften oder kämpfen für die Terrororganisation in Syrien, im Irak und in Libyen. 2014 ernannte der IS einen von ihnen zum Emir von Rakka, der damaligen sogenannten Hauptstadt des Terrorstaates. 2015 lief ein hochrangiger tadschikischer Offizier, Gulmurod Chalimow, nach Syrien über, um sich mit Weggefährten der Terrormiliz anzuschließen. Chalimow hatte bis dahin die OMON-Sonderpolizei geleitet, deren Aufgabe pikanterweise die Terrorismusbekämpfung und der Schutz des tadschikischen Präsidenten ist. Aus seinem Exil drohte er mit schwarzem Kopftuch und Maschinengewehr im Arm über das Internet: »Hört, Amerikaner, ihr Schweine. (…) Wenn Gott will, komme ich mit dieser Waffe in eure Städte, in eure Häuser und töte euch.« Gleichzeitig drohte er Russland, vor allem aber seiner früheren Heimat Tadschikistan. Die Tadschiken forderte er auf, sich dem Kampf des »Islamischen Staates« anzuschließen. 2015 haben Tadschikistan und Kirgistan in Kooperation mit Russland entsprechende Krisensituationen simuliert und gemeinsame Übungen abgehalten. Organisatoren waren tadschikische und kirgisische Grenztruppen sowie russische Militärexperten. Simuliert wurde eine massive Grenzüberschreitung von Terroristen und lokalen Einwohnern. Ziel war es, die Zusammenarbeit und Kommunikation der verschiedenen Sicherheitskräfte in vertikaler und horizontaler Ebene zu verbessern.

Streit um Wasser

Auf den westlichen Nachbarn Usbekistan war man in Tadschikistan lange Zeit nicht gut zu sprechen, und das obwohl auf tadschikischem Territorium über eine Million Usbeken leben. Die Tadschiken betrachten die usbekischen Städte Samarkand und Buchara als ihr traditionelles Siedlungsgebiet. Dort leben heute noch überwiegend Tadschiken. Streitigkeiten zum jeweiligen Geschichtsverständnis des Nachbarn tragen die beiden Länder seit ihrer Unabhängigkeit aus.

Wesentlich handfester waren jedoch die Auseinandersetzungen um die Wasserverteilung. Die Länder Zentralasiens entnehmen ihr Wasser zwei großen Flüssen, die durch die Region in Richtung Aralsee fließen, dem Syr-Darja und dem Amur-Darja. Deren Quellflüsse entspringen in Kirgistan und Tadschikistan. Obwohl die Länder am Unterlauf der beiden Flüsse – Usbekistan, Turkmenistan und Kasachstan – reich an Energieressourcen wie Erdöl und -gas sind, bleiben sie von ihren höher gelegenen Nachbarn in Bezug auf die Wasserversorgung abhängig. Niederschläge gibt es nur wenig und sehr unregelmäßig, im Sommer regnet es nahezu gar nicht.

In der Sowjetzeit erhielten Tadschikistan und Kirgistan als Kompensation für die eingeschränkten Nutzungsmöglichkeiten der eigenen Wasserressourcen Strom, Gas oder Kohle sowie landwirtschaftliche Produkte aus Russland, Kasachstan, Usbekistan und Turkmenistan. Nach der Unabhängigkeit der zentralasiatischen Staaten wurden die vorhandenen Wasserverteilungsmuster und Verträge bestätigt. Allerdings ist heute kein Kreml in Moskau mehr dafür verantwortlich, die Einhaltung der Abkommen zu überwachen. Seit 1991 entbrannten immer wieder Auseinandersetzungen um Entnahmequoten, jedes Land fühlt sich von den anderen hintergangen. Dabei geht es um viel Geld: Die einen brauchen das Wasser, um wertvolle Baumwolle zu züchten, die anderen für ihre Wasserkraftwerke.

Die tadschikisch-usbekischen Beziehungen waren besonders

angespannt, nachdem Tadschikistan beschlossen hatte, in Rogun, am Fluss Wachsch, das größte Wasserkraftwerk Zentralasiens zu bauen. Das Mammutprojekt stammt noch aus der sowjetischen Zeit. Der Damm von Rogun soll etwa 335 Meter hoch werden. Damit wäre er der höchste Staudamm der Welt. Das Stauvolumen soll 12 Billionen Kubikmeter betragen.

Mit diesem Kraftwerk könnte Tadschikistan die Wassermenge des Amu-Darja beträchtlich verringern und so die Unteranlieger des Flusses massiv unter Druck setzen. »Wir haben kein Öl, und wir haben kein Gas«, sagt der Vizeaußenminister: »Allah hat uns Wasser gegeben!« Den damit erzeugten Strom will Tadschikistan später vor allem nach Afghanistan und Pakistan verkaufen.

Tadschikistan nutzte bisher jede Möglichkeit, um Finanzmittel für den Bau von Rogun zu akquirieren. 2010 führte man im Land eine große Kampagne für den Verkauf von Aktien des neuen Wasserkraftwerkes (WKW) durch. Letztlich wurden sie unter Zwang an den Mann gebracht. Rachmon hielt eine Rede, in der er seine Überzeugung zum Ausdruck brachte, dass sicherlich jeder Bürger Tadschikistans moralisch und materiell den Bau des WKW Rogun unterstützen und damit die Interessen des Staates und der Nation schützen wolle. Usbekistan protestierte gegen den Bau von Rogun. Einerseits sei die Erdbebengefahr in der Region nicht ausreichend berücksichtigt worden, andererseits würde durch den Bau die Wasserversorgung Usbekistans gefährdet. Eisenbahnlinien nach Tadschikistan wurden von usbekischer Seite aus blockiert, die gegenseitigen Beziehungen erreichten zwischenzeitlich einen Tiefpunkt. Für den Streitfall wurde mit der Weltbank ein Schiedsrichter beauftragt, um die Auswirkungen einer tatsächlichen Realisierung des Projekts zu prüfen. Im September 2014 hat die Weltbank die technische Machbarkeit des Großprojekts bestätigt und damit Duschanbe ein schlagkräftiges Argument für die Umsetzung geliefert. Die zentralasiatische Bevölkerung sowie die Umwelt seien dabei nicht in Gefahr. Usbekistan erkannte dieses Gutachten jedoch nicht an. Die Gefahren der politischen Erpressbarkeit, denen das Land im Falle des Staudammbaus durch Tadschikistan ausgesetzt wäre, standen für die Regierung in Taschkent an erster Stelle. Der 2016 verstorbene usbekische Präsident Islam Karimow drohte für den Fall, dass Tadschikistan sich die Möglichkeit schaffe, Usbekistan von den Wasseradern abzukoppeln, zwischenzeitlich sogar mit der Armee. Seit 2017 aber setzte Karimows Nachfolger Schawkat Mirsijojew deutliche Zeichen der Entspannung. Usbekistan und Tadschikistan sind bemüht, in der Wasserfrage eine zufriedenstellende Regelung zu finden. Die unterbrochene Eisenbahnverbindung zwischen Usbekistan und Tadschikistan soll wieder hergestellt werden. Es gibt seit 2018 sogar eine regelmäßige Flugverbindung zwischen Duschanbe und Taschkent. Und selbst beim schwierigen Thema der gemeinsamen Geschichte und Kultur herrscht keine Sprachlosigkeit mehr vor. In Duschanbe fanden 2017 usbekische Kulturtage statt. Für zentralasiatische Befindlichkeiten ist das beinahe eine Sensation.

Turkmenistan

Turkmenische Dressurakte

Gurbanguly Berdimuchamedow, Präsident Turkmenistans, verteilt Prämien. In einem riesigen Saal steht er vor der Fahne seines Landes. Vor ihm, in Reih und Glied, reihen sich die zu ehrenden Beamten auf. Im Arm halten sie riesige weiße Blumensträuße. Weiß ist die Lieblingsfarbe des »Arkadag« (Beschützer), ein Titel, mit dem sich der Turkmenenpräsident gern glorifizieren lässt. Derjenige Beamte, an dessen Reihe es ist, sich dem Präsidenten zu nähern, läuft in gebückter Haltung und mit kleinen, schnellen Trippelschritten auf Berdimuchamedow zu. Der Riesenblumenstrauß im Arm sollte eigentlich Probleme bei der Koordination der Bewegungen bereiten, aber natürlich werden Begegnungen mit dem »Beschützer« vorab penibel trainiert. Beim Präsidenten angelangt, vermeiden die Beamten jeden Augenkontakt. Sie schauen auf den Fußboden und müssen dabei aufmerksam genug sein, den Moment zu erkennen, in dem Berdimuchamedow ihnen lässig seine rechte Hand entgegenstreckt, um diese ihrerseits mit beiden Händen zu ergreifen und gleichzeitig den Kopf so weit hinabzubeugen, dass die Stirn symbolisch die heilige Hand ihres Führers berührt.

Sollten sie sich derartig in seiner Gnade befinden, dass sie eine Prämie in Form eines Kistchens mit einer Medaille erhalten, ist der Dressurakt besonders schwierig. Sie nehmen den Kasten mit gekrümmtem Rücken und mit beiden Händen entgegen, die Gesichtszüge sollten dabei Glücksgefühle und Begeisterung ausstrahlen, und gleichzeitig müssen die Geehrten den Rückzug antreten. Mit sich rasch wiederholenden Bückbewegungen, wiederum trippelnd, diesmal aber im Rückwärtsgang, entfernen sie sich von ihrem Herrscher, den Blick dabei unablässig auf das Geschenk gerichtet, mit dem sie Berdimuchamedow soeben beglückt hat. In gebührendem Abstand vom Präsidenten bleiben sie dann stehen. Die Bückhaltung muss beibehalten werden. Während in Richtung des Präsidenten in ständiger Wiederholung Verbeugungen zu vollziehen sind, ist zeitgleich die Kiste, die ehrfürchtig mit beiden Händen gehalten wird, in einer Art schnellen, kreisenden Bewegung mehrfach mit der Brust und der Stirn zu berühren, um sie anschließend beglückt zu küssen. Damit ist es vollbracht. Der Beamte kann abtreten. Das alles vollzieht sich in atemberaubender Geschwindigkeit. Eine wahrhaftige Dressurleistung!

Der Personenkult in Turkmenistan um Berdimuchamedow ist heute allgegenwärtig. Wird der Präsident irgendwo im Land erwartet, stehen Schulklassen stundenlang in praller Sonne. Es wurde über Fälle berichtet, dass Soldaten, die in ihren schweren Uniformen von früh am Morgen bis spät am Abend auf Berdimuchamedow, der sich zu einem Truppenbesuch angesagt hat, ausharrten, ihre Notdurft schließlich in der Uniform verrichteten. Gurbanguli Berdimuchamedow bemüht sich, modern zu wirken. Dafür versammelt er schon mal seine gesamte Ministerriege in einem Sportsaal, um ihnen zu zeigen, wie man die Geräte benutzt und man Hanteln stemmt. Dass diese im turkmenischen Fernsehen übertragenen Fitness-Stunden aufgrund der nicht eben durchtrainierten Körper der turkmenischen Führungselite unfreiwillig komisch wirken, scheint niemanden zu interessieren. Am »Tag der Volksgesundheit« überträgt das Fernsehen in stundenlanger Wiederholung, wie der Präsident auf einem Mountainbike, das allerdings deutlich zu klein für den schweren Mann ist, durch Aschgabat fährt. Berdimuchamedow, so die Botschaft, kann eben alles: In den Hauptnachrichten sieht man ihn gärtnernd. Es ist wie selbstverständlich der Nachrichtenplatz Nummer eins, wenn der Präsident mit einer Gießkanne ausgerüstet tonlos zehn Minuten Blumen bewässert, dabei umstanden von seinem Hofstaat. Berdimuchamedow singt zur Gitarre, er fährt in Endlosschleifen Fahrrad, er steuert Rennautos und er reitet Galopp. Letzteres aber etwas seltener als früher. Seit 2013, als bei einem Galopprennen Berdimuchamedows Pferd kurz vor der Ziellinie die Vorderbeine einknickten und der »Beschützer Turkmenistans« vor Tausenden von Zuschauern kopfüber auf der Sandbahn landete, ist er vorsichtiger geworden. Der Stadionsprecher verkündete damals zwar sofort: »Unser geliebter Präsident hat den ersten Platz eingenommen«, aber selbst Flugzeuge flogen in den Tagen nach dem präsidialen Sturz verspätet aus Aschgabat ab. Die Sicherheitskontrollen am Flughafen wurden verstärkt, es sollte verhindert werden, dass Handyaufnahmen vom Ausgang des Pferderennens außer Landes gebracht werden. Geholfen hat es nichts. Das Video verbreitete sich auf YouTube blitzschnell.

Als 2006 der erste Präsident Turkmenistans, Saparmurat Nijasow, auch »Turkmenbaschy« – der Führer der Turkmenen – genannt, verstorben war, hätte niemand geahnt, dass Personenkult und unterwürfige Heuchelei noch eine Steigerungsform finden würden. Berdimuchamedow ist dabei, den Gegenbeweis anzutreten.

Turkmenistan erstreckt sich über eine Fläche, die mit 488 100 Quadratkilometern etwa anderthalbmal so groß ist wie Deutschland. 80 Prozent davon sind Wüste, die knapp fünf Millionen Einwohner verteilen sich auf wenige Gebiete. Der Wüstenstaat liegt an der Ostküste des Kaspischen Meeres, seine Nachbarn sind Kasachstan, Usbekistan, Afghanistan, der Iran und jenseits der Seegrenze Aserbaidschan. 90 Prozent der Turkmenen gehören dem sunnitischen Islam an.

Die frühere Sowjetrepublik Turkmenistan zählte zu den Staaten, die den Verbund der UdSSR nur ungern verließen. Man wurde 1991 zwangsläufig unabhängig, weil sich die Sowjetunion in der Auflösung befand. Von turkmenischer Seite waren dem keine Selbständigkeitsbestrebungen vorausgegangen. Erst als der russische Präsident Jelzin erklärte, man wolle den Verbund mit den zentralasiatischen Republiken aufgeben, weil sie nicht zur Kultur Russlands gehörten, sprach sich Turkmenistan für die Unabhängigkeit aus. Zusammen mit Usbekistan war Turkmenistan der Baumwollproduzent der UdSSR. Außerdem – und das macht den Staat noch strategisch interessant – verfügt es über die viertgrößten Erdgasvorkommen der Erde.

Saparmurat Nijasow (»Turkmenbaschy«)

Das erste Staatsoberhaupt des eigenständigen Staates war zugleich der letzte KP-Chef des sowjetischen Turkmenistans: Saparmurat Nijasow. Unter ihm entwickelte sich das Wüstenland zu einem der bizarrsten Staaten der Welt. »Turkmenbaschy« sonnte sich in einem Personenkult nordkoreanischen Ausmaßes. Auch er sah sich beinahe als Sonnengott. Dabei war Nijasow ein Kind der Sowjetunion. Er wurde am 19. Februar 1940 in Aschgabat als Arbeitersohn geboren. Der Vater fiel während des Zweiten Weltkrieges, die Mutter starb bei einem schweren Erdbeben 1948, bei dem Aschgabat nahezu vollständig zerstört wurde. Durch die geografische Nähe zu der jungen Bergkette Kopet-Dag ist die Lage Aschgabats extrem erdbebengefährdet. Das Erdbeben von 1948 forderte Zehntausende Menschenleben. Saparmurat Nijasow kam in ein Waisenhaus und wuchs später bei entfernten Verwandten auf. 1962 trat er der Kommunistischen Partei bei, er studierte in Leningrad Ingenieurwesen. Zurück in Aschgabat, machte Nijasow im Parteiapparat Karriere. 1976 wurde er mit 36 Jahren Erster Sekretär der turkmenischen Sektion der KPdSU und 1985 Vorsitzender des Ministerrates der Turkmenischen Sozialistischen Sowjetrepublik. Damit hatte er die beiden wichtigsten Machtpositionen in der Sowjetrepublik inne. Ein Anhänger von Gorbatschows Perestroika-Politik wurde er nie. Die Idee eines liberalen Sozialismus widersprach seinen stalinistisch geprägten Grundüberzeugungen. Mit dem sicheren Instinkt eines Machtmenschen spürte er, dass jeder Versuch, den Kommunismus zu »demokratisieren«, dessen Ende bedeuten würde. Dies geschah dann auch 1991.

In Turkmenistan fand keine Revolution statt; die Moskauer Sowjetmacht verschwand aus Aschgabat leise und beinahe unbemerkt. KP-Chef Nijasow verwandelte die alte Kaderpartei in eine »Demokratische Partei Turkmenistans«, ohne dass dieser Umbenennung eine innere Umgestaltung gefolgt wäre. Turkmenistan entwickelt sich seitdem als Mischung aus stalinistischer Diktatur und orientalischer Despotie. In dem streng zentralistisch-autoritär regierten Land hatte Saparmurat Nijasow die sowjetische Tradition einer umfassenden Kontrolle der gesamten Gesellschaft nahtlos übernommen. Er vereinigte alle wichtigen politischen Ämter in seiner Person. Er bekleidete als Präsident das höchste Amt im Staat, einen Ministerpräsidenten gab es nicht, weil er als Präsident selbst allzuständig war. Minister konnte er nach eigenem Gutdünken ernennen und entlassen. Auch den bewaffneten Staatsorganen, dem Geheimdienst KGB, der Polizei und der

Armee, wurden lediglich andere Bezeichnungen gegeben. An die Stelle der kommunistischen Ideologie rückte nationalistische Propaganda. Auf dem Weg vom kommunistischen Parteifunktionär zum turkmenischen Sonnengott nahm die Herrschaft des Arbeitersohns aus Aschgabat immer absonderlichere Züge an.

Wollte man vor zehn Jahren mit der turkmenischen Fluggesellschaft nach Aschgabat fliegen, saß man in Flugzeugen, die ihre besten Zeiten schon lange hinter sich hatten. Es fehlte nicht nur am Service, sondern vor allem am Gefühl, dass die Maschine regelmäßig gewartet wurde. Die Ausstattung des Flugzeuges war zerschlissen, auch um die Sicherheitsvorkehrungen bei Start und Landung kümmerte sich niemand. Dafür lächelte Präsident Nijasow von einem im Flugzeug befestigten Porträt auf alle Reisenden hinab. Auch nach der Landung war das Konterfei des »ersten Turkmenen« überall zugegen, nicht nur auf riesigen Plakaten auf dem Weg vom Flughafen ins Zentrum, sondern auch auf den Geldscheinen, auf den Teepackungen und auf den Wodkaflaschen. Damals wie heute landet man in der turkmenischen Hauptstadt auf dem Flughafen »Großer Saparmurat Turkmenbaschy«, fährt auf der Straße »Großer Saparmurat Turkmenbaschy« vorbei am Palast des »Großen Saparmurat Turkmenbaschy« (von einigen mutig als das zweite Tadsch Mahal belächelt) sowie verschiedenen ebenso benannten öffentlichen Gebäuden zum »Platz des Großen Saparmurat Turkmenbaschy«.

Bis 2007 stand hier noch ein merkwürdiges Denkmal: Die höchste der vielen Turkmenbaschy-Statuen maß 40 Meter. Sie stand auf dem »Platz des Großen Saparmurat Turkmenbaschy«. Ihr architektonisch zweifelhafter Unterbau ähnelte einer Raketenabschussrampe. Darauf drehte sich ein vergoldeter Führer sonnengottähnlich um die eigene Achse und breitete seine Hände segnend über sein geliebtes Volk. Saparmurat Nijasow war in Turkmenistan allgegenwärtig. Die größte Hafenstadt des Landes trug den Namen Turkmenbaschy, ein Meteorit hieß so, der erste Monat des Jahres war nach ihm benannt, ebenso wie

Pflanzen, Tees und Parfüms. Kleine Ortschaften mussten sogar wieder zurückbenannt werden, da die inflationäre Verwendung des Ortsnamens Turkmenbaschy zu Verwirrungen geführt hatte. Das staatliche Fernsehen zeigte den Präsidenten zumeist gleich doppelt, als kleine Ikone zur Sendererkennung und natürlich im Vollbild bei der Ansprache ans Volk. »Halk, Vatan, Turkmenbaschy« – »Ein Volk, ein Land, ein Turkmenenführer« – war die allgegenwärtige Losung in Turkmenistan.

1992 hatte das Präsidium des turkmenischen Parlaments, der Madschlis, eine Resolution zur forcierten Produktion von Nijasow-Bildern verabschiedet. Komplett umgestellt werden musste die Produktion im Jahre 1998, als der grauhaarige »Führer aller Turkmenen« schwarzhaarig von einer Chinareise zurückkehrte. Eiligst wurden Zehntausende Nijasow-Bilder überall im Land ausgetauscht. Seitdem blickte ein dunkelhaariger Präsident, durch Retusche um ungefähr 20 Jahre verjüngt, den Kopf auf eine brillantenberingte Hand gestützt, väterlich-streng auf sein Volk.

Im Jahr 2000, angesichts des nahenden 60. Geburtstages des »großen, geliebten Führers«, gab es in der Präsidialverwaltung ganz offensichtlich kein Halten mehr. Es entstand ein Ehrenalbum, in dem man den »Führer« in verschiedenen Situationen bewundern kann: Kinder küssend, Ehrenformationen abschreitend, zum Volke sprechend oder sich mit den Großen dieser Welt treffend. Als Dank an das Volk für so viel Ehrerbietung erklärte Nijasow das neue Jahrtausend zum »goldenen Jahrtausend der Turkmenen«.

»Ruhnama«-Ideologie

Saparmurat Nijasow sah sich in der Rolle des Philosophen und Lehrers des turkmenischen Volkes. Vom Ballast des wissenschaftlichen Sozialismus befreit, schenkte er seinen Untertanen im Jahre 2001 den ersten und im Jahre 2004 einen zweiten Band seiner Lebensregeln und -weisheiten. Die »Ruhnama« des »großen Führers« ist ein wirres Durcheinander aus eigener, geschönter

Biografie, Geschichten aus seinem Leben, Anlehnungen an Bibel und Koran, historischen, halbwissenschaftlichen Abhandlungen, Gedichten und tagespolitischen Einsprengseln. Ab und zu finden sich philosophische Perlen, so beispielsweise, wenn Nijasow seinem Volk den Begriff der Zeit erläutert: »Heutzutage vergeht die Zeit sehr schnell, dies ist eine Zeit zwischen der Unendlichkeit der Vergangenheit und jener der Zukunft.«

»Ruhnama«-Verhaltensregeln sollen den Turkmenen »körperlich gesund, geistig aufgeweckt (und) reinen Herzens« sein lassen. Der Präsident belehrt: »Der Turkmene muss auch heute wissen, wie viel er essen und trinken darf, wenn er seine körperliche Stabilität erhalten will. Er soll sich nicht gierig auf das Essen stürzen. Außerdem soll (er) auf seine Kleidung achten und sich angemessen schmücken.« Nijasow gerierte sich als Prophet und Vertrauter Allahs. Der väterliche und weise Tonfall der »Ruhnama« entsprach seiner Verklärung als Vaterfigur der Nation. In Turkmenistan steht die »Ruhnama« auf einer Stufe mit den Buchreligionen, denn Altkommunist Nijasow hat seine Eingebungen schließlich von höchster Stelle bezogen. Er schreibt: »Mein verehrtes Volk, meine liebe Nation! Dieses Buch heißt Ruhnama der Turkmenen und wurde durch die Inspiration des allmächtigen Gottes (…) niedergeschrieben (…). Die Ruhnama ist das Reifezeugnis des turkmenischen Volkes! Sie ist das Hauptwerk und das Handbuch der Turkmenen. (…) Ein Teil der Ruhnama ist der Himmel, der andere die Erde!« Turkmenistan, das war für Nijasow der »Nabel der Welt«.

Eine verlorene Generation

Anfangs wurde die »Ruhnama« im Westen noch als exzentrische Diktatorenbibel belächelt. Nijasow selbst nahm international lange Zeit niemand ernst. In der Presse fanden sich Meldungen mit Unterhaltungswert: Turkmenbaschy fährt im gepanzerten Mercedes, aber mit angeklebtem Bart, auf den Markt, um dem Volk »unerkannt« aufs Maul zu schauen, etc. Die Weltöffentlichkeit nahm ihn als bizarren Exzentriker wahr, der eher komisch als gefährlich wirkte.

Doch als Nijasow unerwartet im Alter von nur 66 Jahren starb – es gibt auch Gerüchte, dass er vergiftet wurde –, drangen aus dem abgeschotteten Turkmenistan immer mehr aufschreckende Nachrichten. So wurde bekannt, wie katastrophal die Situation des turkmenischen Bildungswesens war. Während es in der Sowjetzeit, abgesehen von der ideologischen Indoktrination, eine gut funktionierende Schul- und Hochschulbildung gab, hatte Nijasow das turkmenische Schulwesen im Jahr 2002 versimpelt und die Schulbildung auf maximal neun Jahre verkürzt. Humanistische Fächer wurden gänzlich aus dem Lehrplan gestrichen und durch »Ruhnama«-Stunden ersetzt. Nach der neunjährigen Schulausbildung waren zwei Praxisjahre vorgesehen. Wegen fehlender Praktikumsplätze sah es jedoch häufig so aus, dass sich die Eltern der Schüler ein Praktikumszeugnis kauften und ihre Sprösslinge in den zwei verlorenen Jahren im Wortsinne auf der Straße saßen. Der Praktikumsnachweis war die Voraussetzung für den Beginn eines Studiums. Eine einfache Berufsausbildung existierte unter Nijasow nicht. Die Qualität der Hochschulen hat sich seit der Unabhängigkeit drastisch verschlechtert. Bereits 1997 schaffte Turkmenbaschy die Möglichkeiten zur Promotion ab. An die Stelle eines funktionierenden Bildungssystems trat die ideologische Indoktrination.

Nijasow wurde in einem Mausoleum, der ihm zu Ehren errichteten Turkmenbaschy-Ruhy-Moschee in Kiptschak, elf Kilometer von Aschgabat entfernt, beigesetzt. Die Wände des Bauwerkes zieren neben Suren aus dem Koran Zitate aus den Werken Turkmenbaschys. Auch Nijasows Mutter und seine zwei Brüder sind dort beigesetzt.

Gurbanguly Berdimuchamedow

Unabhängige Medien gibt es in Turkmenistan nicht mehr. Daran hat sich auch unter Nijasows Nachfolger Berdimuchamedow, der das Land seit 2006 regiert, kaum etwas geändert. Die Zeitungen werden ausnahmslos vom Staat kontrolliert. Sie konkurrieren lediglich in ihrer ergebenen Lobpreisung des Präsidenten. Schmückten bis 2006 die Fotos von Turkmenbaschy die Titelseiten, sind es seitdem die Bilder von Gurbanguly Berdimuchamedow. Fliegt man heute nach Aschgabat, zeigt sich aber dennoch ein anderes Bild als vor zehn Jahren. Die turkmenische Fluglinie hat nicht nur neue Maschinen vom Typ »Boeing« angeschafft, auch der Service hat sich verbessert und die Stewardessen sprechen englisch. Nur ein Detail erinnert an frühere Tage: das Porträt des Präsidenten an Bord. Gurbanguly Berdimuchamedow, Jahrgang 1953, war der Zahnarzt des alten Präsidenten gewesen sowie dessen Gesundheitsminister und Vizeregierungschef. Nach dem Ende der Nijasow-Ära verbesserte sich zunächst der Ruf Turkmenistans. Berdimuchamedow wurde wieder zu Staatsbesuchen eingeladen, mit seinem Vorgänger hatte sich zuletzt kein wichtiger Politiker mehr zeigen wollen. Der neue Chef inszenierte sich zunächst volksnah und weltoffen – sozusagen als ein Diktator zum Anfassen. Doch es dauerte nicht lange, bis die Turkmenen und das Ausland merkten, dass das Land lediglich von einem sich etwas moderner gebenden Turkmenbaschy beherrscht wurde. Vieles blieb beim Alten.

In altkommunistischer Manier veröffentlicht die turkmenische Presse weiterhin seitenlange Reden des Präsidenten, Gesetzestexte, Glückwunschadressen, Schmeichelbriefe sowie Meldungen über Ernteerfolge. Nachdem das Kabelfernsehen bereits unter Nijasow abgeschafft worden war und seitdem lediglich noch staatliche turkmenische Sender zu empfangen sind, bleibt den Zuschauern, die sich keine Satellitenanlage leisten können, nichts anderes übrig, als das Gerät ausgeschaltet zu lassen oder dem Personenkult um ihren Herrscher zuzuschauen. Die Nachrichten informieren minutiös von den Arbeitsbesuchen des Staatschefs in den Provinzen, patriotische Chöre besingen das Wirken des Präsidenten, Kinder verlesen rühmende Gedichte, Schriftsteller preisen ihn wie einen Gott oder Balletteusen umtanzen sein Gemälde. Mit Teilen des Personenkultes um den ersten Präsidenten des unabhängigen Turkmenistans hat Gurbanguly Berdimuchamedow nur deshalb aufgeräumt, um Platz für den Kult um seine eigene Person zu schaffen. Das Turkmenbaschy-Denkmal aus dem Zentrum von Aschgabat steht jetzt am Stadtrand. Dafür thront eine Figur Berdimuchamedows auf einem Pferd im Zentrum der Hauptstadt.

Die »Ruhnama« ist nun nicht mehr die einzige Quelle, aus der turkmenische Schüler und Studenten ihr Wissen schöpfen. Die Werke Berdimuchamedows, und es gibt deren im Jahresrhythmus immer mehr, sind nun Quellen des Wissens. Die »Ruhnama« wird jedoch nach wie vor in der zentralen Buchhandlung Aschgabats präsentiert. Erweitert wurde das Buchangebot durch Bildbände über den neuen Führer: Berdimuchamedow auf dem Pferd, Berdimuchamedow während der Erntezeit, Berdimuchamedow Kinder küssend, Berdimuchamedow in einer Fabrik, Berdimuchamedow in Mekka. Der turkmenische Präsident findet nicht nur Gefallen am Kult um seine Person, er scheint seinen Vorgänger dabei noch überholen zu wollen. Zunächst wurde die Devotionalienabteilung im Historischen Museum entsprechend erweitert. Neben der Ausstellung mit Geschenken für Turkmenbaschy, darunter der mit 301 Quadratmetern größte Teppich der Welt, gibt es nun auch Säle, in denen von den Taten Berdimuchamedows berichtet wird. Doch das reichte nicht aus. Eine der neueren Errungenschaften Aschgabats ist nun auch ein Museum allein für Berdimuchamedow.

Das Internet wird in Turkmenistan staatlich kontrolliert, es gibt nur einen Anbieter. Laut einem UN-Bericht gehört Turkmenistan weltweit zu den Ländern, in denen der Internetzugang am schlechtesten ist. Zwar gibt es mittlerweile Internetcafés, aber man muss seinen Pass vorzeigen und sich registrieren lassen, bevor man einen Computer nutzen darf.

Aschgabat: Die weiße Stadt

Aschgabat, die Hauptstadt Turkmenistans, gehört zu den modernsten in Zentralasien. Sie wurde 1881 anstelle einer Nomadensiedlung gegründet. In Turkmenistan existiert jedoch noch eine zweite Version zur Entstehungsgeschichte Aschgabats. Jene besagt, dass die Stadt bereits im 3. Jahrhundert n. Chr. existiert haben soll. Allerdings fehlen hierzu die Belege, was die neue turkmenische Geschichtsschreibung aber nicht daran hindert, die Legende weiterzustricken. Zwischen 1919 und 1927 war Aschgabat zu Ehren des russischen Revolutionärs Pawel Poltoratski in Poltoratsk umbenannt worden. Poltoratski war nach der Oktoberrevolution Volkskommissar in Turkmenistan und gründete dort die erste sowjetische Zeitung.

Aschgabat liegt nur 25 Kilometer von der iranischen Grenze entfernt. Im Sommer ist die Stadt einer der heißesten Orte der Welt. Man spürt die Nähe zur zentralasiatischen Wüste Karakum. Daraus ergeben sich im Sommer Temperaturen von bis zu 50 Grad Celsius im Schatten, und die Erde kann sich in der prallen Sonne auf bis zu 80 Grad erhitzen. Oft weicht selbst der Asphalt auf den Straßen auf. Der Karakum-Kanal haucht der turkmenischen Hauptstadt Leben ein. Mit seinem Bau wurde 1954 begonnen, 1962 erreichte er Aschgabat. Der Karakum-Kanal, der heute Turkmenbaschy-Kanal heißt, gilt als eine der »Großbaustellen des Kommunismus«. Sowjetischer Pioniergeist geht Hand in Hand mit menschlichem Leid und Umweltzerstörung. Der Kanal ist knapp 1500 Kilometer lang. Er verbindet den Amudarja mit dem Kaspischen Meer und war der größte Kanal der Sowjetunion. Ungefähr ein Viertel des Wassers des Amudarja wird in den Kanal umgeleitet. Über 90 Prozent der Wasserversorgung Turkmenistans werden aus dem Kanal gespeist. Für das trockene Wüstenland ist er lebensnotwendig. Allerdings geht ein Großteil des Wassers verloren, da der Kanal über weite Strecken nicht befestigt ist, sondern durch den Sand verläuft. Die Austrocknung des Aralsees war eine der unmittelbaren Folgen seines Baus.

Aschgabat wirkt auf den ersten, oberflächlichen Blick orientalisch-modern. Ein beträchtlicher Teil der Gas-Milliarden Turkmenistans scheint in den vergangenen Jahren in den Ausbau der Metropole geflossen zu sein. Das Stadtbild wird von weißen Prachtbauten bestimmt, breite Boulevards, neu angelegte Parks, goldene Kuppeln, Springbrunnen – und überall Polizei. In der Nacht werden die Gebäude angestrahlt; Aschgabat kann wie ein modernes Märchen aus Tausendundeiner Nacht wirken.

Markenzeichen Aschgabats ist die weiße Farbe seiner Gebäude. In wohl kaum einer anderen Stadt der Welt findet sich eine derart umfangreiche Verwendung von Marmor für Außenfassaden und die Dekoration von Gebäuden. Es gibt sogar Telefonzellen, die mit Marmor verkleidet sind. Die Prachtbauten der Hauptstadt dienen vor allem der Selbstdarstellung der turkmenischen Präsidenten, ohne richtige Funktion wirken viele Gebäude überdimensioniert und tot. Es fehlt ihnen der Charme, die Paläste ähneln sich. Überall in der Stadt ist das Streben nach Rekorden sichtbar. Das weltweit größte Riesenrad mit geschlossenen Kabinen steht in Aschgabat. Ein riesiger achtzackiger Stern, Teil des Fernsehturms von Aschgabat, wurde ins Guinness-Buch der Rekorde aufgenommen. Nur der Fahnenmast vor dem turkmenischen Nationalmuseum, der bis 2008 noch als der höchste der Welt galt, wurde mittlerweile von Masten in Tadschikistan und in Saudi-Arabien überholt.

Das neu entstandene Zentrum Aschgabats ist oft menschenleer. Zwar wurde mit dem neu angelegten »Park der Begeisterung« mitten im Zentrum eine neue Möglichkeit der Erholung für die Hauptstädter geschaffen, jedoch mussten ihm alte Bäume und die Geselligkeit früherer Tage weichen. Aschgabat wirkt protzig, aber nicht lebendig.

Diesen Eindruck bestätigt auch ein Besuch im neuen Zoo vor den Toren der Stadt. Er sollte vor allem riesig und prächtig wirken. Das große Areal unter freiem Himmel bietet jedoch kaum Schatten, da es so gut wie keine Hallen gibt. Die Tiere aus anderen Teilen der Welt, die im Wüstenklima Turkmenistans nichts verloren haben, darben in der Sonne und sterben reihenweise. Auch das Kulturleben Aschgabats, das unter Saparmurat Nijasow völlig zum Erliegen gekommen war, wirkt nach wie vor ziemlich dürftig. Zwar gibt es neue prächtige Theater, doch kein regelmäßiges Programm. Hin und wieder wird turkmenische Volkskunst aufgeführt. Der alte sowjetische Stadtteil steht mit seinen eintönigen, grauen Bauten in starkem Kontrast zum Prunk der neuen Hauptstadt. Aber zumindest ist es hier belebt.

Außenpolitische Neutralität

Die einzige politische Partei von Bedeutung ist die Demokratische Partei Turkmenistans, die aus der turkmenischen Sektion der KPdSU hervorgegangen ist. Sie steht bedingungslos hinter dem Präsidenten. Eine parlamentarische Opposition gibt es nicht. Die weiteren im Parlament vertretenen Parteien und Verbände haben demokratische Feigenblattfunktionen inne und spielen keine Rolle. Ohnehin ist das Parlament bedeutungslos, da es ein reines Akklamationsorgan für präsidiale Beschlüsse ist.

Berdimuchamedow wurde 2017 mit knapp 98 Prozent der Stimmen wiedergewählt, vorher wurde die Amtszeit für den Präsidenten von fünf auf sieben Jahre verlängert und eine Altersbegrenzung abgeschafft. Die OSZE verzichtete von vornherein darauf, den Wahlprozess zu begleiten. Der »Beschützer« kann nun noch lange regieren. Kritik an der Diktatur wies bereits der erste turkmenische Präsident Nijasow mit der Begründung zurück, sein Volk sei noch nicht demokratiefähig. Bereits 1997, im Vorfeld seines ersten und einzigen offiziellen Deutschland-Besuches, erklärte er in einem Interview: »Dem Grundgesetz unseres Staates wurden Prinzipien zugrunde gelegt, die sich aus der jahrtausendealten Geschichte des turkmenischen Volkes ergeben. Ich bin zutiefst davon überzeugt, dass die Demokratie in ihrer Reinkultur – künstlich in einen unvorbereiteten Boden eingepflanzt – unvermeidlich eine Herrschaft des Pöbels hervorbringen wird.«

Berdimuchamedow ist medienbewusster. Er sagt das nicht mehr so deutlich, aber er hält sich an die Maxime seines Vorgängers. In der »Rangliste der Pressefreiheit« der Organisation Reporter ohne Grenzen rangierte Turkmenistan in den letzten Jahren stabil auf einem der letzten Plätze, vor Nordkorea und Eritrea.

Beide Präsidenten sorgten bislang für Ruhe im Land. Die Lebenshaltungskosten in Turkmenistan sind bislang relativ gering, und die sozialen Unterschiede treten nicht so offen zutage wie in anderen Republiken der Region.

Außenpolitisch gilt in Turkmenistan eine von Saparmurat Nijasow festgelegte Staatsdoktrin der »immerwährenden Neutralität in den internationalen Beziehungen«. In der »Ruhnama« liest sich das so: »Unabhängiges und neutrales Turkmenistan! Turkmenisches Wunder, turkmenische Heiligkeit, mit dir fängt alles an, über dir ist nur Allah. (...) Unsere Unabhängigkeit und Neutralität verbreiten Licht in unserem Goldenen Zeitalter, leuchten mit unseren nationalen Werten, und die Ruhnama beseelt uns. (...). Durch die turkmenische Neutralität verbreiten sich auf der ganzen Welt Anzeichen für den Frieden.«

Der nach dem 11. September 2001 entstandenen Anti-Terror-Koalition trat Turkmenistan nicht bei. Als einziger Staatschef der Region unterhielt Nijasow gute Beziehungen zum damaligen Taliban-Regime in Kabul. Waffenlieferungen, die vermutlich aus der Ukraine stammten, sollen über Turkmenistan abgewickelt worden sein. Heute ist China der wichtigste Partner des Landes.

Reichtum und Abgrund

Wenn ein Land einst hätte davon träumen können, eine Art Golfstaat Zentralasiens zu werden, so wäre es Turkmenistan mit seinem Erdgasreichtum gewesen. Doch die Wirtschafts- und Handelspolitik der Nomenklatura des Landes führte zielstrebig in den Abgrund. Das turkmenische Wirtschaftssystem ist bis heute durch eine zentrale Planwirtschaft geprägt. Der Staat übt durch Preisvorgaben und Subventionen einen dominierenden Einfluss aus. Offiziell wurde zwar 2008 der Grundsatz der freien Marktwirtschaft in die turkmenische Verfassung aufgenommen und die Konvertierbarkeit der turkmenischen Währung, des Manat, eingeführt. Doch sorgen fehlende rechtliche Rahmenbedingungen, ausufernde Korruption, geringe Flexibilität und ein ständiger Personalwechsel in staatlichen Führungspositionen dafür, dass Wirtschaftsreformen kaum vorankommen. Die Weiterverarbeitung von Baumwolle, neben Erdgas eine der wichtigsten Einnahmequellen Turkmenistans, erfolgt fast ausschließlich im Ausland. Die Erträge aus dem Verkauf der Rohprodukte sinken stetig, zumal die Versalzung der Böden und andere ökologische Probleme zu geringeren Ernteergebnissen führen. Die wichtigsten Einnahmequellen Turkmenistans sind daher weiterhin der Verkauf von Erdöl und Erdgas. Sie machen 85 Prozent des Staatshaushaltes aus.

Knebel-Lieferverträge, die das Land mit China eingegangen ist, und wirtschaftspolitische Streitigkeiten mit weiteren potenziellen Abnehmern lassen kaum noch Spielraum, Erdöl und Erdgas auch in andere Regionen zu liefern. Russland und der Iran haben 2016 bzw. 2017 Gaseinkäufe aus Turkmenistan eingestellt. Der Bau einer Pipeline namens Nabucco, die die EU mit kaspischem Erdgas versorgen sollte, scheiterte.

Gigantische Repräsentationsbauten haben Milliarden verschlungen. Ständige Festivals mit Tausenden und Abertausenden Statisten huldigen dem »Führer« und verschlingen ihrerseits nicht nur immense Summen, sondern lähmen durch die aufwändige Vorbereitung und Durchführung die Arbeit aller Ministerien des Landes. So steht Turkmenistan im Jahr 2018 trotz seines immensen Rohstoffreichtums vor einem möglichen Staatsbankrott und ist damit in einer ähnlichen Situation wie Venezuela, wo zwei autokratische Präsidenten mit zentralistischer Planwirtschaft ein rohstoffreiches Land ruiniert haben.

Noch gibt es keine Unruhen im Land. Die Turkmenen sind leidensfähig. Doch es mehren sich Anzeichen der Instabilität an der turkmenisch-afghanischen Grenze. Die Taliban und der IS werden nicht müde, Einfallstore für ihre Ideologie nach Zentralasien zu suchen. Vier Prozent der Einwohner Afghanistans sind Turkmenen. Die meisten von ihnen leben im Grenzgebiet zu Turkmenistan im Norden.

Usbekistan

Taschkent

Die usbekische Hauptstadt Taschkent passt kaum in das Bild einer zentralasiatischen Stadt, wie Europäer es oft erwarten. Das historische, sagenumwobene 1001-Nacht-Flair, wie es in Samarkand, Buchara oder Chiwa zu spüren ist, sucht man hier eher vergeblich. Mit knapp drei Millionen Einwohnern ist Taschkent die größte Stadt der zentralasiatischen Region. Sie liegt im Nordosten des Landes nahe dem Vorgebirge des westlichen Tian-Shan-Gebirges. In der Sowjetunion war Taschkent nach Moskau, Leningrad und Kiew die viertgrößte Stadt. Sie war damals sichtbar geteilt, es gab den alten usbekischen Teil, in dem die Usbeken zu Hause waren, und es gab die Neustadt, in der vor allem Russen lebten. Die Trennung war nicht nur in der Stadtarchitektur sichtbar, es gab sie auch physisch: Russen und Usbeken blieben jeweils unter sich.

Das heutige Stadtbild hat Taschkent erst nach dem schweren Erdbeben von 1966 erhalten, das den Großteil der Stadt dem Erdboden gleichmachte. Ein Denkmal für die Erdbebenopfer im Zentrum der Stadt, nahe dem Kanal Anchor, in unmittelbarer Nähe zur Deutschen Botschaft, erinnert an diese Naturkatastrophe. Nach dem großen Erdbeben blieben nur wenige Gebäude erhalten, die ihr ursprüngliches Aussehen bewahrt haben. Dazu gehört die Kukeldasch-Medrese, die älteste ehemalige Koran-Schule der Stadt. Sie stammt aus dem 16. Jahrhundert. Früher befand sich neben ihr ein Stadttor. Es hat zwölf solcher

Tore in der 25 Kilometer langen Stadtmauer gegeben. Noch heute tragen die verschiedenen Bezirke die Namen der Tore. Dazu gehören Tachtapul, Labzak, Kukscha, Sagban, Beschagatsch und Chagatai. Der Hauptbasar der Stadt ist »Chorsu«. Dabei handelt es sich noch um einen typischen orientalischen Markt, wo Käufer und Verkäufer in einer lauten und hektischen Atmosphäre über den Preis der Ware streiten.

Auch aus der Zeit des russischen Zarenreiches und der frühen sowjetischen Periode sind Gebäude erhalten geblieben. Eine besondere Aura umhüllt den kleinen Palast von Fürst Nikolai Romanow, einem Cousin von Zar Alexander III. Zur Sowjetzeit diente das Palais als »Haus der Pioniere«, heute ist es eine Repräsentationshalle des usbekischen Außenministeriums. Nach dem Erdbeben erhielt Usbekistan Unterstützung von allen Republiken der ehemaligen Sowjetunion. Jede Sowjetrepublik war für den Wiederaufbau eines Taschkenter Stadtviertels verantwortlich, was zu einer baulichen Vielfalt führte. Innerhalb von wenigen Jahren entstand eine moderne Stadt. Taschkent hat einen Fernsehturm mit einer Höhe von 375 Metern und eine Metro. Nach 1991, und vor allem in den letzten Jahren, veränderte sich die Metropole erneut. Karimows Architekten gingen dabei aber behutsamer vor als die Baumeister in Aschgabat oder Astana. Die neuen Taschkenter Prachtbauten wirken weniger erdrückend und haben meist auch eine Funktion. Nur der neue Forum-Palast, der 2009 am Amir-Timur-Platz eingeweiht wurde, wird kaum genutzt. Das imposante Gebäude ist eine der architektonisch gelungeneren Prachtbauten der Stadt. Es wurde auf Anweisung von Karimows Tochter Gulnara errichtet, die damals noch die Nummer zwei in der usbekischen Rangfolge der Mächtigen war. Fünf Jahre nach Einweihung des Palastes begann ihr Fall. Kompromittiert durch Wirtschaftskriminalität und Korruptionsvorwürfe aus dem Ausland zog ihr Vater auf Druck des usbekischen Geheimdienstes die Notbremse. Gulnara Karimowa verschwand aus der Öffentlichkeit, wurde unter Hausarrest gestellt und ist heute im Gefängnis.

Kernland Zentralasiens

Usbekistan ist mit ca. 32 Millionen Einwohnern das am dichtesten besiedelte Land Zentralasiens. Auf seinem Territorium befinden sich die historischen Stätten der Seidenstraße: Samarkand, Buchara und Chiwa. Während Nachbarländer eher als Unruheherde gelten, hält die usbekische Führung das Zepter noch relativ fest in ihren Händen und bemühte sich jüngst um einige Reformen.

Usbekistan und Kasachstan konkurrieren um die Vorherrschaft in der Region. Ein 1998 geschlossener usbekisch-kasachischer »Vertrag über die ewige Freundschaft« überdeckt den Wettbewerb nur oberflächlich. Die Kasachen begründen ihren Führungsanspruch mit den reichhaltigen Gas- und Ölreserven des Landes und den entsprechenden Einnahmen. Doch auch die Usbeken können mit Ressourcentrümpfen pokern. Baumwolle gedeiht hervorragend, außerdem gibt es Gas-, Kupfer- und Goldvorkommen. Usbekistan ist zudem einer der größten Uranförderer der Welt. Jedoch nutzt das Land diese Asse nicht so effektiv wie sein Nachbar. Auslandsinvestoren gehen lieber in das etwas liberalere Kasachstan, um Geschäfte zu machen.

Kurz vor der Unabhängigkeit war Usbekistan von ethnischen Konflikten geprägt, eine späte Auswirkung der Nationalitätenpolitik Stalins, der bekanntlich ganze Volksgruppen seines Riesenreiches umsiedelte. Auf diese Weise kamen 1944 Mescheten aus dem heutigen Südgeorgien ins Fergana-Tal.

45 Jahre danach, im Jahre 1989, zeigte sich, dass das Zusammenleben der verschiedenen Nationalitäten zur Sowjetzeit nur deshalb vergleichsweise gut funktioniert hatte, weil die Ideologie und Repression des kommunistischen Staates allgegenwärtig gewesen sind. 1989 war der Staat schwach geworden, in der Sowjetrepublik Usbekistan kam es zu ethnischen Unruhen. Usbeken griffen Mescheten an. Etwa 100 Menschen wurden getötet und über 1000 verletzt. Häuser gingen in Flammen auf. Die An-

greifer hatten Transparente mitgeführt, auf denen zu lesen stand: »Usbekistan gehört den Usbeken«. Der sowjetische Ministerpräsident Nikolai Ryschkow eilte in die mittelasiatische Sowjetrepublik. Ihm blieb nichts weiter übrig, als für die Einrichtung einer Luftbrücke zu sorgen, über die Tausende Mescheten aus der sowjetischen Teilrepublik ausgeflogen wurden.

Auf die Stalin-Ära geht auch die Deportation von Deutschen und Koreanern nach Usbekistan zurück. Die deutschen Volkszugehörigen sind inzwischen aber überwiegend nach Deutschland ausgewandert. In der usbekischen Hauptstadt Taschkent trifft man dagegen noch viele Koreaner, die unter Stalin aus dem russischen Fernen Osten nach Zentralasien deportiert worden sind. Sie sprechen kein Koreanisch mehr. Dennoch sind einige von ihnen Bindeglied nach Südkorea, das sich seit vielen Jahren wirtschaftlich in Usbekistan engagiert.

Der Aufstieg von Islam Karimow

In dieser Völkergemeinschaft schaffte es der 1938 in Samarkand geborene Islam Karimow, 1990 in das höchste Amt der Usbekischen Sozialistischen Sowjetrepublik aufzusteigen. Nach einer steilen Karriere im Parteiapparat der KPdSU wurde er Vorsitzender des Obersten Sowjets Usbekistans. Wenige Tage nach dem gescheiterten Putsch gegen Gorbatschow verkündete Karimow am 1. September 1991 die Unabhängigkeit seines Landes. Drei Monate später wurde er mit 86 Prozent der Stimmen zum Präsidenten gewählt.

Die erste Bewährungsprobe folgte unmittelbar nach der Staatsgründung. In Namangan, im Fergana-Tal, forderten Tausende Menschen die Gründung eines Gottesstaates und die Einführung der Scharia. Ihre Anführer waren Tahir Juldaschew und Dschuma Namangani. Sie führten die Islamische Bewegung Usbekistans (IBU) an. Aufgrund der säkularen Haltung der neuen usbekischen Führung war Usbekistan zum erklärten Feind der IBU geworden. Der einstige Mullah von Namangan, Juldaschew, galt als begabter Organisator und war eine charismatische Persönlichkeit. Er wollte einen »Gottesstaat« errichten. Namangani hatte bereits im sowjetischen Afghanistankrieg Kampferfahrung gesammelt. Gemeinsan hatten sie mehrere Tausend Männer um sich geschart. Radikale Imame unterstützten ihre Forderungen. Im Dezember 1991 stürmte die aufgeputschte Menge Behörden und öffentliche Gebäude.

Islam Karimow begab sich in die Höhle des Löwen. Die Rebellen forderten ihn auf, Usbekistan zur Islamischen Republik zu erklären, und bedrohten ihn. Karimow erreichte für sich und seine Begleiter freien Abzug, da er versprach, die Forderungen dem Parlament in Taschkent vorzutragen. Zurück in der usbekischen Hauptstadt, entschloss er sich zum harten Durchgreifen. Der usbekische Polizei- und Militärapparat ging gegen die Rädelsführer vor. Die meisten Beteiligten des Aufstandes vom Dezember 1991 wurden verhaftet. Juldaschew und Namangani indes gelang die Flucht nach Tadschikistan, später nach Afghanistan und Pakistan. Der pakistanische Geheimdienst soll Juldaschew finanziell unter die Arme gegriffen und ihm Zufluchtsmöglichkeiten zur Verfügung gestellt haben. Von 1995 bis 1998 residierte er in Peschawar, dem Zentrum pakistanischer und afghanischer islamischer Aktivisten sowie mehrerer panislamischer dschihadistischer Gruppen. Später wurde er ein Anhänger Osama bin Ladens.

Nach dieser frühen Instabilität stellte sich gleich zu Beginn der 1990er Jahre die Frage nach der politischen Zukunft Usbekistans. Karimow, bis vor kurzem noch Kommunist, wollte mit allen Mitteln eine religiöse Radikalisierung des jungen Landes verhindern. Sein Ziel war der Aufbau eines säkularen Staates. Er setzte es mit harter Hand durch.

Die Religionsausübung steht seitdem unter staatlicher Aufsicht ebenso wie der Betrieb einer Islamischen Universität in Taschkent. Knapp 90 Prozent der usbekischen Bevölkerung bekennen sich zum Islam. Wenn es nach dem Willen der usbekischen Regierung geht, so soll jeder seiner Religion privat nachgehen können. Wer jedoch unter dem Verdacht steht, radikalen, islamistischen Ideen anzuhängen, gerät unweigerlich in das Visier der Sicherheitsbehörden. Usbekistan versteht sich als Land eines aufgeklärten Islams, und Staatspräsident Schawkat Mirsijojew, seit 2016 im Amt, will Usbekistan international als Land eines modernen Islams positionieren. Mit seinen zentralasiatischen Amtskollegen ist er sich einig, dass hierzu auch staatliche Kontrolle gehört.

Nach dem 11. September 2001 wurden die zentralasiatischen Staaten in die internationale Politik und Verantwortung hineinkatapultiert. Usbekistan stellte den USA und Deutschland Militärbasen bzw. Flugplätze zur Verfügung. Während die USA ihren Stützpunkt 2006 räumen mussten, ist die Bundeswehr nach wie vor in Termez, der usbekischen Grenzstadt zu Afghanistan, stationiert. Der dortige Flughafen ist für den Afghanistan-Einsatz der Anti-Terror-Allianz unverzichtbar.

Terrorbedrohungen

Von der IBU spaltete sich später die Islamische Dschihad-Union ab. Die islamistischen Gruppen unterhalten enge Kontakte zu Al-Qaida und agieren von Afghanistan und Pakistan aus. Ein Teil der militanten Mitglieder sympathisiert mit dem »Heiligen Krieg« in anderen Ländern. Die Unterstützung Al-Qaidas und der Taliban für die IBU gilt als sicher. Möglicherweise sei es sogar Osama bin Ladens Initiative gewesen, eine usbekische Dschihadgruppe zur Bekämpfung der Karimow-Regierung ins Leben zu rufen.

Nachdem die deutsche Polizei 2007 drei Mitglieder der Islamischen Dschihad-Union im Sauerland festgenommen hatte, mussten Sicherheitsexperten konstatieren, dass der aus Zentralasien stammende Terrorismus auch zu einer unmittelbaren Bedrohung für Deutschland geworden war.

Dschuma Namangani und Tahir Juldaschew, die früheren Anführer der IBU, leben indes nicht mehr. Namangani wurde

2001 bei einer US-amerikanischen Aktion in Nordafghanistan getötet. Juldaschew starb nach Angaben des pakistanischen Geheimdienstes im August 2009 durch einen amerikanischen Drohnenangriff in Südwasiristan, einer Provinz an der pakistanisch-afghanischen Grenze. Vor seinem Tod hatte der Vertraute von Osama bin Laden auf einer DVD, die man in der kirgisischen Provinzstadt Osch kaufen konnte, mit Anschlägen auf die Präsidenten Usbekistans, Kirgistans und Tadschikistans gedroht: »Wir erinnern Karimow, Bakijew und Rachmonow daran, dass sie für die Verfolgung der Muslime bestraft werden – in diesem Leben wie auch vor dem himmlischen Gericht.«

Bereits mehrfach ist es an verschiedenen Orten Usbekistans zu Angriffen islamistischer Terroristen gekommen. Im Februar 1999 explodierten in der Hauptstadt Taschkent insgesamt sechs Bomben. Bei den Anschlägen, die offensichtlich Präsident Karimow persönlich galten, kamen 16 Menschen ums Leben, mehr als 100 wurden verletzt. Für die Attacke soll die Islamische Bewegung Usbekistans verantwortlich gewesen sein. Ihr damaliger Anführer und sogenannter Emir Muhhamad Tahrir hatte vorher dem usbekischen Staat und seiner Regierung den »Heiligen Krieg« erklärt.

Im März und April 2004 kam es erneut zu Anschlägen in Taschkent und Buchara. Frauen mit Sprengstoffgürteln und bewaffnete Männer griffen mehrere Polizeiposten an. Dabei kamen 33 Terroristen, zehn Polizisten und vier Passanten ums Leben. Im Juli 2004 explodierten vor den Eingängen der US-amerikanischen und der israelischen Botschaft in Taschkent zwei Sprengsätze, denen zwei usbekische Sicherheitsleute zum Opfer fielen. Zu allen Anschlägen bekannte sich die Islamische Dschihad-Union. Die durchaus umstrittene Arbeit der usbekischen Sicherheitsdienste sorgte seitdem dafür, dass es in Usbekistan keine Anschläge mehr gegeben hat. Das Land gilt inzwischen wieder als sicheres Reiseland.

Zum Synonym für das harte Vorgehen der usbekischen Führung gegen jedwede Art von Ausschreitungen wurde 2005 die Stadt Andischan im Fergana-Tal. Dort hatte eine Gruppe Bewaffneter, die der islamistischen Organisation Akramija angehörte, ein Gefängnis überfallen und Gesinnungsgenossen befreit. Gegen sie war ein Prozess wegen »terroristischer Aktivitäten« geplant. Es kam zu schweren Unruhen und Solidaritätskundgebungen mit den Islamisten auf den Straßen der Stadt sowie zu schweren Zusammenstößen zwischen Aufständischen und den Sicherheitskräften. Zivilisten, die sich an den Demonstrationen beteiligt hatten, aber unbewaffnet waren, gerieten in die Schusslinie. Nach offiziellen Taschkenter Angaben forderten die Unruhen 187 Tote. Inoffizielle Schätzungen liegen um ein Mehrfaches darüber. Einer internationalen Untersuchung der Ereignisse stimmte die usbekische Regierung nicht zu, worauf die Europäische Union ein Einreiseembargo für usbekische Regierungsmitglieder verhängte. Es wurde später wieder aufgehoben.

Islamistisches Gedankengut hat seine Heimat in Zentralasien vor allem im konservativ geprägten Fergana-Tal, und es ist bis heute präsent. Der »Islamische Staat« schaffte es immer wieder, neue Rekruten mit usbekischen Wurzeln zu gewinnen. Sowohl bei dem Angriff auf den Atatürk-Flughafen in Istanbul im Juni 2016, bei dem Massaker in der Istanbuler Disko »Reina« in der Silvesternacht 2016, bei den Anschlägen auf die St. Petersburger U-Bahn und ein Kaufhaus im April 2017 sowie bei dem Terrorakt mit einem Fahrzeug im Oktober 2017 in New York waren ausgewanderte Usbeken, die aus Usbekistan, Kirgistan und Russland stammten, maßgeblich beteiligt. Dies sollte jedoch nicht darüber hinwegtäuschen, dass in Usbekistan wie in ganz Zentralasien eine gemäßigte Form des Islams praktiziert wird und der Großteil der Bevölkerung säkularen Prinzipien folgt. Zentralasien ist keine Hochburg terroristischer Gewalt. Die Radikalisierung der Islamisten erfolgte oft außerhalb des Landes.

Das erste freie Theater der Sowjetunion

2007 fiel Mark Weil, einer der bekanntesten Künstler Usbekistans, einem Mordanschlag zum Opfer. Mark Weil war ein in Taschkent geborener russischer Jude. Er hatte 1976 in der usbekischen Hauptstadt das Ilchom-Theater gegründet, das erste freie Theater in der Sowjetunion. Für die 1970er Jahre eine Sensation: Das Ilchom lebte ohne staatliche Subventionen, entzog sich zunehmend staatlicher Bevormundung und Zensur und wurde rasch zum Sammelbecken für kritische Geister und Dissidenten. Während es im abgelegenen Usbekistan zu Sowjetzeiten relativ unbehelligt regimekritische Stücke auf die Bühne bringen konnte, führten 1982 Gastspiele in Leningrad und Moskau dazu, dass Beobachtungen und Eingriffe des KGB Weils Theater in seiner Existenz bedrohten. Doch sein mittlerweile über die Grenzen der Sowjetunion hinausreichender Ruf als exzellenter Theater- und Filmemacher und die bald einsetzende Perestroika-Politik Gorbatschows ließen das Ilchom überleben – ein Wunder für die UdSSR.

Nach 1991 setzte sich dieses Wunder im unabhängig gewordenen Usbekistan zunächst fort. Weil pendelte zwischen seiner Wirkungsstätte in Usbekistan, seiner ins amerikanische Seattle ausgewanderten Familie und einer Moskauer Drittwohnung hin und her. Hinzu kamen Gastspiele in der ganzen Welt. Nach eigenen Angaben fühlte er sich als »Sowjetmensch, Taschkenter Patriot und Weltbürger!«.

Im unabhängigen Usbekistan brachte Weil Stücke auf die Bühne, die das Verhältnis der islamischen Welt zur Moderne beschrieben. Eines seiner Themen waren der Islam und die Homosexualität. Das ist in Usbekistan nicht nur ein Tabuthema, sondern es gibt nach wie vor einen »Schwulenparagraphen« im usbekischen Strafgesetzbuch. Einen Tag vor der Premiere eines neuen Stückes lauerten vor der Haustür von Mark Weil zwei junge Männer und erstachen ihn. Sie wurden zwei Jahre später verhaftet und gaben religiöse Motive für den Mord an.

Wirtschaftliche Abschottung

Usbekistan steht wirtschaftlich vor großen Problemen. Der bisherige Kurs der Abschottung vom internationalen Markt und des Schutzes einheimischer Produktion ist an seine Grenzen gekommen. Das Land nahm unter den postsowjetischen Staaten lange eine Sonderrolle ein. Als einzige Währung der früheren 15 Sowjetrepubliken war der usbekische Sum bis 2017 international nicht handelbar. Als Ergebnis gab es einen florierenden Schwarzmarkt für ausländische Währungen. Der Wechselkursunterschied zwischen offiziellem und Schwarzmarktkurs betrug zeitweise beinahe das Doppelte. Die protektionistische Wirtschaftspolitik des Landes zielte auf Unabhängigkeit gegenüber der weltweiten Konkurrenz ab. Neben alten sowjetischen Fahrzeugen bestimmen das Straßenbild vor allem Autos, die in Usbekistan produziert worden sind. Es gibt ein Joint Venture mit dem amerikanischen Autohersteller Chevrolet. Neu- oder Gebrauchtwaren aus dem Ausland sind mit solch hohen Zöllen belegt, dass sich deren Einfuhr kaum lohnt. Doch die wirtschaftliche Unabhängigkeit wurde immer mehr zur Schimäre. Dem Land fehlte es zunehmend an Devisen, um Anschluss zu moderner Technologie zu bekommen und in der Globalisierung mithalten zu können. Das ist auch dem neuen Präsidenten bewusst.

Karimows Nachfolger Mirsijojew

Der usbekische Präsident Islam Karimow gehörte wie sein kasachischer Kollege Nasarbajew zum politischen Urgestein in Zentralasien. Im September 2016 erlag die Vaterfigur Usbekistans einem Schlaganfall. Damit endete die Herrschaft des Mannes, der seit 1991 ununterbrochen das Land regierte und erst 2015 ein weiteres Mal im Amt bestätigt worden war. Interimspräsident wurde der 1957 geborene Schawkat Mirsijojew, der bereits seit 2003 unter Karimow als Regierungschef agierte. Bei den Präsidentschaftswahlen im Dezember 2016 erzielte Mirsijojew 88,6 Prozent der Stimmen und wurde somit auch offiziell im Präsidentenamt bestätigt. Seitdem vollziehen sich in Usbekistan Veränderungen, mit denen so niemand gerechnet hatte. Anders als sein Vorgänger Karimow setzt Mirsijojew auf Nähe zum Volk. Er will als Reformpräsident in die usbekische Geschichte eingehen. Beinahe im Wochenrhythmus stößt die neue Administration Veränderungen in Politik, Wirtschaft und Verwaltung an. Usbekistan wurde innerhalb eines Jahres gründlich entstaubt. Politische Gefangene gelangten in Freiheit. Der usbekische Geheimdienst verlor an Einfluss und Macht. Sein langjährige Chef wurde abgelöst und dessen Stellvertreter zu lebenslanger Haft verurteilt. Das Land erhielt endlich eine frei konvertierbare Währung, Altkader mussten ihre Posten räumen, die Wirtschaft fasste wieder etwas Tritt, internationale Banken gaben Kredite. Die Beziehungen zu den Nachbarländern in Zentralasien haben sich innerhalb weniger Monate deutlich verbessert. Über Jahre schwelende Probleme in Grenzziehungsfragen wurden bereinigt, Grenzübergänge geöffnet und Flugverbindungen neu geschaffen. Das Regierungshandeln gewann an Transparenz. Es herrscht spürbare Aufbruchstimmung im Land. Die Menschen haben die in den letzten Jahren als bleiern wahrgenommene Karimow-Herrschaft hinter sich gelassen. Der öffentliche Diskurs hat sich innerhalb kürzester Zeit verändert. Die Medien sind erkennbar freier geworden.

November 2017. Ein gut gelaunter und optimistisch gestimmter usbekischer Präsident tritt ans Rednerpult im Konferenzsaal seiner Residenz. Er hat hochrangige ausländische Politiker nach Samarkand, der heimlichen Hauptstadt Usbekistans, eingeladen. Zu ihnen gehören alle Außenminister der zentralasiatischen Staaten genauso wie Minister aus Afghanistan, Pakistan, Russland und der Türkei. Selbst die Hohe Vertreterin für Außen- und Sicherheitspolitik der Europäischen Union ist angereist. Die USA und China sind hingegen nur durch ihre Botschaften vertreten. Usbekistan will zeigen, mit wem die Zukunft der Region gestaltet werden soll. Afghanistan ist für den Präsidenten Usbekistans dabei genauso ein Teil Zentralasiens wie die Nachfolgerepubliken der Sowjetunion. Usbekistan will die Nachbarschaft zu Afghanistan nicht länger als Gefahr, sondern endlich als Chance betrachten. Schließlich leben in dem Land knapp zehn Prozent Usbeken. In Samarkand machte Mirsijojew klar, dass Usbekistan bereit ist, eine Führungsrolle in Zentralasien zu übernehmen, ohne dabei Konflikte mit den Nachbarn zu suchen. Persönliche Rivalitäten, die sein Vorgänger zu den Präsidenten der Nachbarländer pflegte, wurden vorerst begraben.

Außenpolitisch will Mirsijojew sein Land zum Motor in Zentralasien machen. Usbekistan ist vor allem daran interessiert, die nördlichen Provinzen Afghanistans – dort, wo auch die usbekische Minderheit lebt – zu stabilisieren und zu einer Art Sicherheitspuffer werden zu lassen. Eine Eisenbahnstrecke verbindet Termez mit Mazar-e Sharif in Nordafghanistan. Usbekistan versorgt Afghanistan mit Steinkohle und Nahrungsmitteln. Die Grenze zu Afghanistan indes hat Usbekistan mit hochmodernen Schutzanlagen ausgestattet. Die Unterstützung Russlands ist der Regierung in Taschkent dabei gewiss. Die Beziehungen zu Moskau, die unter Karimow einem ständigen Auf und Ab unterworfen waren, haben sich deutlich verbessert. Möglicherweise wird bald ein russisches Atomkraftwerk in Usbekistan entstehen, das auch Afghanistan mit Strom versorgen könnte. Von seinem Vorgänger Karimow emanzipiert sich Mirsijojew mehr und mehr. Karimow wird als Hüter der nationalen Stabilität und Einheit in die neue usbekische Geschichtsschreibung eingehen. Bestattet wurde er in einem Mausoleum in Samarkand. Doch sein Clan verschwindet zunehmend aus der usbekischen Politik. Mirsijojew hat es sogar vermieden, in den einstigen Amtssitz Karimows einzuziehen. Aus ihm ist ein Museum geworden.

Geopolitik um Zentralasien

Einflusszone Zentralasien

1991, als die zentralasiatischen Staaten unabhängig geworden waren, hatten die Großmächte Russland und USA zunächst ihr Interesse an der Region verloren. Der Afghanistankrieg war seit 1989 beendet. Russland unter Präsident Boris Jelzin war mit sich beschäftigt. Jelzin versuchte, sein Land in einer Schocktherapie zu liberalisieren, und ließ zu, dass die einstigen Sowjetrepubliken ihre eigenen Wege gingen. Zentralasien interessierte ihn nur am Rande. Eher noch schien es Jelzin zu erleichtern, die Verantwortung für die Region abzustreifen. Russland verlor in der Jelzin-Periode seinen bestimmenden Einfluss auf die Region. Die einstige Weltmacht, der Verlierer des Kalten Krieges, hatte andere Sorgen. Jelzins Politik führte das Land aber nicht zu mehr Wohlstand, sondern 1998 de facto in den Staatsbankrott.

Auch für die USA stand Zentralasien keineswegs im Mittelpunkt der sich nach dem Ende der Systemauseinandersetzung mit dem Kommunismus neu ordnenden Außenpolitik. Afghanistan geriet aus dem Fokus, und die neu auf der politischen Landkarte aufgetauchten Staaten Zentralasiens gelangten noch nicht ins strategische Blickfeld. Die marktwirtschaftlichen und demokratischen Experimente des schwächelnden Russlands beobachtete man in Washington hingegen mit Wohlwollen.

Es waren europäische Staaten, allen voran Deutschland, aber auch die Schweiz, welche die jungen Republiken Kasachstan, Kirgistan, Tadschikistan, Turkmenistan und Usbekistan von Beginn an unterstützten. Sie gehörten zu den ersten Staaten, die diplomatische Beziehungen zu ihnen aufnahm. Weitergehend definierte Europa aber kaum seine Interessen in der Region. Man verpasste damals die Chance, die zentralasiatischen Länder, die über 70 Jahre zur Sowjetunion gehört hatten und deren Bevölkerung damit ähnlich sozialisiert war wie die Menschen in Mittel- und Osteuropa, näher an sich zu binden.

Die Türkei, der Iran und Saudi-Arabien indes versuchten, in Zentralasien an Einfluss zu gewinnen. Die Türken hofften in den 1990er Jahren auf »offene Türen« und setzten auf den »Pan-Turkismus«, die Einheit der Turkvölker. Doch in keinem der turksprachigen zentralasiatischen Länder gelangten sie damit ans Ziel. In den neuen Republiken war das Interesse gering, die gerade zu Ende gegangene russische Vorherrschaft durch eine türkische abzulösen. Im Vordergrund stand für die gerade unabhängig gewordenen Staaten die eigene nationale Selbstfindung. Heute haben sich die Türken dennoch zumindest wirtschaftlich in der Region etabliert.

Der Iran unternahm vor allem Versuche, in Tadschikistan Fuß zu fassen. Hierbei sollten die gemeinsamen persischen Wurzeln helfen. Doch obwohl Tadschikistan dem Iran freundschaftlich verbunden ist, merkte es schnell, dass aus dem Mullah-Regime weder wirtschaftlich noch politisch Hoffnung für das eigene Land erwachsen konnte.

Saudi-Arabien versuchte nach 1991 den Wahhabismus, eine das private Leben massiv normierende, archaische Form des Islams, nach Zentralasien zu exportieren. Es scheiterte am Widerstand der dortigen säkularen Regierungen. Zudem hatte die Sowjetunion dafür gesorgt, dass Religionen einschließlich des Islams nicht im besten Ruf standen. Die neuen Führer der zentralasiatischen Staaten wurden in ihrem Vorbehalt gegenüber dem politischen Islam bestätigt. Der Bürgerkrieg, der in den 1990er Jahren Tadschikistan erschütterte, war auch ein Krieg zwischen islamistischen und säkularen Kräften.

Wendepunkt 11. September 2001

Nach den Terroranschlägen vom 11. September 2001 in New York und Washington rückte Zentralasien ins Zentrum der Weltpolitik. Die Region erlangte neue strategische Bedeutung. Die USA und ihre Verbündeten brauchten Flughäfen, Überflugrechte und Infrastruktur für den Anti-Terror-Kampf gegen die afghanischen Taliban. Washington und Moskau begannen nach den Anschlägen zudem, über eine Kooperation im Interesse einer globalen Terrorbekämpfung nachzudenken. Die zentralasiatischen Staaten standen von Beginn an der Seite der internationalen Anti-Terror-Allianz. Ihre Regierungen wussten, dass islamistische Bedrohungen jederzeit auch für sie zur tödlichen Gefahr werden können. Usbekistan stellte den USA und Deutschland Luftwaffenstützpunkte in Karschi-Khanabat und in Termez, direkt an der Grenze zu Afghanistan, zur Verfügung. Termez ist der einzige Stützpunkt, den Deutschland jemals in einem Land, das früher zur Sowjetunion gehörte, betrieben hat.

In Kirgistan unterhielten sowohl Russland als auch die USA Militärstützpunkte. Ein Jahrzehnt vorher wäre das noch unvorstellbar gewesen: Auf dem Bischkeker Flughafen Manas waren amerikanische Soldaten stationiert, und wenige Dutzend Kilometer davon entfernt, im kleinen Städtchen Kant, standen russische Soldaten, die im Interesse des Anti-Terror-Kampfes mit den Amerikanern kooperierten. Für einen kurzen weltgeschichtlichen Moment gab es nicht nur in Zentralasien die Hoffnung, dass der Kalte Krieg nun endgültig der Vergangenheit angehörte und gemeinsame Sicherheitsinteressen Russlands und des Westens an die Stelle eines Great Games getreten waren. Mit dem Aufkommen des islamistischen Terrorismus existiert spätestens seit 2001 eine gemeinsame Bedrohung.

Der US-geführte Einsatz in Afghanistan seit 2002 eröffnete einen Kampf, den der damalige Präsident George W. Bush als »Krieg gegen den Terror« bezeichnete. Die USA befanden sich mit den

Taliban und damit mit den Nachfolgern jener Mudschaheddin im Krieg, die sie in den 1980er Jahren noch gegen die Sowjets finanziell wie moralisch unterstützt hatten. Die Taliban hatten sich mit einem saudischen Wahhabiten und Millionär namens Osama bin Laden vereinigt und seiner Terrorgruppe Al-Kaida Schutz im afghanisch-pakistanischen Grenzgebiet geboten. Brutal gingen die Taliban und Al-Kaida nun gemeinsam gegen die Amerikaner vor. Aber auch Länder mit nach Autonomie strebenden muslimisch dominierten Regionen wie Russland, China oder Indien wurden zur Zielscheibe der islamistischen Terroristen.

Zentralasien war zu einem der Stützpfeiler im »Krieg gegen den Terror« geworden. Militärstrategische Aspekte wie die Nähe zu Afghanistan, aber auch eigene Konfliktherde durch den Verlauf von Drogenrouten und die Existenz radikal-islamistischer Bewegungen machten die Region erneut zu einem Interessengebiet der Großmächte.

Das Engagement der USA in Zentralasien hatte jedoch seine Kehrseiten. Zum einen rief es Russland verstärkt auf den Plan, seinen Einfluss in der Region wieder auszubauen. Der Kreml unter Putin betrachtet die postsowjetischen Staaten als »nahes Ausland« und damit als sein Einflussgebiet. Zum anderen kam auch China in Zentralasien verstärkt ins Spiel. Es versteht sich zunehmend als die kommende Weltmacht und als einziger wirklicher Konkurrent der USA. In Zentralasien strebte das kommunistische Land mit seinem enormen Energiehunger Zugang zu den Gas- und Ölreserven Turkmenistans und Kasachstans an. Usbekistan brauchte man dabei vor allem als Transitland. Die zentralasiatischen Regierungen wurden so auf einmal von vielen Seiten umworben. Sie lernten schnell von der Konkurrenz der Großmächte zu profitieren und versuchten, für sich selbst das jeweils beste Ergebnis zu erzielen.

Die Kooperation Russlands und der USA im Kampf gegen den Terror indes verlief nur kurze Zeit problemlos. Schon bald entzweiten sich die beiden Großmächte erneut. Es war noch einmal der einflussreiche amerikanische Außenpolitiker Zbigniew Brzeziński gewesen, der Mitte der 1990er Jahre mit der These auf sich aufmerksam gemacht hatte, dass die USA nach dem Zerfall der Sowjetunion die einzige verbliebene Weltmacht seien, diese Weltmachtstellung in Zukunft aber davon abhängen würde, inwieweit Amerika in der Lage sei, die komplexen geopolitischen Verhältnisse auf dem eurasischen Kontinent zu beeinflussen. In seinem Buch »The Grand Chessbord« beschrieb er Eurasien als »großes Schachbrett«, auf dem ein solcher Kampf ausgetragen werden wird. Laut Brzeziński müsse auch dort ein Regelwerk gelten, das amerikanischen Interessen entspricht. Die Thesen lesen sich wie eine Blaupause für die später in den postsowjetischen Staaten und auch in Zentralasien unterstützten »farbigen Revolutionen«, die partiell auch antirussische Revolutionen waren. Vergessen geglaubte Vorurteile aus Zeiten des Kalten Krieges lebten in den USA noch einmal auf. Der leise, aber beständig stärker werdende eigentliche neue Herausforderer der USA auf der Weltbühne, die Volksrepublik China, spielte in den strategischen Überlegungen der Amerikaner damals nur am Rande eine Rolle. Auch die aufkommende islamistische Gefahr hatte man Mitte der 1990er Jahre noch nicht im Blick.

Die USA waren nach wie vor auf Russland fokussiert. Ein 1997 geschmiedetes Bündnis namens GUUAM fand ihre Unterstützung. Georgien, die Ukraine, Usbekistan, Aserbaidschan und Moldawien versuchten damit, eine Gegenallianz zur Gemeinschaft Unabhängiger Staaten (GUS) zu schaffen, die von Russland dominiert wurde. Die Organisation nannte sich nach den Anfangsbuchstaben ihrer Mitgliedsstaaten. Die USA feierten die GUUAM als klare Abkehr einiger früherer Sowjetrepubliken von Russland hin zum Westen. Doch der amerikanische Versuch, Russland geopolitisch weiter zurückzudrängen, scheiterte am Experiment, westliche Demokratievorstellungen in den postsowjetischen Raum zu übertragen. Die USA unterstützten Oppositionsbewegungen in Georgien, der Ukraine und Kirgistan, wo bald »farbige Revolutionen« stattfanden. In Georgien gelangte 2003 in der »Rosenrevolution« Michail Saakaschwili und 2004 in der »orangen Revolution« in der Ukraine Wiktor Juschtschenko an die Macht. In Bischkek gelang es Kurmanbek Bakijew im Jahre 2005 in der sogenannten Tulpenrevolution, den seit 1990 regierenden Askar Akajew zu stürzen. Die farbigen Träume sollten den gesamten postsowjetischen Raum demokratisieren und verändern, doch sie veränderten vor allem ihre Hoffnungsträger selbst. Saakaschwili führte sein Land 2008 in einen Krieg gegen Russland. Juschtschenko hatte 2010 so sehr abgewirtschaftet, dass ihm bei den Präsidentschaftswahlen gerade einmal fünf Prozent seiner Landsleute erneut ihre Stimme gaben. Und Bakijew erwies sich seinem Vorgänger nicht nur als ebenbürtig, was Misswirtschaft und Korruption anbelangte, sein Regime war sogar noch autoritärer als das vorangegangene. 2010 wurde er aus Kirgistan vertrieben. Der heimliche Sieger der verpatzten »Tulpenrevolution« hieß Russland.

Der usbekische Präsident Karimow beendete 2005 die sicherheitspolitische Allianz mit den USA und kündigte die ihnen zur Verfügung gestellten Militärbasen. Den Stützpunkt in Kirgistan mussten die Vereinigten Staaten 2014 räumen. Nur Deutschland durfte den usbekischen Flughafen Termez weiter nutzen. Dieser Vertrag lief 2015 aus.

Russland hingegen gelang es in den vergangenen Jahren, seinen in den 1990er Jahren verlorenen Einfluss in Zentralasien wieder deutlich auszubauen. Der 2000 ins Präsidentenamt gelangte Wladimir Putin ist aus einem anderen Holz geschnitzt als sein Vorgänger Jelzin. Er verankerte Zentralasien in zwei wichtigen, von Russland dominierten Organisationen. 2002 wurde die Organisation des Vertrages über kollektive Sicherheit (OVKS) ins Leben gerufen, eine Art »Ost-NATO«. Ihr gehören neben Russland, Armenien und Weißrussland auch Kasachstan, Kirgistan und Tadschikistan an. Kasachstan und Kirgistan sind außerdem seit 2015 Mitglied der Eurasischen Wirtschaftsunion, einem von

Russland initiierten Prestigeprojekt, das die Wirtschaftspolitik der Mitgliedsstaaten koordinieren soll. Ein eigener Energieverbund ist in Planung. Der Eurasischen Wirtschaftsunion gehören neben Russland, Kasachstan und Kirgistan auch Armenien und Weißrussland an. Tadschikistan ist Beitrittskandidat. Eine künftige Mitgliedschaft von Usbekistan ist nicht auszuschließen. Dessen Präsident Schawkat Mirsijojew betreibt eine Russland zugewandte Politik. Unterstützt wird er dabei von einem der reichsten Männer Russlands, dem aus Usbekistan stammenden Oligarchen Alischer Usmanow.

Ein drittes Great Game?

Unter Präsident Donald Trump zeigen die USA wenig Interesse, in Zentralasien wieder an Einfluss zu gewinnen. Es scheint, dass Trump – sollte er innenpolitisch die Angriffe auf seine Präsidentschaft infolge der Russland-Affäre überleben – Russland in Zentralasien das »Feld« überlassen könnte. Die USA werden wohl in der Region nur dann wieder aktiver werden, wenn sich beispielsweise der Iran, der nach wie vor einer der wichtigsten Gegner der USA ist, verstärkt in Zentralasien einmischt.

China hat sich in den vergangenen Jahren in Zentralasien zum wichtigsten Gegner Russlands entwickelt, wenn es um wirtschaftlichen Einfluss und den Erwerb von Rohstoffen geht. Diese Konkurrenz wird oberflächlich durch die gemeinsame Mitgliedschaft Chinas und Russlands in der Shanghaier Organisation für Zusammenarbeit (SOZ) überdeckt, die auch eine antiamerikanische Komponente hat. Der Vorläufer der SOZ, die Gruppe der »Shanghai-Five«, war 1996 zunächst mit der Absicht gegründet worden, die nach dem Zerfall der Sowjetunion entstandenen Grenzstreitigkeiten zwischen Russland, der Volksrepublik China und den nun unabhängigen zentralasiatischen Anrainerstaaten Kasachstan, Kirgistan und Tadschikistan zu beenden, um dann auch die Streitkräfte in den Grenzgebieten zu reduzieren. Insbesondere Peking hatte vor dem Hintergrund sezessionistischer Bestrebungen in seiner Uiguren-Provinz große Bedenken, inwieweit sich innenpolitische Entwicklungen in Zentralasien auf das Uiguren-Gebiet auswirken könnten. Doch bald wollten China und Russland mit der Organisation auch zeigen, dass es im 21. Jahrhundert keine Welt geben würde, die unilateral von den Vereinigten Staaten dominiert wird. 2001 erhielt die lose Staatengruppe Shanghai-Five ein institutionalisiertes Fundament und nannte sich fortan SOZ. Usbekistan trat 2001 der SOZ bei. Seitdem hat sich die Organisation erweitert. Neben den Gründungsmitgliedern gehören ihr seit 2017 Indien und Pakistan als vollwertige Mitglieder an. Der Iran und die Mongolei sind offizielle Teilnehmer der Gipfeltreffen und besitzen Beobachterstatus. Die Türkei ist sogenannter Dialogpartner. Formal steht ein breites Spektrum an Themenfeldern auf der Agenda, wobei der Fokus stets auf stabilitäts- und sicherheitspolitischen Aspekten liegt. In den letzten Jahren rückten verstärkt auch ökonomische Aspekte der Kooperation in den Mittelpunkt, die sich vor allem auf die Verwertung der immensen natürlichen Ressourcen und diverse Infrastrukturprojekte in der Region konzentrierten. Russland und die zentralasiatischen Mitglieder sind im Gegensatz zu China jedoch nicht an einer weitreichenden ökonomischen Integration im Sinne eines gemeinsamen Wirtschaftsraums bzw. einer Freihandelszone interessiert. China erscheint ihnen dabei als zu dominant. Die Führung in Peking setzt deshalb verstärkt auf Alleingänge. In Turkmenistan hat es die Volksrepublik im Kampf um Gasressourcen geschafft, alle anderen Interessenten auszubooten. China ist zum Hauptabnehmer turkmenischen Gases geworden. Die Gaspipeline China–Central Asia pumpt mittlerweile einen Großteil des chinesischen Gasbedarfs aus Turkmenistan nach China. Russland ist in der ehemaligen Sowjetrepublik nicht mehr erwünscht, wenn es um die Erschließung neuer Gasfelder geht. Aber auch die Europäer sind aus dem Spiel um Gasressourcen am Kaspischen Meeres heraus. Ein europäisches Konsortium hatte 2008 eine Gastleitung namens Nabucco geplant, die Gas nach Europa transportieren sollte. Hintergrund des Projektes war der politische Wunsch der Europäischen Union nach Diversifizierung der Erdgasquellen. Man wollte nicht nur von Russland abhängig sein, obwohl es in den letzten Jahrzehnten, also selbst in den Jahren des Kalten Krieges, nie wirkliche Probleme mit der Zuverlässigkeit sowjetischer bzw. russischer Gaslieferungen gegeben hatte. Das Nabucco-Projekt musste jedoch aufgegeben werden, da sich Turkmenistan an China band, wie sich inzwischen herausstellte, auch durch ungünstige Knebelverträge.

Die Europäische Union hatte bislang weder den Willen noch die Kraft, in Zentralasien eine eigene geopolitische Rolle zu spielen. Zwar verfügt sie seit 2007 über eine sogenannte Zentralasienstrategie, diese ist jedoch reichlich unausgegoren. Russland wird in dem Konzept mit keinem einzigen Wort erwähnt. Dabei kommt man, allein schon geografisch, nicht an dem großen Nachbarn vorbei. Wenn es in dem Positionspapier der EU um »gemeinsame Bedrohungen« für Zentralasien und die EU geht, fallen Begriffe wie Menschenhandel, organisierte Kriminalität, Drogenschmuggel, Waffenhandel und Migration. Keines dieser Themen ist aber wohl ohne die Russen zu bewältigen. 2017 beschloss der Rat der Europäischen Union, bis 2019 eine neue Strategie für den Umgang mit Zentralasien auszuarbeiten. Sie soll dann ab 2021 gelten. Die Staaten Zentralasiens sehen ihr mit Sympathie, aber mit wenig Hoffnung entgegen. Man nimmt zur Kenntnis, dass Europa derzeit mit inneren Problemen zu kämpfen hat und vor allem die Flüchtlingsströme unter Kontrolle bekommen will.

China wird versuchen, bis dahin neue Pflöcke in der Region einzuschlagen. Die Chinesen werden nicht müde, immer neue Programme aus dem Boden zu stampfen. Aktuellstes Beispiel ist das Projekt einer »neuen Seidenstraße«, auch »One Belt, One Road« genannt, das 2017 mit großem Pomp und in Anwesenheit von Delegationen aus mehr als 100 Ländern in Peking vorgestellt wurde. China selbst feiert es als »größtes Entwicklungsprogramm seit dem Marschallplan«. 900 Milliarden Dollar sollen für Infrastrukturprojekte weltweit zur Verfügung gestellt werden. Die zentralasiatischen Staaten könnten zu den ersten gehören, die davon profitieren.

Wie dieser Profit aussieht, konnte man bei Vorgängerprojekten beobachten. 2016 stellte China in Usbekistan das größte Infrastrukturprojekt fertig, was es jemals in Zentralasien finanziert hat. Fast eine halbe Milliarde US-Dollar flossen in eine Bahnstrecke, die das Fergana-Tal an das Eisenbahnnetz des restlichen Landes anschloss. Geplant ist später eine Verbindung weiter über Kirgistan nach China. In Tadschikistan bauten chinesische Strafgefangene neue Verkehrswege und schlugen Tunnel in die Gebirge. Das Land ist heute von der chinesischen Wirtschaft abhängig.

Große Teile der zentralasiatischen Bevölkerung betrachten China mit Argwohn. Die Zukunft des chinesischen Entwicklungsprogrammes ist keinesfalls sicher. Das Land ist ein Koloss auf tönernen Füßen: Er steht und fällt mit der Herrschaft der Kommunistischen Partei.

Briten gegen Russen; Amerikaner gegen Sowjets. Das Aufeinanderprallen von Großmächten in Zentralasien und Afghanistan hat die letzten 150 Jahre zu Grenzziehungen und politischen Abgrenzungen geführt, die einen Teil der heutigen Gemengelage in der Region erklären.

Der »Westen« nimmt immer weniger Einfluss. Der »Krieg gegen den Terror« hat Afghanistan für ihn zum Milliardengrab werden lassen und ihm zudem neue Feinde beschert. Die Terrororganisation Islamischer Staat, nach 2003 aus den Trümmern des kriegsgeplagten Iraks entstanden, wurde zwar in Irak und Syrien wieder zurückgedrängt, sie konnte aber in Afghanistan Fuß fassen, wo die Taliban erneut an Einfluss gewinnen. Pakistan, lange Zeit als Partner des Westens hofiert und von den USA mit Milliarden von US-Dollar unterstützt, spielt dabei ein falsches

Spiel. Die Grenzziehung aus dem 19. Jahrhundert zeigt Nachwirkungen. Pakistan kooperiert heute mit den Taliban und ist an einem instabilen Afghanistan interessiert. Ein starkes Afghanistan könnte die afghanisch-pakistanische Grenze infrage stellen.

Verlauf und Ausgang des aktuellen Kampfes um Macht und Einfluss in Zentralasien und Afghanistan werden von vielen Faktoren abhängen. Neben der Entwicklung Chinas, das zunehmend zur Selbstüberschätzung neigt, sind es vor allem die Entwicklungen in der islamischen Welt. Hier ist der Ausgang offen. Vor allem die Situation in Afghanistan stellt die postsowjetischen Staaten Zentralasiens vor große Herausforderungen. Zwar halten die säkularen Machthaber in den überwiegend autoritär regierten Staaten Zentralasiens die islamistische Gefahr noch unter Kontrolle, dennoch wächst die Angst vor religiös motiviertem Terror. Wenn sich Afghanistan erneut zu einem Hort des Terrorismus entwickelt, könnten sich auch die zentralasiatischen autoritär-säkularen Systeme destabilisieren. Hier steht vor allem Tadschikistan im Fokus von Islamisten. Die tadschikische Grenze zu Afghanistan ist 1300 Kilometer lang und kaum gesichert. Ein Übertritt über den Grenzfluss Pandsch ist problemlos möglich. Hinzu kommt, dass der Norden Afghanistans von Tadschiken bevölkert ist, wodurch Kontrollen der Bevölkerung erschwert sind. Es ist daher nicht auszuschließen, dass Islamisten zuerst nach Tadschikistan einsickern. Politisch entscheidend ist, ob es diesen Ländern angesichts der veränderten Sicherheitslage gelingt, wirklich enger zusammenzuarbeiten. Die usbekischen Initiativen sind dabei wichtige erste Schritte. Doch ohne Sicherheitsgarantien der Großmächte werden sie zahnlos bleiben. Insofern gehören die Great Games noch lange nicht der Vergangenheit an.

Höhepunkte der Region

Alle Wege führen nach Samarkand

So wie alle Wege irgendwann einmal nach Rom geführt haben, beginnt die stürmische Geschichte Zentralasiens meist in Samarkand – dem alten Marakanda und späteren Afrasiab. Samarkand ist eine der legendärsten Städte der Welt. Die Reisegruppen kommen in der Regel in den Monaten März bis Juni und September bis Oktober hierhin. Im Sommer ist es zu heiß. 45 Grad im Schatten sind keine Seltenheit.

Um diese Stadt an der ehemaligen Seidenstraße ranken sich Mythen, sie ist ein Schmelztiegel verschiedener Ethnien, mit architektonischen Meisterwerken vorislamischer und islamischer Baukunst, ein Ort, der Menschen aus aller Welt in seinen Bann zieht. In Samarkand wurde Geschichte geschrieben, und begonnen hat alles vor mehr als 2500 Jahren, fast zur gleichen Zeit, als Romulus in einer anderen Weltgegend seinen Zwillingsbruder Remus besiegte und am Palatin-Hügel das antike Rom gründete. Samarkand wurde vom frühpersischen Volk der Sogdier als Siedlungsort ausgewählt. Es liegt am Ufer der Flüsse Zerafschan und Siab. »Zerafschan« stammt aus dem Tadschikischen und bedeutet »Gold«, da in dem Fluss Goldpartikel enthalten sind. Der Fluss diente als natürlicher Schutz gegen Eroberer. Auch der dicht bewachsene und schwer passierbare Tugaiwald – als »Tugai« wird die Vegetationsform der Flussauen bezeichnet – erschwerte Gegnern den Vormarsch. Alexander der Große konnte Samarkand, das die Griechen Marakanda nannten, dennoch im Jahre 329 v. Chr. einnehmen. Der Zerafschan diente bei anderen Gelegenheiten erfolgreich als Verteidigungslinie, ein letztes Mal im Jahre 1868, als sich Samarkand gegen russische Truppen zur Wehr setzte.

Der Name des zweiten Flusses der Stadt, des Siab, kommt auch aus dem Tadschikischen und bedeutet »schwarzes Wasser«. Der Siab teilt Samarkand in eine »tote« und eine »lebendige« Stadt. In der »toten Stadt«, die man Afrasiab nennt, lebten im 11. Jahrhundert eine halbe Million Menschen, was mit der Bevölkerungszahl des heutigen Samarkand vergleichbar ist. Im Jahre 712 brachte der arabische Feldherr Qutaiba ibn Muslim die Stadt unter seine Kontrolle. Das mittelalterliche Samarkand ging 1220 infolge der mongolischen Invasion unter. Dschingis Khan ließ Zehntausende Einwohner töten, die anderen wurden versklavt. Damit verschwand eines der führenden Zentren der Zivilisation und der Wissenschaft in der muslimischen Welt, nur um am gegenüberliegenden Ufer des Siab wieder zu entstehen – dort findet sich bis heute das zweite Samarkand, eine lebendige Stadt, die nach dem mongolischen Pogrom entstanden ist.

Unter dem Kriegsherrn Tamerlan, dem usbekischen Nationalhelden, wurde Samarkand Ende des 14./Anfang des 15. Jahrhunderts erneut zum Zentrum der muslimischen Welt. Die sterblichen Überreste Tamerlans liegen im Mausoleum der Timuriden »Gur Emir« bestattet. Eine Vielzahl von Legenden rankt sich um dieses Grabmal, wobei sich die berühmteste auf die Öffnung von Tamerlans Sarkophag durch sowjetische Archäologen am 21. Juni 1941 bezieht. Gläubige aus Samarkand hätten die Wissenschaftler damals davor gewarnt, die Totenruhe zu stören, da sonst die Geister des Blutvergießens und des Todes geweckt würden. Das Grab wurde geöffnet, und am darauf folgenden Tag überfiel Deutschland die Sowjetunion – kein Zufall in den Augen vieler Einheimischer.

Tamerlans Enkel, der Gelehrte Ulugbek (1394–1449), ist für Samarkander die zweitpopulärste Persönlichkeit nach seinem kriegerischen Großvater. Auf dem Hügel Kuhak ließ er ein Observatorium errichten, mit dessen Hilfe die Koordinaten von 1028 Sternen erstellt wurden. Ulugbek wurde von seinem eigenen älteren Sohn Abd al-Latif vom Thron gestürzt und wenig später mit dessen Zustimmung getötet. Bestattet wurde Ulugbek neben seinem Großvater und seinem Vater im »Gur Emir«. Abd al-Latif, der nach nur einem halben Jahr der Herrschaft ebenfalls ermordet wurde, kam nicht ins Mausoleum, um die Totenruhe Ulugbeks nicht zu stören. Die alten Samarkander erzählen, dass Menschen, die an dem Grab von Abd al-Latif vorbeigehen, kein Gebet für die Ruhe seiner Seele sprechen, da er als »Padarkusch« (Vatermörder) bezeichnet wird.

Reiseberichte, die um 1900 aus Zentralasien nach Russland bzw. Europa gelangten, beschrieben Samarkand, aber auch Buchara, als anachronistisch und farbenprächtig. Die Reisenden schilderten die pastellfarbene Kleidung der Einheimischen, die türkisfarbenen und ultramarinblauen Mosaiken und Kuppeln der Moscheen und das scheinbar ewig helle Blau des Himmels. Daneben beeindruckte sie eine ganz besondere Geräuschkulisse: Lieder der Stadtmusikanten, Märchenerzähler, die Rufe der Muezzins von den Minaretten und das Läuten der Kamelglocken. Barbiere, Wunderheiler, Gaukler, Derwische und allerlei fahrendes Volk gaben den öffentlichen Plätzen ihr Gepräge.

Das Zentrum Samarkands prägte damals und bestimmt auch heute der Registan (Sandplatz). Hier befanden sich in drei Medresen (Koranschulen) führende Bildungszentren der muslimischen Welt. In der sowjetischen Zeit wurden die religiösen Schulen geschlossen, ihre Gebäude später durch Erdbeben und andere äußere Einflüsse beschädigt. In der postsowjetischen Periode nahm man sich der Restaurierung der Gebäude an, und heute erstrahlen die Ulugbek- (15. Jahrhundert), Sher-Dor- und Tilya-Kori-Medresen (beide 17. Jahrhundert) wieder in alter Pracht. Mittlerweile ist der Registan ein Museumskomplex mit Verkaufsständen geworden. Wer Glück hat, erlebt abends eine faszinierende Lasershow. Eine deutsche Firma hat sie 2016 installiert.

Berühmt ist das Samarkander Fladenbrot. Einige hundert

Meter vom Registan entfernt ist ein völlig anderes Samarkand zu entdecken – ein Samarkand, das vom russischen Zarenreich geschaffen wurde. Der erste russische Generalgouverneur für Zentralasien, Konstantin von Kaufmann, ließ hier ab 1870 die »Russische Stadt« mit Wohnvierteln für die Ansiedlung der russischen Bevölkerung sowie mit Standorten für Armee, Schulen, Krankenhäusern und Banken errichten.

Neben Tadschiken, Usbeken und Russen leben in Samarkand arabische und iranische Minderheiten. Die Samarkander Araber gelten als Nachfahren der ersten arabischen Einwanderer in Zentralasien, die im 8. Jahrhundert aus Mesopotamien und Zentralarabien in die Region kamen.

Im 18. Jahrhundert wurden Samarkand und Buchara von einer Cholera-Epidemie heimgesucht. Die Städte verloren einen großen Teil ihrer Einwohner. Der Emir von Buchara siedelte daraufhin aus Merw Iraner, Kurden und Taten nach Buchara und Samarkand um. Während der Stalin-Ära wurden Krimtataren nach Zentralasien deportiert und unter anderem in Samarkand angesiedelt. Die Stadt ist bis heute ein Schmelztiegel von Ethnien und Religionen geblieben. In Usbekistan gilt sie für viele als »heimliche Hauptstadt«. Samarkand gehört zu den wichtigsten Wirtschaftsstandorten Usbekistans. Unter anderem produziert die deutsche MAN Truck & Bus AG hier seit 2009 Nutzfahrzeuge.

Buchara

Neben Samarkand zieht es die meisten Zentralasien-Reisenden nach Buchara. Willi Rickmers (1873 – 1965), ein deutscher Forschungsreisender, gelangte erstmals 1894 in die Stadt. Voller Begeisterung schrieb er in sein Tagebuch: »Von Baku machte ich einen Abstecher nach Zentral-Asien und habe den glücklichen Einfall nicht zu bereuen. Wer die Ausgabe nicht zu scheuen braucht, der gehe nun lustwandeln im Basar von Buchara, ehe noch die heilige Stadt der Russifizierung anheimfällt. Er wird sich glücklich schätzen können, mit das Herrlichste gesehen zu haben, was der Orient zu bieten vermag.« Auch 100 Jahre später, nach russischer und sowjetischer Herrschaft, hat sich die Stadt ihr orientalisches Flair erhalten. Heute allerdings unternimmt Usbekistan viel, um Buchara und andere historisch wichtige Orte dem anzupassen, von dem die usbekischen Tourismusbeamten glauben, dass der Gast aus dem Westen es sucht: moderne Hotels, asphaltierte Straßen, geordnete, aufgeräumte Basare. Das Gefühl, sich in dem Buchara von Willi Rickmers zu befinden, geht darüber mehr und mehr verloren.

Der Name von Buchara bedeutet übersetzt »Kloster«. In der Stadt sind mehr als 350 Moscheen und 100 Koranschulen erhalten geblieben, einige von ihnen sind nach wie vor in Betrieb. Auch Baha-ud-Din Naqschband, der Begründer des nach ihm benannten Sufi-Ordens, stammte aus der Stadt. Sein Grab zieht jedes Jahr unzählige Besucher und Pilger an.

Die ehemalige Residenz der Herrscher Bucharas, »Ark« (Zitadelle) genannt, umfasst eine Fläche von fast vier Hektar. 1220 flohen die Verteidiger Bucharas vor dem Ansturm der Truppen Dschingis Khans in diese Festung. 1920 bot sie abermals Zuflucht, damals suchten die Bewohner der Stadt Schutz vor den Truppen der Roten Armee.

Ein Herzstück Bucharas ist der Komplex »Po-i-Kalyan« (Sockel des Großen Minaretts), der die Moschee Kalyan, zwei Medresen – die berühmten Mir-i Arab und Amir Allimkhan – sowie ein Meisterwerk der mittelalterlichen Architektur, das Kalyan-Minarett, umfasst. Der Bau des Minaretts wurde 1127 abgeschlossen. Die Höhe beträgt 45,5 Meter. Einer der beliebtesten Orte der Stadt ist »Labi Hauz« (Ufer eines Teiches). Labi Hauz gilt als Erholungsbereich in der Altstadt von Buchara, hier trifft man sich gern für einen Spaziergang oder zum Essen. Der Platz ist von zwei Gebäuden – den Medresen Kukeldasch und Nadira-Begim – umgeben. Gleich hinter Labi Hauz befindet sich ein weiteres architektonisches Meisterwerk von Buchara, die Medrese Chor Minor.

Buchara war als religiöses Zentrum anerkannt. Aber auch seine günstige geografische Lage an der Kreuzung von Handelswegen trug zum Reichtum der Stadt bei und lockte viele Gelehrte, Wissenschaftler, Dichter und Schriftsteller an. Die Bewohner Bucharas sind stolz darauf, dass bei Buchara der berühmte Arzt Avicenna (980 – 1037) geboren wurde, dass der Philosoph und Dichter Omar Chayyam (1048 – 1131) nach Buchara kam, um seine Werke in der örtlichen Bibliothek vorzutragen, und dass der Dichter und Musiker Rudaki (858 – 940) in der Stadt an seinen Werken arbeitete.

Bis heute ist Buchara eine märchenhafte orientalische Stadt. Bei einem Spaziergang durch schmale Gassen und schöne Gärten lässt sie sich gut erkunden, zumal die meisten der historischen Bauwerke nah beisammen im Zentrum liegen. Auf Verkaufsständen werden berühmte Stickereien mit goldenen Fäden (Zardozi) und die wertvollen, für Buchara typischen Lammpelze Karakul (Persianer) und Karakulcha (Breitschwänze) angeboten. Als lebendes Wahrzeichen der Stadt gelten die Störche, die dort auf Minaretten, hohen Gebäuden und Bäumen nisten.

Chiwa

Wie auch Buchara konnte die Stadt Chiwa ihr mittelalterliches Aussehen zu einem großen Teil bewahren. Die Oasenstadt liegt im Westen Usbekistans und zählt ungefähr 55 000 Einwohner. Auch sie gilt als Juwel an der ehemaligen Seidenstraße, das historische Stadtzentrum ist Teil des UNESCO-Weltkulturerbes. Die engen, verwinkelten Gassen, die sandfarbenen Gebäude und die berühmten blauen Kuppeln versetzen den Besucher in eine zauberhafte Welt. Die Stadt blickt ebenfalls auf eine jahrtausendealte Geschichte zurück – im Jahre 1997 wurde ihr 2500-jähriges Bestehen gefeiert. Und diese Geschichte war mehr als ereignisreich. Im 10. Jahrhundert wurde Chiwa erstmals als wichtiges Handelszentrum an der Seidenstraße erwähnt, endlose Karawanen passierten die Stadttore, tagein, tagaus. 1220 wurde Chiwa von Dschingis Khans Truppen erobert, 1388 rückte Timur mit seinen Heerscharen ein. Seit 1512 war Chiwa Hauptstadt des gleichnamigen Khanats. Russische Truppen eroberten die Stadt im Jahr 1873.

Die Altstadt von Chiwa ist von einer zwei Kilometer langen Mauer aus Lehmziegeln umgeben. Und alles, was sich innerhalb derselben befindet, wird immer wieder als Freiluftmuseum bezeichnet. Bemerkenswert ist eines der Wahrzeichen der Stadt – das Minarett Kalta Minor mit seinen Kacheln, die in unzähligen Blautönen und weißer und roter Farbe die Blicke auf sich ziehen. Ursprünglich hätte das Minarett zu einem der höchsten in ganz Zentralasien werden sollen, statt der angestrebten 70 Meter erreicht es aber lediglich 26. Eine Legende dazu erklärt den Grund mit der Rivalität zwischen den Herrschern Chiwas und Bucharas: Der Emir von Buchara versuchte den Architekten aus Chiwa in sein Emirat zu locken, um in Buchara ein noch majestätischeres Minarett als das in Chiwa geplante errichten zu lassen. Der Khan von Chiwa beschloss daraufhin, seinen Architekten unmittelbar nach dem Bau töten zu lassen. Der Architekt erfuhr davon und flüchtete, so dass das Minarett unvollendet blieb. Chiwa lebt heute überwiegend vom Tourismus. Im Vergleich zum lebendigen Buchara wirkt die Altstadt von Chiwa eher wie eine konservierte Museumsstadt. Nichtsdestotrotz ist sie einer der schönsten Orte Zentralasiens.

Heilige Orte

Der Kult der heiligen Stätten in Zentralasien beschränkt sich nicht nur auf die religiösen Zentren Samarkand, Buchara und Chiwa. Man findet in allen Ländern der Region Mausoleen und

Gräber von Heiligen und Propheten – reale oder erfundene. Einige dieser Stätten wurden schon vor Ankunft des Islams in Zentralasien als heilig angesehen und sind erst später in muslimische Kultobjekte umgewandelt worden. Bei manchen Grabstätten von Heiligen handelt es sich um Kenotaphen – symbolische Gräber, die keine menschlichen Überreste enthalten. Legenden verwandelten diese Stätten aber schließlich in Orte wirklicher Heiligen- oder Heldengräber. Religion und Aberglauben liegen in Zentralasien oft nahe beieinander.

Unter Muslimen scheiden sich die Geister bezüglich der Verehrung von Heiligengräbern. Für diejenigen mit orthodoxen Ansichten ist allein Allah anbetungswürdig und die Verehrung anderer Gräber nicht erlaubt. Eine Extremposition vertreten die afghanischen Taliban und der sogenannte IS. Sie sind für die Zerstörung vieler Mausoleen von Heiligen in Afghanistan sowie im Nahen und Mittleren Osten verantwortlich. In Zentralasien haben solche extremistischen Ansichten bislang keinen Platz gefunden. Heiligengräber werden verehrt.

In der südkasachischen Stadt Turkestan, die unter dem Namen Yasi gegründet wurde, liegt eines der wichtigsten Heiligtümer der Muslime Zentralasiens, das Mausoleum von Hodscha Ahmed Jazawi (1103 – 1166). Sein Sufi-Orden spielte eine wichtige Rolle bei Verbreitung des Islams unter den nomadischen Turkstämmen.

Das alte Merw, in der turkmenischen Provinz Mary gelegen, ist eine der ältesten Siedlungen Zentralasiens. Sie fand bereits in der Avesta, dem heiligen Buch des Zoroastrismus, Erwähnung. Merw zählt zum UNESCO-Kulturerbe. Der Ort war schon in der Jungsteinzeit besiedelt. Im Ersten Persischen Kaiserreich, unter den Achämeniden, wurde Merw zum Zentrum von Politik und Kultur. Die Überreste des alten Merw liegen knapp 30 Kilometer östlich der Stadt Mary, die bis 1930 gleichfalls Merw genannt wurde. Das alte Merw umfasste mehrere Siedlungen und Festungen. Unter ihnen befinden sich Erk Kala (Margusch), Gyaur

Kala, Durnali, Gobekly-depe, Sultan Kala, Abdullah-Khan-Kala, Bayramali-Khan-Kala, Große Kyz Kala und die Kleine Kyz Kala Akkuyli-Kouschuk. Auf dem Territorium Merws befinden sich das Mausoleum und die Moschee von Scheich Hodscha Yusuf Hamadani (1048 – 1140), der zwei Sufi-Orden gründete. Um sein Grab wurde ein Gebäudekomplex errichtet, dessen Ruinen noch heute zu sehen sind. Seitdem Turkmenistan seine Unabhängigkeit erlangt hat, werden Pilgerfahrten zu diesem heiligen Ort unternommen. Für die Turkmenen ist das einfacher als nach Mekka zu gelangen.

In der Nähe der Stadt Jolöten bei Merw liegt das Grab des Heiligen Baba Gambar, der in Zentralasien als Patron der Musiker und sogenannter Bahschi (Darsteller von Epen) gilt. Zu seinem Grab pilgern turkmenische Musiker und Bahschi-Sänger, bestenfalls an einem Mittwoch. Sie spielen und singen bis in die frühen Morgenstunden oder bis der Schlaf sie übermannt. Teil des Rituals ist es, dass der Pilger einen Kreis um sich zeichnet, um sich vor den Auswirkungen möglicher schrecklicher Visionen zu schützen. Wenn Baba Gambar wohlwollend zu einem Musiker ist, dann erscheint er ihm im Traum und gibt ihm ein Zeichen, zum Beispiel ein Glas Wasser oder Wein zum Trinken. Wenn der Pilger früh das Glas leergetrunken neben sich vorfindet, bedeutet dies, dass er dazu bestimmt ist, ein »Bahschi« zu werden, und wenn nicht, dann nur ein Musiker.

Das Sumbar-Tal, durch das sich der Fluss Sumbar schlängelt, liegt an der Grenze zum Iran, im Südwesten Turkmenistans. Hier befindet sich das Mausoleum »Schibli-Baba«. Der Sufi-Heilige Schibli Baba galt als Schutzpatron der Irren. Es ist allerdings zweifelhaft, ob er wirklich hier bestattet wurde.

Im Osten Turkmenistans, an der Grenze zu Usbekistan, liegt das Köytendag-Gebirge, in der Schlucht »Kyrk-Gys« (vierzig Mädchen) befindet sich eine riesige Grotte mit einer Deckenhöhe von 50 Metern. Eine Legende besagt, dass sich eines Tages vierzig Mädchen in der Schlucht versteckt hielten, um Eroberern zu entkommen. Ihr Unterschlupf wurde jedoch entdeckt. Um eine Gefangenschaft zu vermeiden, beteten sie zu Gott, der eine Grotte für sie öffnete, in die sie sich retteten. Zu dieser Grotte kommen die Menschen heute hauptsächlich, um einen Wunsch zu äußern, wozu mitunter auch ein Schaf geopfert wird. Dabei wird ein seltsames Ritual praktiziert: Man nimmt einen Schnipsel farbigen Stoff, befestigt ihn an einem Stück nassen Ton und wirft ihn an die Decke, damit der Ton an der Decke kleben bleibt. Bei dem Wurf muss in Gedanken ein geheimer Wunsch geäußert werden.

Unzählige heilige Stätten befinden sich im Fergana-Tal. Die berühmteste ist das Grab des Kalifen Ali (600–661), des Schwiegersohns von Mohammed. Es liegt in der usbekischen Exklave Schochimardon, die von kirgisischem Territorium umgeben ist. Es handelt sich um ein »mythisches Grab«. Die eigentliche Grabstätte Alis befindet sich im Irak. Die Sowjets ließen diese mythische Grabstätte zerstören, doch die Usbeken bauten sie nach 1991 wieder auf. Auch in Tadschikistan gibt es verschiedene heilige Schreine, die mit Kalif Ali verbunden sind.

Der Volksglauben in Tadschikistan machte den Ort »Langari Mohien« im Dorf Tschorkuh (Sughd-Region) zu einem heiligen Ort, der von Kranken aus der ganzen Region besucht wird. Den Fischen im dortigen Teich sagen die Einheimischen heilende Wirkung nach. Um geheilt zu werden, muss der Patient in einen Pavillon auf einer Insel in der Mitte des Teiches gehen, dort beten und danach ein Stück Fleisch – an ein Seil gebunden – ins Wasser tauchen. Sobald die Fische von dem Fleisch abgebissen haben, muss das Stück herausgeholt, gekocht und aufgegessen werden.

In Zentralasien werden solche Geschichten viel erzählt, gern gehört und gern geglaubt. Die »heiligen Orte« sind Pilgerstätten und regelmäßig gut besucht.

Der Aralsee

Ein Kamel trottete gelassen mitten in der Wüste an einem verrosteten Fischerkahn vorbei. Diese Wüste war vor 30 Jahren der Grund des Aralsees gewesen. Von der ökologischen Katastrophe, die sich in diesem Teil der Welt seit Jahrzehnten abspielt, ist im Westen nur wenig bekannt. Während man sich in Tadschikistan darüber Gedanken macht, wohin man den Strom aus einem geplanten Riesenwasserkraftwerk verkaufen kann, leiden Usbekistan und Kasachstan unter Wasserknappheit. Der Aralsee, an den im Norden Kasachstan und im Süden Usbekistan grenzen, war einst der viertgrößte Binnensee der Welt. Die Stadt Muinak, in der usbekischen Provinz Karakalpakstan, ist eigentlich eine Hafenstadt. Sie lag noch in den 1980er Jahren direkt am See. Es gab Touristen, die auf der Promenade spazierten, sozialistische Ferienlager, Sanatorien und Schiffe, die täglich viele Tonnen Fisch in die Fabrik ans Ufer brachten. Heute ist der Aralsee bereits um mehr als 80 Prozent geschrumpft und damit fast verschwunden. Schiffe liegen auf dem Trockenen, die Fischfabrik ist verfallen. Die verrosteten Schifferkähne sind seit Jahren eine traurige Touristenattraktion. Im Verlaufe der letzten Jahre sind es allerdings immer weniger geworden, denn ein geschäftstüchtiger Bürgermeister hat sie zu seinen Gunsten als Altmetall verkauft. Mittlerweile ist er abgelöst und eingesperrt worden.

Von den früheren mehr als 100 000 Einwohnern haben die meisten die Stadt verlassen, vielleicht 10 000 Menschen leben hier noch. Die Fischer haben nichts mehr zu tun. Dort, wo noch Wasser ist, leben keine Fische mehr. Die Salzkonzentration im Aralsee ist zehnmal höher als in den Ozeanen.

Die menschliche und ökologische Tragödie, die sich am Aralsee vollzieht, ist das Produkt menschlicher Fehlentscheidungen. Die meisten von ihnen wurden zur Zeit der Sowjetherrschaft getroffen. Der Mensch wollte die Natur beherrschen, und dabei, so sagte es ein sowjetischer General, müsse der Aralsee »sterben wie ein Held«. Bald war es so weit. Die Austrocknung des Sees begann Ende der 1970er Jahre. Der Pegel fiel, das Wasser zog sich zurück, innerhalb von nur 40 Jahren verschwand sämtliches Leben. An keinem anderen Ort Zentralasiens kann man so wie hier den Atem des Todes spüren. Eine Art von Tod, die der ehemalige UNO-Generalsekretär Ban Ki Moon als »eine der schockierendsten Katastrophen des Planeten« beschrieb.

Dabei war der Aralsee einst ein Naturwunder, ein gewaltiges Meer ohne Abfluss, das im Süden an die großen zentralasiatischen Wüsten Karakum und Kyzylkum grenzte. Sein Einfluss auf die zentralasiatische Region war seit jeher immens, nicht nur für die angrenzenden Oasen, sondern auch auf das Klima der gesamten Umgebung. Die Ufer des Aralsees waren mit dichtem Schilf, blühenden Pflanzen, Pilzen und Gräsern bedeckt, die verschiedenen Tierarten ein Zuhause boten. In der ersten Hälfte des 20. Jahrhunderts lebte hier noch der mittlerweile ausgestorbene Turan-Tiger, der durch das gesamte Gebiet Zentralasiens, des Irans, des Kaukasus und Afghanistans streifte. Am Aralsee lebten Hunderte verschiedener Vogelarten. Die Fischbestände des Aral waren groß genug, um den Betrieb von einem Dutzend Fischfabriken in Kasachstan und in Usbekistan aufrechtzuerhalten. In Spitzenjahren wurden dort bis zu 60 000 Tonnen Fisch verarbeitet.

Hauptursächlich für die Austrocknung des Sees war die Entscheidung der Sowjetregierung, das Wasser der beiden Zuflüsse Amudarja und Syrdarja in Kanäle umzuleiten. So sollten die riesigen Baumwollfelder Zentralasiens bewässert werden. Beim Bau der Kanäle wurde auf primitive Technik zurückgegriffen, das Wasser versickerte danach vielerorts im Wüstensand. Der Wasserspiegel des Aralsees, der bis in die 1960er Jahre hinein von großen Schwankungen verschont blieb, begann drastisch zu fallen. Durch die Austrocknung blieben verschiedene Arten von Salzen auf der Oberfläche des Bodens zurück, einschließlich der in der Landwirtschaft eingesetzten Herbizide und Pestizide. Die starken Winde der Region verteilten diese giftigen Salze im gesamten Umfeld des Sees. Besonders schwerwiegend sind die Folgen in der Region Karakalpakstan, wo seit der Austrocknung des Sees die Anzahl an Krebs-, Tuberkulose-, Bronchitis-, Bronchialasthma-, Herz-, Magengeschwür- und Bluthochdruckerkrankungen rasant zugenommen hat. Die Chefärztin eines örtlichen Krankenhauses klagt: »Es kommen immer mehr Menschen, die medizinische Hilfe brauchen. Die Kindersterblichkeit ist sehr hoch. Das hat unmittelbar mit dem Staub und dem Salz in der Luft zu tun. Auch Typhuserkrankungen haben sich vervielfacht.« Die Fläche der versalzten Gebiete breitet sich immer weiter aus. Heute spricht man sogar von der Bildung einer neuen Wüste, der Ak-Kum-Wüste (»Weißer Sand«). Diese Bezeichnung ist auf die weißliche Färbung des Sandes, die durch das Salz entsteht, zurückzuführen. Sowohl die Staaten Zentralasiens als auch die internationale Gemeinschaft versuchen, die fortschreitende Austrocknung des Aralsees einzudämmen. Ihre Bemühungen blieben bisher erfolglos.

Alltagserfahrungen

Architektur

Wer zum ersten Mal nach Zentralasien reist und erwartet, sich in Tausendundeiner Nacht wiederzufinden, wird enttäuscht werden: Fast überall in Zentralasien lebt das Erbe der Sowjetunion fort. Stadtplanung, Küche, Sprache und Familienfeste: Alles steht in einem merkwürdigen Spannungsverhältnis zwischen Orient und Sowjetherrschaft. In Großstädten, allen voran Taschkent und Almaty, treten noch westliche Einflüsse hinzu.

Der heutige Charakter der zentralasiatischen Metropolen geht zurück auf die Entwürfe sowjetischer Architekten. Breite Boulevards und reihenweise nahezu identische Plattenbauten bestimmen ihren Charakter. In Taschkent, der größten zentralasiatischen Stadt, ist das Streben nach der sozialistischen Planstadt besonders deutlich erkennbar. Hier konnten sich die Architekten des Sozialismus nach einem schweren Erdbeben im Jahre 1966 frei entfalten. Erst auf den zweiten Blick bemerkt man in den Hauptstädten den orientalischen Einfluss. In Seitenstraßen stehen, eher versteckt, kleine Moscheen. Öffentliche Gebäude sind fliesenverziert. In kleinen Wohnvierteln findet man niedrige Häuser, die teilweise noch aus Lehm errichtet wurden. In den berühmten Seidenstraßen-Städten Samarkand, Buchara und Chiwa ist das Verhältnis allerdings umgekehrt: Hier bestimmt der Orient das Bild, durchsetzt von der sowjetischen Moderne. Im Zuge des Strebens nach nationaler Eigenständigkeit bemühen sich die Führungen der zentralasiatischen Länder zudem, sich durch den Bau neuer Repräsentativbauten eigene Denkmäler zu setzen. Dies gelingt, je nach Kassenlage des jeweiligen Staates, mal mehr, mal weniger. Nirgends zeigt sich dieser Trend so deutlich wie im turkmenischen Aschgabat. Hier wurde wie im Fiebertraum eine Neustadt aus strahlend weißem Marmor und Blattgold(-Ersatz) aus dem Boden gestampft. In Kasachstan hat der Präsident die Hauptstadt in die Steppe verlegt und nach seinen eigenen Wünschen gleich völlig neu errichten lassen. Das Streben nach architektonischer Individualität hat kurioserweise zu einem neuen, ganz Zentralasien durchziehenden einheitlichen Stil geführt: Weiße Fassaden und Unmengen an Marmor dominieren die Regierungsgebäude. Spöttisch wird diese Bauweise mittlerweile als »Steppenbarock« bezeichnet. Bischkek und Duschanbe haben hingegen ihren sowjetischen Charakter weitgehend behalten.

Kleidung, Kunst und Kultur

Die Stadtbilder sind ebenfalls vom Kontrast zwischen Orient und Moderne geprägt: Viele Bewohner tragen westliche Kleidung bester Qualität, wie man sie auch in europäischen Metropolen antrifft. Man trifft aber auch noch den Typ ehemaliger »Sowjetbürger«, dessen Stil dem folgt, was in den 1980er Jahren Mode war. Schließlich gibt es sehr viele Bewohner, die die nationale Kleidung tragen. Je nach Land handelt es sich dabei meist um farbenprächtige Kleider und Mäntel sowie diverse typische Kopfbedeckungen. Immer öfter bringen junge Männer und Frauen so zum Ausdruck, dass der Westen für sie weder in Mode noch in Lebenshaltung ein Vorbild ist. Oft spielen auch konservative, religiöse Vorstellungen eine Rolle. Das Kopftuch trifft man in Zentralasien immer häufiger an.

Das Nebeneinander von Orient und Moderne bestimmt auch die Kunst- und Kulturszene. Nationale Folklore, aber auch eine eigenständige Popmusik, die von arabischen und türkischen Einflüssen geprägt ist, findet großen Anklang. Doch es gibt auch viele junge Leute, die sich von westlicher Kultur angezogen fühlen. Amerikanische und europäische Chart-Hits finden sich auch auf den Smartphones junger Zentralasiaten. Auf der anderen Seite ist der sowjetische Einfluss gerade in der klassischen Musik nach wie vor präsent. In Almaty, Astana, Bischkek, Duschanbe und Taschkent stehen prunkvolle Opernhäuser. Die ersten von ihnen wurden 1941 in Almaty und Duschanbe gebaut. Taschkent folgte 1948. Die Taschkenter Alisher-Navoy-Oper wurde vom berühmten sowjetischen Architekten Alexej Schtschusew entworfen, der bereits das Lenin-Mausoleum in Moskau geschaffen hatte. Erbaut wurde sie von japanischen Kriegsgefangenen. In Bischkek steht seit 1955 ein Opernhaus. Nur in Aschgabat befindet sich heute anstelle des alten sowjetischen Opernhauses das Nationale Musikalisch-Dramatische Theater Machtumkuli. Der turkmenische Präsident Nijasow hatte den Abriss des alten sowjetischen Gebäudes angeordnet. In Astana, der neuen Hauptstadt Kasachstans, wurde 2013 die Astana-Oper errichtet, die 1250 Besuchern Platz bietet. Ihr Bau verschlang 300 Millionen US-Dollar.

Die Qualität von Oper und Ballett mag seit der Unabhängigkeit zwar nachgelassen haben – der Exodus der intellektuellen Eliten und mangelhafte Nachwuchsförderung haben sich hier deutlich bemerkbar gemacht –, ihrer Beliebtheit tut das keinen Abbruch. Noch heute sind die Opernhäuser immer gut besucht, wenn etwa Tschaikowskis »Nussknacker« oder »Schwanensee« auf dem Programm stehen. Die nach wie vor niedrigen Preise für Eintrittskarten tragen ihr Übriges bei. Sieht man genauer hin, findet man aber schnell heraus, dass der russische Einfluss nicht mehr so unbestritten ist, wie es auf den ersten Blick scheint: Zu den klassisch russischen Werken, die noch immer auf den Spielplänen stehen, haben sich in den letzten Jahren Opern und Ballette einheimischer Komponisten gesellt, die sich mit Themen und Figuren der nationalen Vergangenheit befassen.

Küche

Im Laufe ihres Bestehens sind in der gesamten Sowjetunion die nationalen Küchen zu einer »sowjetischen Cuisine« verschmolzen. Viele Essgewohnheiten haben – nicht immer im Interesse der Gesundheit – die Sowjetunion überlebt. Mayonnaise gehört zu den Grundnahrungsmitteln, und den sowjetischen Salat »Oliwje«, ein kalorienreicher Fleisch-Kartoffel-Salat, kennt vom Polarmeer bis an die afghanische Grenze und vom weißrussischen Brest bis nach Taschkent jeder Bewohner. Die bekannteste und beliebteste Schokoladenmarke ist für Russen, Ukrainer, Usbeken und Tadschiken auch nach dem Ende der Sowjetzeit noch »Roter Oktober« (»Krasny Oktjabr«). Borschtsch und Soljanka, populäre Vorsuppen, mag man nicht nur in Russland, sondern überall in der ehemaligen Sowjetunion. Wer gern im Restaurant isst und dazu Wert auf gute Tischsitten legt, sollte sich bei Reisen in Zentralasien dennoch ab und zu Enthaltsamkeit auferlegen. Natürlich gibt es heute in allen Großstädten edle Restaurants, die europäischem Standard nicht im Mindesten nachstehen. Aber gerade in den Provinzen findet man eine Unmenge von »gastronomischen Einrichtungen«, in denen sich eine ganz eigene Kultur durchgesetzt hat. Sänger versuchen, mit Synthesizer und Stimme die obligatorisch laufenden Fernseher zu überstimmen. Kellner servieren mit verschwitzten Hemden zeitgleich kalt gewordene Vor- und Hauptgerichte, und die Kunden lassen es sich gut schmecken, indem sie, die Gabel in der rechten und ein Stück Brot in der linken Hand, ihr Haupt in Richtung Teller neigen und manchmal auch gut hörbar ihre Zufriedenheit zeigen.

Plow, eine Art Reis-Fleisch-Gemüse-Mischung, die überall in Zentralasien den Status eines Nationalgerichts genießt, ist heute zu einem Exportschlager in alle Teile der ehemaligen Sowjetunion geworden. Eine der ersten Fragen an ausländische Besucher in Zentralasien ist oft »Wie schmeckt Ihnen Plow?« Plow findet sich in allen Nationalküchen der Region. Zubereitet wird er, indem man Karotten, Zwiebeln, Möhren und Fleisch in viel Fett auslässt, mit Brühe aufgießt, würzt und dann, ähnlich einem Risotto, in dieser Brühe dann Reis aufkocht. Das relativ simple Gericht kann in einer Vielzahl von Varianten zubereitet werden; jede Stadt und jede Region kennt ihre eigene. So finden sich im Taschkenter Plow Kichererbsen und Rosinen, während das Plow im Fergana-Tal oft mit Hammelfleisch und dem dunklen »Devzira«-Reis zubereitet wird, der nur in dieser Region angebaut wird. In Samarkand wiederum werden die Bestandteile des Plows nicht vermengt, sondern einzeln auf Platten gereicht. Seltener ist der Plow bucharischer Juden: Hier wird mit Hühnchenfleisch variiert. Traditionell wird Plow von einem Mann, dem sogenannten Osh Paz, zubereitet. Dosen-Plow aus Usbekistan ist mittlerweile ein beliebtes Mitbringsel aus Zentralasien geworden.

Weiterhin kennt die usbekische Küche »Kazan Kebab« (übersetzt etwa »Topffleisch«), fettiges Rinder- bzw. Hammelfleisch mit Bratkartoffeln und Zwiebeln sowie eine Vielzahl an Fleischspießen (Schaschlik). Beliebt sind auch »Manti«, mit Zwiebeln und Hammelfleisch gefüllte Teigtaschen. Der kasachischen, kirgisischen und turkmenischen Küche merkt man ihren nomadischen Ursprung noch an: Die Speisen sind einfach und schnell zubereitet und ausgesprochen fett- und kalorienreich. Fleisch und Teigwaren sind ihre Hauptbestandteile. Pferdewurst ist populär und beliebt. 2016 wurde ein Brite von einem kirgisischen Gericht des Landes verwiesen, nachdem er sich auf Facebook unvorteilhaft über ein Pferdefleischgericht geäußert hatte.

Einkaufen

Eingekauft wurde früher vor allem auf dem Basar. Heute entwickelt sich in den größeren Städten eine Supermarkt-Kultur. Ihr Sortiment kann aber oft nicht mit dem mithalten, was auf dem örtlichen Basar feilgeboten wird. Einer der bekanntesten Basare

Zentralasiens befindet sich im usbekischen Samarkand, nicht weit vom Registan-Platz entfernt, direkt neben der berühmten Bibi-Khanum-Moschee. Der Siab-Basar gehört zu den schönsten in der Region. Die Geschäfte der Händler laufen gut. Man kann alles finden, was die Oase Samarkand zu bieten hat: Früchte, Gemüse, Trockenobst und eine unwahrscheinliche Vielzahl an Gewürzen. Das Sortiment hat sich seit Jahrhunderten kaum verändert. Teppiche, Kinderwiegen und »Susanna«-Stickereien – alles hat seinen Platz.

Ehe und Familie

Konservativ sind die Zentralasiaten, was Familie und Ehe angeht. Eine Frau, die mit Anfang 20 noch nicht verheiratet ist und noch keine Kinder hat, ist gerade auf dem Land eher Objekt des Mitleids als Symbol eines selbstbestimmten Lebens. Was die Ehe angeht, ist die Region zerrissen: Einerseits hat die Sowjetunion die Monogamie und die Heirat aus gegenseitiger Zuneigung nach Zentralasien gebracht. Aber Ehen sind nicht nur das Produkt gegenseitiger Zuneigung und Liebe, sondern entspringen oft den Plänen der Eltern. Selbst die islamische Vielehe erlebt derzeit eine inoffizielle Renaissance. Für Hochzeitsfeiern selbst geben die Zentralasiaten Unmengen an Geld aus. Teilweise versammeln sich Hochzeitsgesellschaften von mehreren hundert Gästen.

Deutschlandbild

Die Deutschen erfreuen sich in Zentralasien großer Beliebtheit. Zeigt man an der Grenze seinen Pass vor, wird der Beamte manchmal ein paar in der Schule aufgeschnappte deutsche Worte präsentieren; beliebt sind dabei »BMW«, »Schweinsteiger« und »Hitler«. Viele der Taxifahrer in den zentralasiatischen Städten werden von sich aus erzählen, dass sie mit der Sowjetarmee eine Weile in Deutschland stationiert waren, etwa in Dresden, Leipzig oder Magdeburg. Die Begeisterung für deutsche Autos ist groß. Nach wie vor werden Gebrauchtwagen aus Deutschland in die Region gebracht. Unter den jüngeren Menschen reicht die Begeisterung für Deutschland noch weiter: Viele von ihnen träumen davon, in Deutschland zu arbeiten. Die Teilnehmerlisten an den Deutschkursen der Goethe-Institute sind gut gefüllt und die politischen Stiftungen, der DAAD und ihre Stipendien Objekte großen Interesses.

Zentralasien ist kein Ort mit einer homogenen Kultur. Das Alltagsleben ist ein Schmelztiegel unterschiedlicher Prägungen und Sitten. Neben die orientalischen Traditionen und die von der Sowjetunion eingeführten Bräuche tritt nun auch der Westen. Diese Vielfalt macht für viele Touristen den Charme der Region aus.

Nachwort

Schlagworte können sehr wichtig sein. Zentralasien bezeichnete man lange Zeit als »postsowjetische Region«. Diesen Begriff hört man seit einigen Jahren immer seltener. Mehr als ein Vierteljahrhundert ist seit dem Untergang der Sowjetunion vergangen. Es ist mittlerweile eine Generation herangewachsen, die sich nicht mehr über die sowjetische Vergangenheit definiert. Heute stellt sich in Zentralasien eher die Frage, ob die Staaten der Region in Zukunft weiter säkular geprägt bleiben oder ob der Islamismus, der weltweit zu einer Gefahr geworden ist, weiter an Einfluss gewinnen kann. Das würde nicht nur für die Region selbst, sondern auch für Russland und Europa kaum absehbare Folgen haben.

Der Islam verfügt schon heute in Zentralasien über eine breite Basis. Möglicherweise ist die Anhängerschaft eines politischen Islams sogar breiter als die der Befürworter einer säkularen Staatsführung. Es ist die junge Generation, die sich von der einfachen Schwarz-weiß-Sicht dessen, was politisch agierende Mullahs als gerecht und richtig bezeichnen, angezogen fühlen. In Zentralasien ist mehr als die Hälfte der Bevölkerung jünger als 18 Jahre. Viele Jugendliche leiden unter mangelnder Bildung und fehlenden beruflichen Chancen. Die verschiedenen Bildungsprogramme und Arbeitsbeschaffungsmaßnahmen zentralasiatischer Staaten sind meist planwirtschaftlich organisiert und wenig wirksam. Geschätzt vier Millionen aus Zentralasien stammender junger Männer leben regelmäßig als Tagelöhner in Russland. Die Anfälligkeit für die islamistische Ideologie ist hoch.

Die meisten zentralasiatischen Regierungen versuchten in den vergangenen Jahren, durch autoritäre Staatsführung Stabilität in einem islamischen Umfeld zu bewahren. Die geografische Nähe zu Afghanistan, Pakistan und zu Gebieten, die vom sogenannten Islamischen Staat durchdrungen sind, macht diese Aufgabe nicht einfach. Doch Entwicklungen wie im »Arabischen Frühling« wollen die Führer der zentralasiatischen Staaten vermeiden. Die tragischen Folgen der Revolutionen in Libyen, Syrien und anderswo sind ihnen nur allzu bewusst.

Auch wenn Autokratien dem aufgeklärten Europa fremd sind: Zentralasien ist eine säkularstaatlich verfasste Region zwischen dem aufgewühlten und sich immer mehr radikalisierenden Nahen und Mittleren Osten sowie Russland und der Europäischen Union, deren Stabilität und Wohlfahrt im gemeinsamen europäischen und russischen Sicherheitsinteresse liegt.

Noch ist die Lage in Zentralasien relativ stabil. Zwar bröckeln mancherorts die Fähigkeiten, sich gegen Islamismus und Staatsverfall zu verteidigen, was besonders in Kirgistan, Tadschikistan und Turkmenistan deutlich wird. Die Wirtschaft dieser Länder liegt am Boden. Doch es zeichnen sich auch hoffnungsvolle Tendenzen ab, an die man vor zwei Jahren noch nicht geglaubt hätte. Der neue usbekische Präsident setzt in einer großangelegten Reforminitiative Wirtschaftsreformen und demokratische Öffnung in Gang. Wirtschaftliche Prosperität und rechtsstaatliche Entwicklungen sollen in dem bevölkerungsreichsten Land der Region zu einer größeren Zufriedenheit der Einwohnerschaft führen. Dazu gehört auch, genau wie in Kasachstan, die Förderung eines aufgeklärten Islams.

Russland, der Westen sowie die zentralasiatischen Länder selbst haben ein gemeinsames Interesse, die Akteure eines sich immer totalitärer gebärenden Islamismus einzudämmen und ein Einsickern von Extremisten und ihrer islamistischen Ideologie in die Region zu verhindern.

Noch aber sind sich die großen Mächte dieser gemeinsamen Interessenlage nur begrenzt bewusst. Es gibt aktuell keine praktikable Kooperation zwischen dem Westen und Russland. Zeitweilige Hoffnungen, dass es unter der Trump-Administration zu einer Verbesserung des amerikanisch-russischen Verhältnisses käme, die dann auch auf das europäisch-russische Verhältnis ausstrahlte, haben sich bislang nicht erfüllt.

Ein neu aufflammender Kalter Krieg wäre angesichts der Entwicklung des Islamismus fatal. In der Region wird eher gewünscht, die Kräfte zu bündeln, um der neuen totalitären Gefahr gemeinsam begegnen zu können.

Hizb ut-Tahrir, die Islamische Bewegung Usbekistans, die Islamische Dschihad Union, Taliban, Al-Kaida, der sogenannte Islamische Staat: Die mögliche Kooperation solcher Organisationen wird in Zentralasien mit Sorge gesehen. Ungeachtet vieler innerer Widersprüche, Mängel und Probleme sind die säkularen Länder Zentralasiens – Kasachstan, Kirgistan, Tadschikistan, Turkmenistan und Usbekistan – politische Partner, die der Unterstützung bedürfen, auch im Eigeninteresse des Westens.

Anhang

Literaturempfehlungen

Peter Böhm: Tamerlans Erben. Zentralasiatische Annäherungen, Wien 2005

Erika Fatland: Sowjetistan. Eine Reise durch Turkmenistan, Kasachstan, Tadschikistan, Kirgisistan und Usbekistan, Berlin 2017

Bert Fragner, Andreas Kappeler (Hrsg.): Zentralasien. 13. bis 20. Jahrhundert. Geschichte und Gesellschaft, Wien 2006

Klaus W. Grewlich: Geopolitik und Governance. Energie, Wasser, Herrschaft des Rechts in Zentralasien und Afghanistan, Baden-Baden 2012

Marie-Carin von Gumppenberg, Udo Steinbach (Hrsg.): Zentralasien. Geschichte – Politik – Wirtschaft. Ein Lexikon, München 2005

Andreas Kramer: Reise durch Zentralasien. Usbekistan, Kasachstan, Kirgisistan, Turkmenistan, Tadschikistan, Würzburg 2016

Thomas Kunze, Thomas Vogel: Das Ende des Imperiums. Was aus den Staaten der Sowjetunion wurde, Berlin 2016

Oliver Lubrich (Hrsg.): Alexander von Humboldt. Zentral-Asien: Untersuchungen zu den Gebirgsketten und zur vergleichenden Klimatologie. Das Reisewerk zur Expedition von 1829, Frankfurt am Main 2009

Michael Lüders: Tee im Garten Timurs. Die Krisengebiete nach dem Irak-Krieg, Hamburg 2003

Rudolf A. Mark: Im Schatten des Great Game. Deutsche Weltpolitik und russischer Imperialismus in Zentralasien 1871 – 1914, Paderborn 2012

Philipp Meuser, Götz Burggraf, Klaus Hartung: Architekturführer Taschkent, Berlin 2012

Klaus Pander: DuMont-Kunst-Reiseführer Zentralasien, Ostfildern 2005

Hermann Parzinger: Die frühen Völker Eurasiens. Vom Neolithikum bis zum Mittelalter, München 2006

Jürgen Paul: Zentralasien. Neue Fischer Weltgeschichte, Band 10, Frankfurt am Main 2012

Mahabat Sadyrbek: Die Zentralasienstrategie der EU. Neues »Great Game« oder neue Chance für die Region?, Hamburg 2009

Peter Scholl-Latour: Kampf dem Terror – Kampf dem Islam? Chronik eines unbegrenzten Krieges, München 2002

Daniel Schwartz: Schnee in Samarkand. Ein Reisebericht aus dreitausend Jahren, Frankfurt am Main 2008

Christian Teichmann: Macht der Unordnung. Stalins Herrschaft in Zentralasien 1920 – 1950, Hamburg 2016

Basisdaten

Kasachstan

Hauptstadt: Astana (ehemals Zelinograd) mit ca. 1 006 570 Einwohnern

Fläche: 2 724 900 km²

Bevölkerung: 18 074 100, davon 66 Prozent Kasachen und 21 Prozent Russen. Usbeken (3 Prozent), Ukrainer (1,6 Prozent), Uiguren (1,4 Prozent), Tataren (1,1 Prozent) und Deutsche (1 Prozent)

Landessprachen: Kasachisch ist Staatssprache, Russisch ist Verkehrs- und offizielle Amtssprache in staatlichen Organisationen und Organen der örtlichen Selbstverwaltung

Religionen: Mehrheitlich sunnitischer Islam (Hanafiten), daneben russisch-orthodoxe, katholische und evangelische Christen sowie Juden

Währung: Kasachischer Tenge

Datum der Unabhängigkeit: 16. 12. 1991

Staats-/Regierungsform: Präsidialrepublik

Staatsoberhaupt: Präsident Nursultan Nasarbajew

Staatsoberhaupt seit Unabhängigkeit:
Seit dem 24. 4. 1990 Nursultan Nasarbajew

Regierungschef: Premierminister Bakytschan Sagintajew

Regierungschefs seit Unabhängigkeit:
14. 10. 1991 – 12. 10. 1994 Sergej Tereschtschenko
12. 10. 1994 – 10. 10. 1997 Akeschan Kaschegeldin
10. 10. 1997 – 1. 10. 1999 Nurlan Balgimbajew
1. 10. 1999 – 28. 1. 2002 Kasimschomart Tokajew
28. 1. 2002 – 13. 6. 2003 Imangali Tasmagambetow
13. 6. 2003 – 10. 1. 2007 Danijal Achmetow
10. 1. 2007 – 24. 9. 2012 Karim Massimow

24.9.2012 – 2.4.2014 Serik Achmetow
2.4.2014 – 8.9.2016 Karim Massimow
seit dem 8.9.2016 Bakytschan Sagintajew

Parlament: Zweikammerparlament: Senat (Oberhaus) und Maschilis (Unterhaus)

Parteien: Nur Otan (»Licht des Vaterlands«, Regierungspartei), Kommunistische Volkspartei, Ak Schol (regierungsfreundlich); nicht im Parlament vertreten: Nationale Sozialdemokratische Partei, sozialdemokratische Partei Asat, liberale Partei Adilet (regierungsfreundlich), sozialdemokratische Partei Auyl, Patriotenpartei Kasachstans (präsidentennah)

Bruttoinlandsprodukt: Schätzung 2017: 156,2 Mrd. US-Dollar

Kirgistan

Hauptstadt: Bischkek (ehemals Frunse) mit mehr als 1 Million Einwohner

Fläche: 198 500 km^2

Bevölkerung: Ca. 6 Millionen Menschen, ca. 80 verschiedene Ethnien, davon 70 Prozent Kirgisen, 15 Prozent Usbeken, 6,7 Prozent Russen

Landessprachen: Staatssprache ist Kirgisisch, Russisch ist seit Mai 2000 »offizielle Sprache«, es gibt eine Bestandsgarantie für Sprachen nationaler Minderheiten

Religionen: 80 Prozent sunnitische Muslime, 8 Prozent russisch-orthodoxe Christen, kleine Minderheiten anderer Glaubensbekenntnisse

Währung: Kirgisischer Som

Datum der Unabhängigkeit: 31. 8. 1991

Staats-/Regierungsform: Parlamentarische Republik

Staatsoberhaupt: Präsident Sooronbaj Scheenbekow

Staatsoberhäupter seit Unabhängigkeit:

27. 10. 1990 – 24. 3. 2005 Askar Akajew
24. 3. 2005 – 25. 3. 2005 Ischenbaj Kadirbekow
25. 3. 2005 – 15. 4. 2010 Kurmanbek Bakijew
3. 7. 2010 – 1. 12. 2011 Rosa Otunbajewa
1. 12. 2011 – 1. 12. 2017 Almasbek Atambajew
seit dem 1. 12. 2017 Sooronbaj Scheenbekow

Regierungschef: Premierminister Sapar Isakow

Regierungschefs seit Unabhängigkeit:

21. 1. 1991 – 29. 11. 1991 Nasirdin Isanow
29. 11. 1991 – 10. 2. 1992 Andrej Jordan
10. 2. 1992 – 13. 12. 1993 Tursunbek Tschingischew
13. 12. 1993 – 14. 12. 1993 Almanbet Matubraimow
14. 12. 1993 – 14. 3. 1998 Apas Jumagulow

14.3.1998 – 23.12.1998 Kubanitschbek Dschumalijew
23.12.1998 – 25.12.1998 Boris Silajew
25.12.1998 – 4.4.1999 Dschumabek Ibraimow
4.4.1999 – 12.4.1999 Boris Silajew
12.4.1999 – 21.12.2000 Amangeldi Muralijew
21.12.2000 – 22.5.2002 Kurmanbek Bakijew
22.5.2002 – 25.3.2005 Nikolai Tanajew
25.3.2005 – 15.8.2005 Kurmanbek Bakijew
20.6.2005 – 10.7.2005 Medetbek Kerimkulow
(handelte stellvertretend für Bakijew, der zu dem Zeitpunkt bereits Präsident war)
15.8.2005 – 29.1.2007 Felix Kulow
29.1.2007 – 29.3.2007 Asim Isabekow
29.3.2007 – 28.11.2007 Almasbek Atambajew
28.11.2007 – 24.12.2007 Iskenderbek Aidaralijew
24.12.2007 – 21.10.2009 Igor Tschudinow
21.10.2009 – 7.4.2010 Danijar Usenow
7.4.2010 – 17.12.2010 vakant
17.12.2010 – 23.9.2011 Almasbek Atambajew

Parlament: Einkammerparlament

Parteien (im Parlament): Sozialdemokratische Partei (38 Sitze), Respublika-Ata Jurt (28 Sitze), Butun Kyrgyzstan (18 Sitze), Önügüü-Progress (13 Sitze), Bir Bol (12 Sitze), Ata Meken (11 Sitze)

Bruttoinlandsprodukt: Schätzung 2017: 7,1 Mrd. US-Dollar

Tadschikistan

Hauptstadt: Duschanbe (ehemals Stalinabad) mit ca. 780 000 Einwohnern

Fläche: 142 000 km²

Bevölkerung: Ca. 8,7 Millionen Menschen, davon: 84 Prozent Tadschiken, 13 Prozent Usbeken, 3 Prozent andere: Kirgisen, Russen, Turkmenen

Landessprachen: Amtssprache ist Tadschikisch, Russisch ist als Verkehrssprache noch gebräuchlich und laut Verfassung Sprache der interethnischen Kommunikation, im Grenzgebiet zu Usbekistan auch Usbekisch

Religionen: Sunnitischer Islam, kleinere christliche Gemeinden

Währung: Tadschikischer Somoni

Datum der Unabhängigkeit: 9. 9. 1991

Staats-/Regierungsform: Präsidialrepublik

Staatsoberhaupt: Präsident Emomali Rachmon

Staatsoberhäupter seit Unabhängigkeit:
30. 11. 1990 – 31. 8. 1991 Kachor Machkamow
31. 8. 1991 – 23. 9. 1991 Kadreddin Aslonow
23. 9. 1991 – 6. 10. 1991 Rachmon Nabijew
6. 10. 1991 – 2. 12. 1991 Akbarscho Iskandarow
2. 12. 1991 – 7. 9. 1992 Rachmon Nabijew
7. 9. 1992 – 19. 11. 1992 Akbarscho Iskandarow
seit dem 19. 11. 1992 Emomali Rachmon

Regierungschef: Premierminister Kohir Rasulsoda

Regierungschefs seit Unabhängigkeit:
25. 6. 1991 – 9. 1. 1992 Isatullo Kajojew
9. 1. 1992 – 21. 9. 1992 Akbar Mirsijojew
21. 9. 1992 – 18. 12. 1993 Abdumalik Abdulladschanow
18. 12. 1993 – 2. 12. 1994 Abdudschalil Samadow

2. 12. 1994 – 8. 2. 1996 Jamsched Karimow
8. 2. 1996 – 20. 12. 1999 Jachjo Asimow
20. 12. 1999 – 30. 11. 2013 Akil Akilow
seit dem 30. 11. 2013 Kohir Rasulsoda

Parlament: Zweikammerparlament: Unterhaus mit 63 Abgeordneten und Oberhaus mit 33 Abgeordneten

Parteien: Volksdemokratische Partei (51 Sitze im Unterhaus, Regierungspartei), Partei der Landwirte (5 Sitze), Partei der Wirtschaftsreformen (3 Sitze), Kommunistische Partei Tadschikistans (2 Sitze), Sozialistische Partei (1 Sitz), Demokratische Partei (1 Sitz)

Bruttoinlandsprodukt: Schätzung 2017: 7,2 Mrd. US-Dollar

Turkmenistan

Hauptstadt: Aschgabat mit ca. 860 000 Einwohnern
Fläche: 488 100 km^2
Bevölkerung: Ca. 6,7 Millionen Einwohner (offizielle Angaben, lt. CIA-World Factbook 2017: 5,4 Millionen), davon ca. 77 Prozent Turkmenen, 9,2 Prozent Usbeken, 6,7 Prozent Russen, 2 Prozent Kasachen, 1,1 Prozent Tataren, je 0,8 Prozent Armenier, Aserbaidschaner und Beludschen, 0,5 Prozent Ukrainer
Landessprachen: Turkmenisch ist Amtssprache, Russisch nach wie vor Verkehrssprache
Religionen: Mehrheitlich sunnitischer Islam, ferner russisch-orthodoxe Kirche, Bahai-Gemeinde, jüdische Gemeinde
Währung: Turkmenischer Manat
Datum der Unabhängigkeit: 27. 10. 1991
Staats-/Regierungsform: Präsidialrepublik
Staatsoberhaupt: Präsident Gurbanguly Berdimuchamedow
Staatsoberhäupter seit Unabhängigkeit:
2. 11. 1990 – 21. 12. 2006 Saparmurat Nijasow (»Turkmenbaschy«)
seit dem 14. 2. 2007 Gurbanguly Berdimuchamedow
Regierungschef: Präsident Berdimuchamedow ist gleichzeitig Regierungschef
Regierungschefs seit Unabhängigkeit:
27. 10. 1991 – 18. 5. 1992 Han Achmedow (ab dem 18. 5. 1992 galt eine neue Verfassung, nach der das Amt des Premierministers abgeschafft und seine Kompetenzen dem Präsidenten zugeschlagen wurden)

18. 5. 1992 – 21. 12. 2006 Saparmurat Nijasow (»Turkmenbaschy«)
seit dem 21. 12. 2006 Gurbanguly Berdimuchamedow
Parlament: Einkammerparlament
Parteien: Demokratische Partei Turkmenistans (Partei des Präsidenten, 47 Sitze), Vertretung der Gewerkschaften (33 Sitze), Frauenunion von Turkmenistan (16 Sitze), Partei der Unternehmer (14 Sitze), Magtymguly Jugendorganisation (8 Sitze), Unabhängige (7 Sitze)
Bruttoinlandsprodukt: Schätzung 2017: 41,7 Mrd. US-Dollar

Usbekistan

Hauptstadt: Taschkent mit ca. 2,5 Millionen Einwohnern
Fläche: 448 900 km^2
Bevölkerung: Ca. 32 Millionen Einwohner (Stand Januar 2017), etwa 100 Ethnien, davon ca. 80 Prozent Usbeken, 5 Prozent Russen, 5 Prozent Tadschiken, 3 Prozent Kasachen, 2,5 Prozent Karakalpaken, außerdem Tataren, Kirgisen, Turkmenen, Koreaner, Ukrainer und Armenier
Landessprachen: Usbekisch ist Amtssprache, Russisch Verkehrssprache, wird allerdings immer mehr zur Fremdsprache
Religionen: Überwiegend islamisch-sunnitisch, aber viele kleine Gruppierungen anderer islamischer Denominationen sowie christliche Gemeinden (v. a. russisch-orthodoxe)
Währung: Usbekischer Sum
Datum der Unabhängigkeit: 31. 8. 1991
Staats-/Regierungsform: Präsidialrepublik
Staatsoberhaupt: Präsident Schawkat Mirsijojew
Staatsoberhäupter seit Unabhängigkeit:
24. 3. 1990 – 2. 9. 2016 Islam Karimow
8. 9. 2016 – 14. 12. 2016 Schawkat Mirsijojew (Interimspräsident)
seit dem 14. 12. 2016 Schawkat Mirsijojew
Regierungschef: Premierminister Abdulla Aripow
Regierungschefs seit Unabhängigkeit:
8. 1. 1992 – 21. 12. 1995 Abdulchaschim Mutalow
21. 12. 1995 – 11. 12. 2003 Otkir Sultonow
11. 12. 2003 – 14. 12. 2016 Schawkat Mirsijojew
seit dem 14. 12. 2016 Abdulla Aripow
Parlament: Zweikammerparlament; Gesetzgebende

Kammer mit 150 Sitzen (Unterhaus); Senat mit 100 Sitzen (Oberhaus)

Parteien: Liberal-Demokratische Partei Usbekistans (Partei des Präsidenten, 52 Sitze), Demokratische Volkspartei Usbekistans (27 Sitze), Demokratische Partei (36 Sitze), Adolat (»Gerechtigkeit«, 20 Sitze), Ökologische Bewegung Usbekistans (15 Sitze)

Bruttoinlandsprodukt: Schätzung 2017: 67,5 Mrd. US-Dollar

Quellen für alle Aufstellungen waren die Internetauftritte der Regierungen der zentralasiatischen Staaten, des deutschen Auswärtigen Amtes und des IWF.

RUSSLAND
Wolga
Qostana
(Nikolaje
Kustana
Rudny
Uralsk
Aqtöbe
(Aktjubinsk)
Ural
Turgaj
Wolga
Astrachan
Atyrau
KASACHSTAN
frühere Ausbreitung des Aralsees
Aralsk
Qasaly/Kasalinsk
Baikonur
Aralsee
Qysylor
Kysyl-O
Aqtau
Kaspisches Meer
Muinak
Turansenke
KARAKALPAKSTAN
Kungrad
Tachtakupyr
ASERBAID-SCHAN
Nukus
Kysylku
Wüste
Baku
Daşoguz
(Taschaus)
Urgentsch
Chiwa
Turtkul
Türkmenbaşy
(Krasnowodsk)
Karakum-Wüste
USBEKIST
Amudaria
Balkanabat
(Nebit Dag)
TURKMENISTAN
Qorako'l
(Karakul)
Türkmenabat
(Tschardschou)
Aschgabat
Mary
Ruinenstadt Merw
Teheran
Maschhad
IRAN
0
300 km
AFGHANISTA

N
S
RUSSLAND
Petropawl
(Petropawlowsk)
Ob
Kokschetau
Pawlodar
Ekibastus
Ischim
Irtysch
Astana
Semei
(Semipalatinsk)
Öskemen
(Ust-Kamenogorsk)
Temirtau
Karaganda
Kasachisches
Hügelland
Tarbagatai
KASACHSTAN
Schesqasghan/
Scheskasgan
Betpak-Dala
(Hungersteppe)
Balchaschsee
Semiretschje
Dscharkent
Almaty
(Alma-Ata)
Syrdarja
Turkestan
Taras
Bischkek
(Frunse)
Issyk-Kul-See
Schymkent
(Tschimkent)
Naryn
KIRGISTAN
Taschkent
Namangan
Qo'qon
(Kokand)
Dschalalabad
Osch
Chudschand
(Leninabad)
Andischan
Fergana
Istarawschan
Kaschgar
CHINA
TADSCHIKISTAN
Duschanbe
(Stalinabad)
XINJIANG
Pamir
Wachschtal
Kurgan-Tjube
(Bochtar)
Pandsch
Kundus
Ischkaschim
KASCHMIR
Indus
PAKISTAN
Kabul
INDIEN

Thomas Kunze,
Thomas Vogel
Das Ende des Imperiums
Was aus den Staaten
der Sowjetunion wurde

3. Auflage, Broschur
328 Seiten, 55 Abbildungen
ISBN 978-3-86153-894-3
20,00 € (D); 20,60 € (A)

»Die vorliegende Publikation ist ein Sachbuch im besten Sinne des Wortes, eine Verbindung von zeithistorischer Analyse und interessantem Reisebericht«

WeltTrends

»Kapitel für Kapitel verschränken die Autoren geschickt persönliche Eindrücke, die sie auf Reisen und durch Gespräche sammelten, mit Fakten und aussagestarken Beispielen, die sich stringent zu einem zeitgeschichtlichen Abriss fügen.«

Märkische Allgemeine

»Das Buch bietet solide, übersichtliche, rasche Information und eine wirklich kurzweilige Lektüre. Sehr zu empfehlen!«

Militärgeschichtliche Zeitschrift

Ch.Links

www.christoph-links-verlag.de